中等职业教育"十一五"规划教材

中职中专国际商务类教材系列

礼 仪

崔志锋　主编

安智君　王少棠　王国昌　副主编

科学出版社

北 京

内 容 简 介

在现代社会，礼仪修养几乎成为一个人和社会文明程度的标志，"礼仪"课程也成为许多中等职业学校的一门必修公共课。本书以精简、鲜活、适用为原则，介绍了礼仪的基本理念和形象礼仪、往来礼仪、沟通礼仪、宴请礼仪、家庭礼仪、校园礼仪、谋职礼仪、涉外礼仪的基本规范，并精心设计了有趣味、有效、可操作的礼仪行为训练活动。本书在现代教育理论指导下，以小案例大道理的方式来传承礼仪理论知识。丰富的知识性、新颖的活动性、鲜活的案例性、教学的适应性，是本书的突出特色。

本书适合全国中等职业学校、技工学校及各类相关培训学校使用，同时也是自修礼仪的通俗读物。

图书在版编目(CIP)数据

礼仪/崔志锋主编. —北京：科学出版社，2008
中等职业教育"十一五"规划教材
ISBN 978-7-03-022592-4

Ⅰ.礼…　Ⅱ.崔…　Ⅲ.礼仪-专业学校-教材　Ⅳ.K891.26

中国版本图书馆 CIP 数据核字（2008）第 111831 号

责任编辑：田悦红　任加林 / 责任校对：刘彦妮

责任印制：吕春珉 / 封面设计：山鹰工作室

科 学 出 版 社 出版
北京东黄城根北街 16 号
邮政编码：100717
http://www.sciencep.com

新蕾印刷厂 印刷

科学出版社发行　各地新华书店经销

*

2008 年 8 月第 一 版　　开本：787×1092 1/16
2009 年 9 月第二次印刷　　印张：14
印数：4 001—8 000　　　 字数：317 000

定价：22.00 元

（如有印装质量问题，我社负责调换〈路通〉）

销售部电话 010-62136131　编辑部电话 010-62138978-8007

中职中专国际商务类教材系列
编 委 会

丛 书 序

　　20多年来的改革开放已经使我国成为经济全球化的受益者,我国已经成为对外贸易增长最快的国家之一。自2002年以来,我国的对外贸易连续5年保持两成以上的高速增长态势。2006年我国对外贸易进出口总额达到17 607亿美元,稳居全球第三位。2007年,世界经济贸易仍处于扩张周期,中国经济将在结构优化、效益提高和节能降耗的基础上继续保持平稳较快增长,对我国对外贸易发展的总体环境仍然较为有利,全年有望保持较快的增长。

　　对外贸易的快速增长必然对国际商务人才产生巨大的需求。因此,人才的匮乏与该行业的蓬勃发展极不相称。为了适应国际商务专业的教学改革以及以就业为导向的培养目标,我们在科学出版社的组织下编写了中职中专国际商务类教材系列。这套教材完全适合国际商务专业核心骨干课程的教学需要,同时兼顾了外贸行业的外销员、货代员、单证员、报关员、报检员、跟单员等职业资格考试的要求,既可以作为广大中职中专院校学生的教材,还可供从事外贸业务人员作为专业培训的参考用书,对参加有关职业资格考试的人员也大有裨益。

　　本套教材的编写有如下特点:

　　1. 力求把职业岗位能力要求与专业的学科要求融入教材,以能力为本,体现对学生应用能力培训的目标。

　　2. 注重技能的训练,在基本原理的基础上将技能实训引进来,让学生通过实训学会解决实际问题。

　　3. 与行业职业资格考试相衔接,在内容和练习等方面紧扣相关考试要求。

　　4. 注重对新知识的讲解,适应不断变化的国际贸易环境,以提高学生的适应力。

中职中专国际商务类教材系列编委会

2007年6月

前　言

人才资源是现代社会的第一资源。那么，人才最重要的素质是什么？一份调查报告显示，多数用人单位把毕业生的人文素质列为人才评价的首要标准，放在专业技能和学历水平之前。礼仪素养作为最重要的人文素质之一，已经成为现代职业教育和人力资源开发的热点，图书市场上令人眼花缭乱的礼仪类书籍便是明证。

但真正适合教学实际的书籍却又如凤毛麟角。为了满足各类中等职业学校及培训机构的教学急需，适应人们对礼仪知识的需求，我们编写了本书。

一、本书的逻辑结构

全书共有九章。第一章为礼仪的基本理念，介绍最基础的礼仪理论常识，让学生树立基本的礼仪理念，是全书的总则；第二章为形象礼仪，是从事一切社交活动的基本礼仪准备；第三至六章为通用的社交礼仪，包括往来礼仪、沟通礼仪、宴请礼仪、家庭礼仪等四个方面；第七至九章为常用的专项礼仪，包括校园礼仪、谋职礼仪、涉外礼仪等三个方面，其中涉外礼仪是针对部分专业设计的选修内容。

二、本书的特色定位

（1）内容设计的"知行结合"特点。礼仪是一门知识性很强的学科，但归根结底是一门行为科学。本书不满足于单纯地传授礼仪知识，而立足于"以学生为主体"，在"精简、鲜活、适用"原则的指导下，在栏目设计上力求构建"知行结合"的学练体系。每章一般包括 3～5 节。每一节都以有趣味的礼仪案例导入学习情境，共由 4 个栏目组成："礼仪知识"栏目以案例教学和直观教学的特色传承知识；"技能训练"栏目为课堂练习，以活动模式或任务驱动模式设计训练项目，力求新颖有趣，贴合中职实际，可操作性强；"作业"栏目主要作为课外实践活动，也可以作为课内练习的补充；"知识链接"则意在拓展相关知识或案例，供学生自学或教师授课使用。丰富的知识性、新颖的活动性、鲜活的案例性、教学的适应性，是本书的主要特色。

（2）知识呈现方式的趣味性特点。礼仪知识现已基本成熟定型，同类书籍的主要内容大同小异。所不同的是，传统教材以"学科化"的逻辑传授，以条理化的方式呈现，死板干瘪。本书则以小案例来揭示大道理，用鲜活的故事引领学习兴趣，并适当采用图表增强直观性。

（3）教学设计的活动性特点。案例分析法、情景再现法、观摩模拟法、行为矫正法、团队作业法、作品评比法、游戏比赛法等，许多属于创造性行为训练实践，适于学生自主或互动合作完成，是现代青年喜爱的学习方式。

（4）语言风格的活泼性特点。教材是给学生看的，因此本书采用既规范又不失生动活泼的现代语言风格表述。

三、编写分工

全书由崔志锋担任主编，安智君、王少棠、王国昌任副主编，刘玲娣主审。其具体分工为：第一章、第四章由崔志锋编写；第二章、第八章由王少棠编写；第三章、第五章、第九章由安智君编写；第六章由杨跃平、王少棠编写；第七章由赵辉、勾洋、陈伟丽、崔志锋编写。参加编写工作的还有苗芳、关丽波等。付宏负责全书的图片绘制工作。崔志锋负责全书的策划和设计、统稿、审稿、定稿工作。

本书参考和引用了公开发表或出版的部分文献，特此向有关作者表示由衷的感谢。

目　录

前言
第一章　礼仪的基本理念 1
　第一节　礼仪的功用与自我认知 2
　第二节　礼仪的含义与特征 8
　第三节　礼仪的修养与原则 14
第二章　形象礼仪 22
　第一节　仪容礼仪 23
　第二节　仪态礼仪 31
　第三节　服饰礼仪 42
第三章　往来礼仪 52
　第一节　接待与拜访 53
　第二节　会面与问候 57
　第三节　介绍与名片 64
　第四节　馈赠礼仪 68
　第五节　交通礼仪 74
第四章　沟通礼仪 78
　第一节　通信礼仪 79
　第二节　交谈礼仪 85
　第三节　会议礼仪 94
　第四节　娱乐礼仪 102
　第五节　礼仪文书 109
第五章　宴请礼仪 115
　第一节　延请的礼仪 116
　第二节　赴宴的礼仪 124
　第三节　西餐礼仪 129
第六章　家庭礼仪 136
　第一节　亲情礼仪 137
　第二节　夫妻礼仪 143
　第三节　邻里关系礼仪 149
第七章　校园礼仪 153
　第一节　师生交往的礼仪 154

第二节　同学交往的礼仪 159

第三节　异性交往的礼仪 163

第四节　校园仪式礼仪 168

第八章　谋职礼仪 174

第一节　职业生涯设计 175

第二节　面试的准备 181

第三节　面试的程序及技巧 189

第四节　同事相处的基本法则 197

第九章　涉外礼仪 199

第一节　涉外礼仪的基本规则 200

第二节　涉外接待的基本礼仪规范 206

附录　普通话水平测试知识 212

参考文献 214

第一章

礼仪的基本理念

知识点

➢ 现代人为什么要学习礼仪。

➢ 如何正确理解礼仪的涵义。

➢ 怎样成为有"礼"之人。

能力点

➢ 能正确运用礼仪知识分析礼仪案例。

➢ 能正确认识自己的性格特点、能力特点、意志品质等个性心理特征。

第一节　礼仪的功用与自我认知

　　一位社会学家带着自己的学生外出考察，在一处僻静的街边花园，他们看到一位漂亮的女士摔倒在地，高跟鞋甩到一旁，一边坐在地上揉脚，一边四处张望。学生想上前帮助她，社会学家阻止了他，并旁若无人地带着他走到那位女士看不见的地方。过了一会儿，那位女士站起来，穿好鞋，整理好仪容，若无其事地走开了。

礼仪知识

　　那位女士摔倒后为什么四处张望？社会学家为什么阻止学生"助人为乐"的行为？

　　年轻的女士跌倒是一件令人难为情的场面，此时她不愿意被他人看到，尤其不愿意被异性看到。如果在别人尴尬的时候出现，则是一种失礼的行为。从这件生活小事可以看出，礼仪在我们的身边无时不在，无处不在。礼仪修养已成为现代人必备的核心素质之一。那么，礼仪究竟有什么用呢？

一、礼仪的功能与作用

　　有人认为，礼仪属于细枝末节，现代人应以开放的心态处世，无需过分拘泥礼仪。此说似是而非。礼仪固然常常体现于细节之中，但细节往往决定成败。礼仪在人际交往中具有独特的功用。

（一）塑造形象的功用

　　面试时如果对倒在地上的拖把视而不见，或随手翻翻经理办公桌上的资料，都有可能使你惨遭淘汰；一个厂长在陪同外商参观自己的工厂时不经意的一口痰，可能会使一个项目夭折；而在国际交往中一个失礼行为，则不仅有损自己的人格，还有可能有损于国家的形象。不要以为他们是在小题大做，或者以偏概全。人的道德素质是无形的，是看不见摸不着的"虚"的东西，但它常常以"礼仪"的形式表现出来。人们总是把礼仪修养作为判断一个人道德素质高下的标准，这虽不尽公平，却有一定的道理。塑造一个人、一个组织乃至一个国家的良好形象，是礼仪的基本功用。孔子讲："不学礼，无以立"，一语道破礼仪的重要价值所在。20 世纪 80 年代，70 多位诺贝尔奖得主聚首巴黎。当有记者问道"人生中最重要的东西是在那一所大学里学到的"时，一位科学家回答说："幼儿园"。此说可谓"不学礼，无以立"的现代注脚。

（二）促进沟通的功用

印度女孩卡玛拉，1912 年出生后不久被狼叼走，与狼一起生活了 8 年，后于 1920 年被人发现时，卡玛拉只有狼的习性，没有人的心理。她不会说话，不会思考，用四肢行走，昼伏夜出。逃跑时像狼一样嗥叫，拒绝穿衣服，在地上舔食。她由辛格牧师夫妇悉心培养，但心理发展极为缓慢。她经过 3 年多才适应人的生活，4 年多才会直立行走，7 年才基本改变了狼的习性，会说 45 个单词。到第 9 年，在她 17 岁因尿毒症死去时，智力只有 3 岁半的水平。

"一滴水怎样才能不干涸？"佛祖释迦牟尼曾这样问他的弟子们。狼孩的事实告诉我们，人的心理和行为具有社会性，人不能够与世隔绝，现代社会尤其如此。美国卡耐基工业大学对 10 000 人的个案记录作了分析，结果发现：专业技术和经验只占成功因素的 15%，其余的 85% 取决于良好的人际关系。另有数据表明，"跳槽"者中因人际关系不好而无法施展才能的占 90% 以上。促进人际沟通、协调人际关系、缩短情感距离、避免或缓解不必要的人际冲突，正是礼仪的重要社会功用。

（三）制约行为的功用

"橘生淮南则为橘，生淮北则为枳。"人很难完全摆脱环境的潜移默化的影响。一个人在整洁的环境中更容易保持良好的卫生习惯，而在污浊的环境中就自然会乱丢垃圾或随地吐痰。合乎礼仪规范的行为对人们在交际活动中的言谈举止会起到榜样示范作用，礼仪能维护良好的社会生态。

二、礼仪的起源与发展

"没有规矩，不成方圆。"礼仪是人际交往的基本行为规范，只要有人的地方，就有礼仪。中国素称"礼仪之邦"，礼仪文化源远流长，是传统文化的核心内容之一。早在万年以前的原始社会，人类就有了初步的礼节。到周代，中国礼仪已经形成体系。《周礼》与后来的《仪礼》《礼记》，是我国最早的礼仪论著，被合称为"三礼"。但到了春秋战国时期，社会动荡，礼崩乐坏。秦汉时期重建礼仪，中国古代礼仪的内容越来越丰富，宋、明以后逐渐僵化。鸦片战争以后，在西方礼仪文明的冲击之下，我国古代礼仪开始变革，并逐步形成现代礼仪规范。

我国古代礼仪建立在尊卑贵贱的等级制度之上，有许多糟粕的成分，如人伦"三纲"（君为臣纲、父为子纲、夫为妻纲），妇女"三从"（在家从父、出嫁从夫、夫死从子）等。现代礼仪以平等、尊重、自由、民主等人权观念为基础，礼仪的内容和形式都发生了巨大的变化。古代有些礼节，如朝见皇帝的三拜九叩礼，在尊长面前的垂手侍立礼，夫妻间的举案齐眉礼等，都已化作历史的尘埃，被雨打风吹去；有些礼节，如拱手礼已更多地被握手礼和点头礼所取代，只偶尔在某些公共场合使用；有些礼节，如跪礼，则除了丧葬等特殊场合外，已基本不用了。另外，传统礼仪中更多的精华被传承下来，成为现代礼仪的有机组成部分。

技能训练 JiNengXunLian

认 识 自 我

一、任务描述

我们现在学习礼仪，不是从零开始的。打个比方，我们不是在一张白纸上作画，而是在一张有着各种各样底色的纸上作画。这个"底色"，就是你的"自我"。只有在正确认识自我的基础上，礼仪学习才能更有针对性。俗话说："人贵有自知之明。"可见，认识自己了解自己也是很不容易的。

二、任务分析

我们可以从生理特征、心理特征、社会适应力特征三个方面来完整地认识自己。

（1）了解和悦纳生理自我：容貌、肤色、身材、身高、体重、性别、健康等。

（2）了解和完善心理自我：气质、性格、情商、智商、价值观、道德品质、意志品质、习惯等。

（3）了解和调试社会自我：人际关系、角色、地位、职业生涯等。

三、任务方案之一——了解和悦纳生理自我

（1）面对一面大镜子，仔细端详镜子里的那个人：他（她）长得什么样子？你喜欢他（她）吗？哲人说："可以改变的事物就去改变它，不可以改变的事物就去接受它。"那么，从今天起，试着去接受他（她）、喜欢他（她）吧！

（2）用正面的、褒扬的词语描述你自己的体貌特征，再请你的朋友描述你，让自信回到你心里。

四、任务方案之二——了解和完善心理自我

（一）客观认识自己

（1）从气质、性格、情商（兴趣、认识和管理情绪、情感等）、智商（认知能力、理解能力、记忆能力、想象能力、思维能力、表达能力、处事能力、工作能力等）、价值观、道德品质、意志品质、习惯等诸多方面，分别就自己的优点和缺

点作出自我评价。

（2）在卡片上写上自己的名字后传出去，请其他同学或老师为你写出赞美的话，提出改进的希望。态度要真诚，语言要具体。

（3）收回卡片，将你的自我评价和他人对你的评价相比较，客观地认识自己。防止因评价过高而狂妄自大，或因评价过低而陷入自卑。

（二）测一测你的情绪管理能力

（1）火暴脾气，一点就着，当时不能自控，事后又特别后悔。（　　）

（2）常因为一件小事就和同学大发雷霆，十分生气。（　　）

（3）常被同学的玩笑话激怒。（　　）

（4）发火的时候常常骂人、砸东西，甚至打人。（　　）

（5）在受到批评和委屈的时候，排解的方式一般不是自我宽慰或找朋友倾诉，而是漫骂、抱怨甚至报复。（　　）

（6）发怒时听不进别人的劝说。（　　）

（7）对他人的言行爱挑剔，牢骚满腹。（　　）

（8）和同学发生冲突时没有耐心解释，而是通过争吵，或用拳头来解决争端。（　　）

如果你的答案大多为"是"，那可要注意调控心态哟！

五、任务方案之三——了解和调试社会自我

测一测你的沟通意识和沟通能力

根据下列测试题，结合自己的实际情况测评（符合得 2 分；基本符合得 1 分；难以判断得 0 分；不太符合得 -1 分；完全不符合得 -2 分）：

1. 我去朋友家做客，首先要问有没有不熟悉的人出席，如有，我的热情就会下降。（　　）

2. 我见到陌生人常常无话可说。（　　）

3. 在陌生的异性面前，我常感到手足无措。（　　）

4. 我不喜欢在大庭广众之下说话。（　　）

5. 我的文字表达能力远比口头表达能力要强。（　　）

6. 在公众面前讲话时，我不敢看听众的眼睛。（　　）

7. 我不喜欢广交朋友。（　　）

8. 我只喜欢与我谈得来的人交往。（　　）

9. 到一个新的环境里，我可以连续好几天都不说话。（　　）

10. 如果没有熟人在场，我感到很难找到彼此交谈的话题。（　　）

11. 如果在"主持会议"和"做会议记录"之间选择，我肯定选择后者。（　　）

12. 参加了一次新聚会，我没有结识好多人，也没有交到新的朋友。（   ）

13. 别人请我帮忙而我无法满足对方时，我常感到难以处理。（   ）

14. 不是万不得已，我决不求助于别人，这倒不是我的个性好强，而是感到难以开口。（   ）

15. 我很少主动到同学、朋友家串门。（   ）

16. 我不习惯和别人聊天。（   ）

17. 领导、老师在场时，我讲话特别紧张。（   ）

18. 我不善于说服别人，尽管有时我觉得自己很有道理。（   ）

19. 有人对我不友好时，我常常找不到恰当的对策。（   ）

20. 我不知道怎样同嫉妒我的人相处。（   ）

21. 我同别人的友谊发展，多数是别人采取主动态度。（   ）

22. 我最怕在社交场合中碰到令人尴尬的事情。（   ）

23. 我不善于赞美别人，感到很难把话说得自然、亲切。（   ）

24. 别人话中带刺愚弄我，除了生气外，我别无他法。（   ）

25. 我最怕接待工作，因为要同陌生人打交道。（   ）

26. 参加聚会时，我总是坐在熟人旁边。（   ）

27. 我的朋友都是同我年龄相仿的。（   ）

28. 我几乎没有异性朋友。（   ）

29. 我不喜欢与地位比我高的人交往，我感到这种交往很拘束，很不自在。（   ）

30. 我要好的朋友没几个。（   ）

评分标准：得分在 30 分以上，说明你的交往能力是很差的，需要你下决心改观；得分在 0～30 分，说明你的交往能力是比较差的，要注意提高；得分在 -20～0 分，说明你的交往能力还可以，但还需加以完善；得分在 -20 分以下，说明你的交往能力强，善于交际。

作业

一、品头论足

1. 评价一个人应全面、深入。用人单位在招聘员工时，仅凭应聘者不讲卫生、不修边幅、不讲礼貌，甚至没有捡起地上的一个纸片等细枝末节的小事，就决定取舍，是一种以偏概全，只看现象，不看本质的做法，是不负责任的。你同意这个观点吗？

2. 美国人际关系学者阿尔伯特·爱德华·威根在其研究报告《探索你的心理世界》中指出：在一年内失去工作的 4 000 名职工中，只有 10% 是因为不能胜任工作而被开除的，其余的90%则是因为不能很好地处理人际关系而被解雇的。

3. 从前，有一个人到饭馆里吃饭，饭后才发现身上没有带银子，于是他把掌柜叫来说，这次忘记带银子，明天一定派人送来。掌柜满口答应，并恭敬地把客人送出门外。一个乞丐看见了，也来到这家饭馆吃饭，吃完饭后说没带钱，等以后再还。没想到掌柜勃然大怒，并要带乞丐去见官。乞丐不解地问，为什么他吃饭可以不给钱，我怎么就不行呢？掌柜回答说，你能跟人家比吗？那位先生吃饭，一举一动都可以看出是一个有教养的人，岂肯赖我几两银子？而你却用衣服擦筷子，用袖子擦碗碟，还蹲在椅子上狼吞虎咽，发出很大的响声。分明是一个无赖，我岂能饶你？

有人认为，店掌柜以貌取人，嫌贫爱富，是一个势利小人。你怎么看？

二、找自己

1. 有一天，"我"不小心走失了。请你为自己写一份寻人启事。
2. 把全班同学的寻人启事放在一起，随机抽取念给大家听。同学们能猜出你是谁吗？猜不出主人的启事可要重写哟！

三、你很自信吗

1. 当你经过一面镜子的时候，你喜欢停留一下，照照自己吗？（　　）
   A. 经常　　　　　B. 偶尔　　　　　C. 很少
2. 由于你的过失而产生了麻烦或不愉快的时候，你会怎么办？（　　）
   A. 承担起应负的责任，并尽全力处理善后事宜
   B. 感到内疚和自责，并寻求对自己有利的解释
   C. 为了使自己不受责备，想出一套托词来为自己开脱
3. 对自己不熟悉和不擅长的事情，也敢于大胆愉快地接受吗？（　　）
   A. 没问题　　　　B. 偶尔　　　　　C. 很难
4. 做事情时如果有人在旁边观看，会立刻感觉紧张和不安。（　　）
   A. 很少　　　　　B. 偶尔　　　　　C. 经常
5. 你会津津乐道于你的成功经历吗？（　　）
   A. 经常　　　　　B. 偶尔　　　　　C. 很少

选A是自信的表现；选C是不自信的表现；选B介于二者之间。

知识
链接

（1）《周礼》、《仪礼》和《礼记》是我国最早的礼仪经典和百科全书，总称为"三礼"。《周礼》又称《周官》，是"三礼"之首，偏重政治制度。传说为周公编制，记载了古代设官分职的情况，共记录王室大小官职377个，并详列各官的职

权。书中保存了不少西周和春秋战国时期的重要史料。《仪礼》偏重行为规范，记述有关冠、婚、丧、祭、射、朝、聘等礼仪制度，是关于"士"阶层的礼制。《礼记》是战国到秦汉时期儒家解释或论说礼制的经典文章汇编，为儒家"五经"之一。

（2）非礼勿视，非礼勿听，非礼勿言，非礼勿动。（《论语》）

（3）恻隐之心，人皆有之；羞恶之心，人皆有之；恭敬之心，人皆有之；是非之心，人皆有之。恻隐之心，仁也；羞恶之心，义也；恭敬之心，礼也；是非之心，智也。仁义礼智，非由外铄我也，我固有之矣，弗思耳矣。故曰"求则得之，舍则失之"。（《孟子》）

（4）人无礼则不生，事无礼则不成，国无礼则不宁。（《荀子》）

（5）你不能决定生命的长度，但你可以扩展它的宽度；

你不能改变天生的容貌，但你可以时时展现笑容；

你不能企望控制他人，但你可以好好把握自己；

你不能完全把握明天，但你可以充分利用今天；

你不能达成事事顺利，但你可以做到事事尽心。

（6）气质与性格。心理学上讲的气质，与我们常说的"脾气""禀性"类似，是每个人与生俱来的，并无好坏之分，只有特点之别。生活中我们发现有的人活泼好动，有的人安静稳定；有的人机警灵敏，有的人反应较慢；有的人遇事急躁，有的人镇定稳重……这都与他们气质的不同有关。

心理学上讲的性格，是一个人对现实的比较稳定的态度和习惯化了的行为方式所体现出来的稳定的心理特征。如一个人在待人处事时经常表现出热情奔放、坚毅果断、深谋远虑、见义勇为，那么我们就说这些就是他的性格。

（7）情商。为人处世是性格的核心。心理学上将为人处世的能力以"情感商数"来命名。美国哈佛大学心理学教授丹尼尔·戈尔曼提出，人生的成功模式为：人生成功要素 100%=智商 20%+情商 80%。他还在《情感智商》（1995 年）一书中把情商概括为五个方面的能力：①认识自身情绪的能力；②妥善管理情绪的能力；③自我调节的能力；④认识他人情绪的能力；⑤人际关系的管理能力。

第二节　礼仪的含义与特征

周恩来（1898～1976）是新中国第一任总理兼外交部长，他杰出的外交礼仪修养为全世界所倾倒。美国前总统尼克松说："周恩来的敏捷机智大大超过了我能知道的其他任何一位世界领袖。这是中国独有的、特殊的品德，是多少世纪以来的历史发展和中国文明的精华结晶。他待人很谦虚，但沉着坚定。他优雅的举止，直率而从容的姿态，都显示出巨大的魅力和泰然自若的风度。他从来不提高讲话的调门，不敲桌子，也不以中止谈判相威胁来迫使对方让步。他手里有'牌'时，说话的声音反而更加柔和了……"美国前国务卿基辛格博士在回忆录中这样描绘周恩来："他面容瘦削，颇带憔悴，但神采奕奕，双目炯炯，他的目光既坚毅又安祥，既谨慎又满怀信心。他身穿一套剪裁精致的灰色毛料服装，显得简单朴素，却甚为优美。他举止闲雅庄重，使人举座注目的不是魁伟的身躯（像毛泽东或戴高乐那样），而是他外弛内张的神情，钢铁般的自制力，就像是一根绞紧了的弹簧一样。"周恩来享有很高的国际声誉。凡是与他接触过的人，无不被他的人格、智慧和风度所折服。相反，前苏联共产党总书记赫鲁晓夫的举止就有损于他自己和前苏联的国际形象。赫鲁晓夫在出席联合国大会时，经常站起来打断别人的发言，甚至当西班牙代表发言时，他竟脱下皮鞋，敲打桌子。时人评论他的举止"像一个粗鲁不懂规矩的乡下人"。

礼仪知识

一、礼仪的含义

礼仪是人类社会中，人与人之间为了更好地进行交际活动而共同遵循的、最基本的道德行为规范。它至少包含以下几层意思：第一是"交际活动"，即只要发生人与人的交际活动，就必然会遵循一定的礼仪规范，就是说，礼仪渗透于人际交往的各项活动中；第二是"共同遵循"，即它不是针对某一个阶层或某一部分人群，而是全社会成员都要遵循的；第三是"最基本的"，就是说礼仪不是高不可攀、不可企及的，也不是可有可无、随心所欲的，而是每一个人都"能够"做到的；第四是"道德行为规范"，即礼仪属于道德体系中最基本的社会公德的范畴，是人的基本道德品质在言行举止上的外在表现。从这个意义上讲，礼仪确实是一种"形式"，但这种"形式"是由一定的"内容"所决定的，这个"内容"就是人的思想道德品质。所以，人们常常把一个人的礼仪修养看成他思想道德品质高下的标志。如果只讲道德而不懂礼仪，好人也会经常失礼；反之，如果虽懂礼仪，但内心缺乏恭敬、谦逊之心，则所谓礼仪就会变成一种虚伪的客套。敬人要从心里敬，真正的礼仪是内容与形式的完美统一。

二、礼仪的特点

礼仪作为人际交往最基本的行为规范，具有自身的特点。了解这些特点，有助于人们更自觉地按照礼仪规范来待人接物。

（一）共同性特点

全人类对礼仪的需要是共同的。不论哪个国家、哪个民族，都以讲究礼仪为荣，以不讲究礼仪为耻。随着全球化进程的加快，许多礼仪观念和礼仪规范也已经跨越国家和民族的界限，成为多数国家共同遵循的"国际礼仪"，如微笑礼、握手礼、鞠躬礼等。一般而言，社会的文明程度越高，其成员遵守礼仪的共同性就越强，趋同趋简是礼仪发展的大势。

（二）差异性特点

由于地域的不同、民族的不同、文化背景的不同，礼仪形式必然带有本地域、本民族的鲜明特色，并代代传承下去，表现出多种多样的差异性。如我国传统的拱手礼在西方就很罕见，而西方某些国家流行的拥抱礼、亲吻礼在我国就较少使用。中国人在见面时多行点头礼或握手礼，而日本人在见面时互行鞠躬礼，鞠躬的深度直接与对方受尊敬的程度有关。

同一礼仪形式在不同的民族中可能代表不同的意义。国际通行以点头表示肯定，摇头表示否定，而在尼泊尔则恰恰相反；欧美人普遍忌讳"13"这个数字，中国则无此忌；在美国，子女直呼父母的名字是很常见的，这在中国则是极其无礼的表现，是被严厉禁止的。

现在，各国的礼仪习惯有相互影响、相互融合的趋势，如中国传统婚礼中以红色象征喜庆，白色只用于葬礼上；而在现代中国，象征纯洁的白色婚纱正越来越普遍地被接受。尽管如此，礼仪形式的差异性是将永久存在的。没有人能说清楚世界上究竟有多少种礼仪形式。所以，我们要相互了解，相互尊重，求同存异，入乡随俗。

（三）时代性特点

一个国家、一个民族的礼仪一旦形成，通常会长时期地为后人沿袭，从而形成千差万别的礼仪形式。但礼仪规范也不是一成不变的，而是继承传统的同时不断与时俱进，具有明显的时代特征。我们这里讲的礼仪是指"中国现代礼仪"，有别于"外国礼仪"和"古代礼仪"，体现了现代中国的时代精神。

（四）规范性特点

礼仪作为行为规范，一经定型，便相对固定，成为全社会成员必须共同遵守的惯用形式和"通用语言"，随意违犯，即为失礼。任何人想在交际场合表现得彬彬有礼，首先必须了解礼仪规范的要求，并无条件地加以遵守。另起炉灶，或只遵守自己适应的那一部分，而不遵守自己不适应的那一部分，都难以成为大家欢迎的有"礼"之士。

你怎么认为呢？

（1）礼仪是繁缛高深的学问，讲究礼仪是礼仪专家、道德模范或成功人士的事，对于普通百姓而言，则不必过分强求。

（2）礼仪不就是个形式吗？

（3）一位英国客商来到中国某厂参观并洽谈合作事宜，他对负责接待的厂办公室副主任非常满意，认为副主任的服务态度好，英语表达也很流利，于是就称赞说："你的英语讲得棒极了！"副主任非常谦虚地回答："您过奖了，我的英语讲得不好。"外商听了很不高兴。副主任也意识到自己失言了，马上转移话题，才避免了尴尬。

作业

一、测一测你的人际关系

1．你最近一次和同学交朋友，是因为（　　）。

　　A．你认为不得不结交

　　B．他们喜欢你

　　C．你发现这些朋友令人高兴、愉快

2．当你度假时，你是否（　　）。

　　A．希望交到朋友，可是往往很难做到

　　B．喜欢独自一个人消磨时光

　　C．通常很容易就交到了朋友

3．你已经定下了和以前的几个同学约会，可今天实在疲惫不堪，无法赴约时，你会（　　）。

　　A．不赴约了，内心希望对方会谅解你

　　B．去赴约，但问清楚对方不介意的情况下可以提前回家

　　C．去赴约，并尽量显得高兴

4．一个同学向你吐露了一件极有趣的个人问题，你常常（　　）。

　　A．不假思索，就把这件事告诉了别人

　　B．根据情况决定是否告诉别人

　　C．为同学保密，不把这件事告诉别人

5．当你的同学有困难时，你发现（　　）。

　　A．他们不愿意来麻烦你

　　B．只有与你关系密切的极少数朋友才向你来求助

　　C．他们愿意找你来帮助

6. 对于同学的优缺点，你的处理方法是：（   ）。

    A. 我相信朋友应真诚，发现看不惯的缺点就坦率指出

    B. 我喜欢赞扬别人的优点，对缺点则尽量回避

    C. 我既不奉承吹捧，也不求全苛责他们

7. 在你选择朋友时，你发现（   ）。

    A. 你只能同和你趣味相投的人友好相处

    B. 兴趣、爱好不同的人偶尔也能谈谈

    C. 一般说来，你几乎能和任何人都谈得来

8. 对于同学的恶作剧，你会（   ）。

    A. 感到生气并发火

    B. 看你的心情如何，也许和他们一起大笑，也许生气发火

    C. 和他们一起大笑

9. 对于同学间的矛盾，你喜欢（   ）。

    A. 打听、传播　　B. 不介入　　C. 设法缓和

10. 对于扫地、打开水等琐事，你经常（   ）。

    A. 想不到做　　B. 轮流做　　C. 主动做

11. 一位朋友邀请你参加他的生日聚会，可是，所有的来宾你都不认识，因此（   ）。

    A. 你借故拒绝，对他说："那天已经有别的朋友邀请过我了。"

    B. 你愿意早去一会儿帮他筹备生日

    C. 你非常乐意去认识他们

12. 在街上，一位陌生人向你询问去火车站的路。这很难用几句话就讲清楚，况且此时你有急事，于是（   ）。

    A. 你让他向远处的一位警察去打听

    B. 你只是指给他火车站的方向，让他自己去找

    C. 你尽量简明地告诉他

13. 你表弟到你家来，你们已经有几个月没见面了。可是，这天电视里播放一部非常精彩的电影，于是（   ）。

    A. 你让电视开着，与表弟谈天

    B. 你说服表弟与你一起看电视

    C. 你关上电视机，和表弟一块看你的照片

14. 你父亲给你寄钱来后，（   ）。

    A. 你把钱收起来

    B. 你买一些东西

    C. 和朋友们小宴一顿

15. 你的邻居要去看电影，托付你照看一下他们的孩子。孩子睡醒后哭闹起来这时，（   ）。

A. 如果他无故哭闹，就让他去哭，终究会停下来的。你关上卧室的门，到客厅去看书

B. 你看看孩子是否需要什么东西，并想办法哄他入睡，如果他还是哭闹，就随他去

C. 你把孩子抱在怀里，想方设法哄他入睡

16. 如果你有闲暇，你喜欢（　　）。

A. 待在卧室里听音乐

B. 到商店里闲逛或买东西

C. 与朋友们一起去看电影，并与他们一起讨论

17. 当你周围有同事生病住院时，你常常是（　　）。

A. 有空就去探望，没空就算了

B. 只探望与你关系密切的人

C. 主动探望

18. 如果有人请你去玩或在聚会上唱歌，你往往（　　）。

A. 婉言拒绝

B. 找个借口委婉谢绝，但如果朋友坚持请你，那就应邀

C. 欣然应邀

19. 对于他人对你的依赖，你感觉如何？（　　）。

A. 避而远之，不喜欢结交依赖性强的朋友

B. 一般说来，我不太介意，但我希望我的朋友能有一定的独立性

C. 很好，我喜欢被人依赖的感觉

评分标准：答 A 得 1 分，答 B 得 2 分，答 C 得 3 分。

得分 19 分以下：你是一个处事冷淡，不大合群的人，需要认真分析自己，努力改进。

得分 20～36 分：你和同学的关系还可以，但不够积极主动，属于被动型的人，需要作一些调整。

得分 37 分以上：你的人缘很好，能积极交际，是一个受欢迎的人。

二、讲故事

每人讲一个你感受最深的讲究礼仪，或者不讲究礼仪的故事。

三、每 4 人为一组，选择排练生活小品

1. 你已经多次警告同学们不要再叫自己的绰号。可是今天下午，赵前又当着全体同学的面叫了你的绰号，其他同学哄堂大笑。

2. 临近毕业时，你和孙醴同学同时被推荐参加某公司的招聘会。一天，你无意中听见他在说你的坏话。

3. 在周末，你找一大堆朋友到宿舍里来玩。同宿舍的周武把音乐开得声音很大，你提醒他把声音调低一些，他没搭理你。

4. 你平时就不太喜欢郑望同学。在这次四人合作学习中，你们却被安排在了一起。

5. 走在路上，你不小心碰到了冯臣。他张口就骂："哪个不长眼的？"

6. 在班上，你的班主任张老师当众批评了你。

知识链接

曾有一位老师带着他的22名毕业生到国家某部委实验室去参观，他的同学是该部的部长。部长很热情地招待了他们，请他们坐下，并亲自给同学们倒茶。同学们表情木然地坐在那里看着，其中一个还说："天这么热，有绿茶吗？"林晖看着心里嘀咕："人家给你水还挑三拣四。"随后，部长又给同学们发本单位的介绍资料，更尴尬的事情发生了。大家都坐在那里，很随意地单手接过来，只有林晖站起来，双手接过资料，恭敬地说："谢谢您。"

最终只有林晖被该实验室录用。其他同学不服气地问："凭什么留他，他学习又不是最好的！"老师说："但他是最懂礼貌的。"同学们还是不服气："懂礼貌有什么了不起，礼貌不就是个形式吗？"（资料来源：潘彦维. 2007. 公关礼仪. 北京：北京师范大学出版社）

第三节　礼仪的修养与原则

心理学家做过一个著名的心理实验。试验者分别向两组被试者出示了同一个人的同一张照片。出示前向第一组被试者说，照片上的这个人是一个十恶不赦的罪犯；向第二组被试者说，照片上的人是一位著名的科学家。然后，让两位被试者描述照片上人的形象。结果发现，两组被试者的描述截然相反：第一组的描述是：深陷的双眼隐露凶色，外翘的下巴显示了他死不悔改的决心；第二组的描述是：深邃的双眼表明思想的深度，突出的下巴表明他在探求真理的道路上克服困难的意志力。

这个实验证明，人的长相一般是中性的。人们对一个人的评价不取决于他的长相如何，而取决于人们对他的态度。正如俗话所说："人不是因为美丽才可爱，而是因为可爱才美丽。"也如法国启蒙思想家孟德斯鸠所说："一个人只有一种方式美丽，但她可以通过十万种方式使自己变得可爱。"在人际交往中，我们大可不必为自己的长相忧心忡忡。以积极的心态、得体的礼仪面对世人，这才是最重要的。

一、礼仪修养的途径

一个人的礼仪素质不是与生俱来的，而是后天学习、培养、锻炼形成的。这里讲的"修养"，是一个动词性合成词，"修"原意是指学习、修炼、陶冶和提高；"养"原意是指培养、养成和熏陶。所谓修养，就是指一个人在道德、思想、意识、理论或技艺等方面，通过长期自觉的学习、修炼、培养，从而逐步使自己具有某一方面的能力和素质的过程。

礼仪素质属于道德的范畴，它不像法律那样具有强制的约束力，而是靠人的自觉来维系的，靠社会舆论来监督的。礼仪作为一门学科，既需要教育，更需要训练；既需要在人们心中树立起一种道德信念和礼貌修养准则，更需要自觉按礼仪规范去做，自我约束、自我克制，形成习惯，而无需别人的提示和监督。所以，礼仪的修养过程主要是一个自我学习、自我修炼、自我反省、自我养成的过程，是一个从认识到实践不断反复的过程。

人的礼仪品质是由礼仪道德情感、礼仪规范知识、礼仪行为习惯这三个基本要素构成的，因而礼仪的修养途径也要从这三个方面入手。

（一）培养健康的思想道德情感是源动力

真正美好的东西大都是内在美与外在美的和谐统一，礼仪之美也是如此。典雅的风度不是靠简单的模仿就可以学得到的，因为它不仅仅是形式主义的例行公事，也不是一套机械的动作，而是与人的内在的良好素质密切相关的，是一个人健康、高尚的思想道德修养的外在表现。外在美的根基在于内在的素质，所谓"秀外"源于"慧中"。脱离了健康高尚的思想道德素质做底蕴，脱离了对他人的发自内心的尊重和关心，礼仪就会异化为虚伪的繁文缛节。这种虚伪的"礼仪"必将为历史所淘汰，正如中国古代礼仪中的下级对上级的许多朝拜、跪拜仪式等一样。

《论语·八佾》中记载，林放向孔子请教礼仪的根本是什么，孔子感慨地说"大哉问！礼，与其奢也，宁俭；丧，与其易也，宁戚。"这句话的意思是：你问的问题意义重大啊！就一般礼仪而言，与其奢侈铺张，宁可朴素节俭；就丧礼而言，与其仪式隆重，倒不如心里真正悲哀地悼念死者。也就是说，与其心中并不尊敬而仪式十分繁缛，倒不如仪式简略而心中尊敬。由此可见，礼仪是道德情感的表现形式，礼仪的根本是人的道德修养和行礼时的真情实感。

道德体系是一个多层次的系统。其中，高层次的道德规范并非人人都能做到，它代表了人类道德的理想境界。但属于其最基本层次的社会公德，则是每一个社会成员都必须遵守的，而且也是可以做到的。礼仪规范就属于道德体系中最基本的社会公德的范畴，礼仪修养所遵循的原则都是做人最基本的要求，是每一个人为人处世要自始至终必须坚守的"底线"。

（二）自觉学习礼仪规范知识是基础

有了向"礼"之心，还要懂得礼仪知识。礼仪作为为人处世的行为规范，存在于我们生活的每一个角落，可以说，只要有人的地方就有礼仪的问题。小自个人仪表、服饰、吃饭、交谈、乘车、打电话，大到国际往来、商务谈判等，都少不了礼仪。礼仪规范知识是一个内容十分丰富的宝库，只有了解、懂得了这些知识，才能分清是非、明辨美丑，树立起正确的行为标准，并在礼仪知识的指导下进行交际活动，从而养成良好的礼仪行为习惯。

重视礼仪还应该自觉学习科学文化知识。在现代社会，人们的科学文化知识水平越来越高，一个"科盲"、"文盲"，即使懂得些礼仪知识，也很难实现高雅的人际交流。在人际交往中，人们需要同方方面面的人交流，因而应当具备各方面的科学文化知识和社会知识。读文学作品可以提高人的感受力、理解力和表达力；读哲学、历史、心理学可以提高分析问题、解决问题的能力；读经济学、法学可以掌握经济发展规律，依法办事，提高经济管理能力和办事能力；学习专门的科学文化知识还有利于与专业人士交流。"腹有诗书气自华"，丰富的知识不仅可以提高你的能力，而且这种内在的素质会逐渐积淀、升华、外化，潜伏默化地优化你的气质和风度。

（三）形成礼仪行为习惯是关键和目的

礼仪学虽然具有很强的知识性，但礼仪素质却不是在课堂上，而是在社会生活的环境中养成的。礼仪修养是一个从知识到实践的不断反复、不断提高的过程。人不仅要知礼、懂礼，更要守礼、行礼。礼仪知识只有运用到社交实践中去，化为实际的礼仪行动，礼仪知识才是有意义的。然后，在礼仪行为中反思知识，反省行为得失，如此不断循环往复，才能达到"知"与"行"的统一，最终形成良好的礼仪行为习惯。所以，礼仪修养要力戒说一套、做一套，要坚持知行统一，自觉将理论与实践相结合。荀子在《劝学》里强调："君子博学而日参省乎己，则智明而行无过矣。"讲的就是只有"广泛学习各种知识"，并"每天反省自己的行为"，才会达到"行无过"的境界。

二、礼仪修养的原则

（一）尊重原则

古代有一个读书人，看不起不识字的农夫，于是就戏弄他说："对'儿子'的文雅称呼是'令尊'"。说完，就等着看这个"愚蠢"的农夫的笑话。农夫不知就里，关心地问读书人："你家里有几位令尊？"读书人尴尬不已，只好说："我家里没有。"农夫很同情地说："我有四个儿子，要不随便送一个给你做令尊吧。"

现代人权观念认为，人人生而平等，任何生命都是值得尊重的。在平等的基础上相互尊重，是人际交往的基本前提。平等和尊重是礼仪文化的灵魂。

尊重，首先要自尊。一个具有足够自尊的人总是更有信心、更有能力，也更懂得尊重他人。"人敬我一尺，我敬人一丈"，才能满足每个人的自尊心理。

尊重，最讲究互尊，即相互重视、尊敬、坦诚、谦恭、和善、赞美。无论何时，都不要伤害他人的尊严，侮辱他人的人格。《圣经·新约》的马太福音中说："你们愿意人怎样对你们，你们也要怎样待人，因为这就是律法和先知的道理。"这句话被后人称为"黄金定律"。任何人都需要别人的尊重，而希望获得别人尊重的前提，就是先学会尊重别人。人与人交往，无论尊卑、贵贱、贫富，都要把尊重放在首位，否则就会为了满足自己的自尊而造成对别人的无礼。避免他人陷入尴尬境地，也是尊重他人的人格尊严的表现。

尊重，还要尊重他人的自由。"己所不欲，勿施于人"，对于他人不想做的事，不可强求。懂得尊重的人，就不会将酒量的大小与感情的深浅扯在一起而强行劝酒。

尊重，还要尊重人与人的个性差异、国与国之间的传统差异。应以求同存异的态度对待他人，不可以自己为准绳，强求他人与自己保持一致。

尊重，还要尊重他人的隐私。每个人都有属于自己的秘密，公共场合不要随意打听和谈论他人的隐私。对于涉及隐私的问题，诸如婚姻状况、薪水、女士的年龄、体重等，如果对方不主动提出，就不要询问。对于你已经知晓的他人的隐私，也不要到处传播。

尊重，体现在细节之中，如多用商量的语气，多用赞美和鼓励，用心聆听他人谈话，讲究批评、拒绝的方式，不炫耀自己的优势，不随意打断他人谈话等。

尊重，还常常表现为真诚的赞美。美国心理学家威廉·詹姆斯曾提出：人类本性中最得意的渴求就是赞美。所以，如果你想获得好的人缘，就一定不要吝啬你的赞美。

尊重，还常常表现为既照顾他人的面子而又不丧失原则。1972年，日本首相田中角荣首次访问中国，在讲话中谈到侵华战争时，说了"我国给中国国民添了很大的麻烦，我对此再次表示深切的反省之意。"此时，会场上热烈欢迎的气氛一下子冷了下来。日本发动了8年的侵华战争，给中国造成了数以千万计的生命伤亡，和数以千亿计的财产损失，岂能用"添了麻烦"来轻描淡写？不过，在田中角荣致词结束时，周恩来还是带头鼓了掌，给他圆了场。第二天，周恩来与田中角荣严正交涉："在昨天的晚宴上，田中首相讲'添了麻烦'，这句话好像是弄湿了过路女人的裙子向人家道歉似的！"

（二）诚信原则

一位顾客走进一家汽车维修店，找到店主，自称是某运输公司的汽车司机："在我的账单里多写点，我回公司报销后，有你一份好处。"店主拒绝了。顾客仍纠缠说："我的生意不算小，会常来的，你肯定能赚大钱。"店主还是不为所动。顾客气急败坏地大嚷大叫："谁都会这么干的，我看你真是太傻了。"店主也火了，请顾客到别处去谈这种生意去。这时，"顾客"忽然面带微笑，抓住店主的手："我就是那家运输公司的老板。我今天终于找到一个信得过的维修店了。"

面对诱惑，不为所动，似易实难。"言必信，行必果"，真诚守信，取信于人，是人际交往的基本态度。只有发自真心地关心他人，抱着诚意，坦率地与对方交流，做到言行一致，表里如一，才能使你的言谈举止自然得体，这才是真正的、美好的礼仪。反之，如果在心中对他人漠不关心，却出于某种目的而刻意表现，虚情假意、口是心非、逢场作戏、当面一套背后一套，即使表演得再逼真，也难以取得对方的信任。谎言总有被揭穿的时候。低估他人的智商，虚伪欺骗，卖弄小聪明，恰恰是最愚蠢的行为。三国时期的刘备，没有高强的武艺，没有杰出的军事才能，却能够真诚待人：三顾茅庐使诸葛亮为他鞠躬尽瘁，桃园结义让关羽和张飞为他死而后已，长坂坡摔阿斗让赵子龙忠心耿耿，兵败逃窜不舍荆州百姓让他大得民心。

（三）互动原则

俗话说："来而不往非礼也。"在人际交往中，要注重"礼尚往来"，平等互动。

互动首先要主动，即要以真诚关心、坦诚相待的态度主动与周围的人交往，这样才能营造热情、和谐、友好的人际关系。反之，如果人人都抱着"人不敬我，我不敬人"的态度被动交际，则人际关系就会冷淡很多。

互动还要在尊重礼仪的差异性的基础上入乡随俗，求同存异。做主人时要主随客便，在无涉重大原则问题的前提下，按照客人的喜好来招待客人，不要将自己的想法强加给客人；做客人时要客随主便，即要了解和遵从当地的或主人的礼仪习惯。主人主随客便，客人客随主便，交际双方对礼仪规范就能找到一个共同认可的标准，这体现了现代人的人性化的尊重理念。

（四）适度原则

"度"就是尺度、分寸。适度，就是礼仪规范在实际应用中，需要根据交际的具体环境、对象，把握好人际交往的感情尺度、行为尺度。孔子讲："过犹不及"，交际时做得过头，跟做得不足一样，都是失礼的行为。适度是建立和维护良好人际关系的重要条件。

适度首先是指感情适度。在人际交往中，既要热情大方，又不虚伪讨好；既要彬彬有礼，又不低三下四。

适度还是指行为适度。既要轻松随便，又不轻浮粗俗；既要幽默风趣，又不油腔滑调；既要诚挚友好，又不过分客套；既要坦率真诚，又不口无遮拦。

适度还表现在距离的适度。人际交往要保持适当的心理距离和空间距离。不适当的"亲密无间"往往会适得其反。

（五）宽容原则

宽容就是心胸宽广、宽宏大量，能够原谅别人的过失，能设身处地为别人着想。古语说："水至清则无鱼，人至察则无徒。"人非圣贤，孰能无过？过，有大有小，有善意有恶意。对于一些非原则性、无恶意的失误和失礼，如果求全责备，不依不饶，得理不让人，对人际关系破坏极大。我国自古以宽容为美德，讲究"海纳百川，有容乃大"、"严于律己，宽以待人"、"大事讲原则，小事讲风格"、"宽则得众"。默契的理解，善意的宽容，不因对方的失礼而让对方当众难堪，是一个有教养的人应有的胸怀和风度。

在现代社会，宽容已被作为现代人的一种礼仪素质。国外有家企业在招收员工时，就有一个比较新奇的规定，即在录用期内允许职工犯一个"合理的错误"。他们认为，一个谨小慎微的人一定是一个不犯小错误的人，但同时也是一个工作不会有大成就的人。对人都应该宽宏大量，决不能求全责备，更不能鸡蛋里挑骨头。管理科学如此，公关礼仪也是如此。给人以宽宏大量的形象，才可以在社会活动中面对不同人的时候都可以进退自如。

技能训练
JiNengXunLian

谈一谈你的看法：

（1）礼仪学具有一个内容丰富的理论知识体系，因此是一门理论科学。

（2）礼多人不怪。

（3）仓廪实而知礼节。

（4）人敬我一尺，我必敬人一丈，但前提是必须有人先向我伸出友谊之手。

（5）礼仪是一种常态。在国际上，衡量一个城市的文明程度，通常是看这个城市的公共卫生间的设施和管理；在中国也流传着这样一个说法：了解一个家庭的水准，就要看厨房的抹布和卫生间。现在，考量一个真正的淑女、绅士的标准，不仅要看她（他）在人前是否仪态端庄，还要看她（他）独处时能否依旧行为优雅……因为真正的仪态不是一种表演，而是长期修养而成的良好习惯。

作业

一、测一测你的礼仪修养

在与他人和同学的交往中，你是否真的很有修养呢？请根据心理学家设计的下述测试题作自我检测（每个问题只需答"是"或"否"，然后核对一下正确答案，答对每题 5 分)。

1. 你对商场及超市的售货员、饭店服务员、清扫楼道和厕所的保洁员等，是不是跟对朋友一样地有礼貌？（　　）

2. 你是不是很容易生气？（　　）

3. 如果有人赞美或帮助了你，你是否向他说"谢谢"？（　　）

4. 在别人尴尬不堪时，你是否觉得十分有趣、好笑？（　　）

5. 你是否很容易展露笑容，甚至在陌生人面前也是如此？（　　）

6. 你是否关心、关注别人的幸福？（　　）

7. 你是否认为礼貌对男子汉（或现代新女性）无足轻重？（　　）

8. 在你的谈话或信函中，你是否经常炫耀自己？（　　）

9. 跟别人谈话时，你是否始终认真倾听？（　　）

答案与结果分析：

1. 是。一个富有修养的人，无论对何种身份的人都一视同仁，彬彬有礼。

2. 否。动辄生气、暴躁、抱怨、牢骚满腹的人，修养不会很好。

3. 是。友好地接受别人的赞美和帮助，而不是认为理所当然、心安理得或无动于衷，这是礼貌的表现，也是交际的艺术。

4. 否。缺乏同情，对他人的处境缺乏设身处地、感同身受的体验，甚至幸灾乐祸，是缺乏修养的表现。

5. 是。微笑是通向幸福的通行证，是融入快乐生活的入场券。

6. 是。不受欢迎的人往往不是不会交际，而是缺乏真诚的关心。关心和体贴他人是一个人成熟和有魅力的重要条件之一。

7. 否。良好的风度和礼貌，不是高不可及的，也不是少数人的专利，而是现代人做人必需的气质和品德。

8. 否。不在乎对方的感受，经常大谈自己，具有优越感，处处高人一等的人，很少会受到别人的欢迎。

9. 否。尊重是人际沟通与交流的基础和前提。只有尊重别人，别人才会尊重你。

评分标准：

35～45 分：说明你在社交中很有涵养。

25～35 分：说明你比较懂得交往中的礼仪，但做得还不够。

25 分以下：说明你缺乏社交礼仪的知识和习惯。

二、课外阅读

《周恩来传》、《戴尔·卡耐基传》。

（1）礼尚往来。往而不来，非礼也；来而不往，亦非礼也。人有礼则安，无礼则危。故曰：礼者不可不学也。（《礼记·曲礼上》）

（2）夫礼者，自卑而尊人。虽负贩者，必有尊也，而况富贵乎？富贵而知好礼，则不骄不淫；贫贱而知好礼，则志不慑。（《礼记·曲礼上》）

（3）入境而问禁，入国而问俗，入门而问讳。（《礼记·曲礼上》）

（4）勿以恶小而为之，勿以善小而不为。（《三国志·蜀书·先主传》）

（5）人而无信，不知其可也。（《论语》）

（6）一天，一对衣着朴素的老夫妇来到哈佛大学校长办公室，等了几小时后，才允许见校长几分钟。老妇人说："我们的儿子曾在哈佛上学，现在他死了，我们想在校园里为他留点纪念物……"校长见到老夫妇一副乡下平民模样，便打断他们说："对不起，我无法满足你们的要求，否则，校园不就成了墓地了吗？"老夫妇忙解释说："不，我们的意思是想捐建一座大楼。"校长不屑地冷笑道："一座大楼至少要750万美元。"老夫妇沉默了。过了一会儿，老夫妇说："我们何不自己建造一所大学呢？"校长还以为他们在痴人说梦。不久，在加利福尼亚州，一座以老夫妇自己的姓氏命名的大学拔地而起，这就是著名的斯坦福大学。

（7）一个贤明的国王要从他的王子中选一位继承人。他给每个孩子发了一些种子，并宣布谁能培育出最美丽的花朵，谁就是未来的国王。得到种子后，每一个孩子都精心照料自己的种子，希望得到最好的回报。小王子也同样尽心培育，但始终没有动静，小王子很沮丧。比赛的日子到了，孩子们捧着自己的花朵等待国王的挑选。国王面对一朵朵争奇斗艳的鲜花，始终没有一丝笑容。直到看到捧着空花盆的小王子，他才露出欣慰的微笑，并宣布小王子赢得了这场比赛。原来，国王发下去的花籽全部都是煮熟的，根本不可能发芽开花。

（8）英国著名戏剧家、诺贝尔奖获得者萧伯纳访问前苏联时，在莫斯科街头遇到一位聪明伶俐的小姑娘，便与她玩了很长时间。分手时，萧伯纳对小姑娘说："回去告诉你妈妈，今天同你玩的是世界有名的萧伯纳。"小姑娘望了萧伯纳一眼，学着大人的口气说："回去告诉你妈妈，今天同你玩的是小姑娘安妮娜。"萧伯纳顿时如醍醐灌顶。后来，他常感慨此事："一个人不论有多大的成就，对任何人都应该平等相待。要永远谦虚，这就是小姑娘给我的教训，我一辈子也忘不了她！"

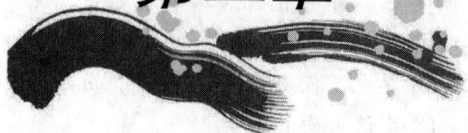

第二章

形象礼仪

知识点

➤ 了解怎样塑造优雅的个人形象，掌握发型、护肤、化妆等仪容知识。

➤ 掌握自然得体的举止规范。

➤ 掌握服饰搭配的基本方法。

能力点

➤ 能准确测定皮肤性质、头发特质。

➤ 能正确对头发、面部、手、脚进行清洁和保养。

➤ 能根据年龄、职业、脸形、体型，得体搭配适合的发型和服饰。

➤ 能规范地坐、立、行走。

第一节 仪容礼仪

　　1960 年 9 月，尼克松和肯尼迪在全美的电视观众面前举行他们竞选总统的第一次辩论。当时，这两个人的名望和才能大体上相当，可谓棋逢对手。但大多数评论员预测，尼克松素以经验丰富的"电视演员"著称，可以击败缺乏电视演讲经验的肯尼迪。但事实并非如此。肯尼迪事先进行了联系和彩排，还专门跑到海滩晒太阳，养精蓄锐。果然，他在屏幕上精神焕发，满面红光，挥洒自如。而尼克松没有听从电视导演的规劝，加之十分劳累，更失策的是面部化妆用了深色的粉，因而在屏幕上显得精神疲惫，面容憔悴，萎靡不振。正如一位历史学家所形容："他让全世界看来，好像是一个不爱刮胡子和出汗过多的人，带着忧郁感等待着电视广告告诉他怎么不要失礼。"结果，尼克松以美国历史上最微弱的竞选差额 49.6% 比 49.9% 失败了。

礼仪知识

　　仪容是指人的发型、面部、手、足等裸露部位的形象。难道仪容和服饰也能影响一个人的职业生涯？有时确实如此。人类社会学家曾断言：农业文明时代以道德制胜，工业文明时代以法制制胜，而信息文明时代以形象制胜。这话说得有些绝对化，但在艺术与生活、传统与现代相互交融的今天，谁想在社会上扮演重要的角色，就必须自觉地重视形象设计，并身体力行。仪容美是先天的自然美和后天的修饰美的结合。形象设计要在提高品德修养的基础上，讲究仪容、仪态、仪表的规范。这些看起来似乎只与自己有关的事情，其实都是你事业获得成功的重要条件。

一、美丽从"头"开始

　　头部是人体的制高点。在日常生活中，观察一个人的外表首先是从头部开始的。头部之美，要在保持清洁的前提下，在发型设计上力求高雅、大方、简洁。

（一）洗发

　　如果没有清洁，便没有美丽可言。洗发是美发的第一要务。洗发应定时，间隔时间要根据季节、气候、个人生活状况灵活掌握。一般而言，油性发质间隔 1 天洗一次；干性发质间隔 3～4 天洗一次；中性发质 2～3 天洗一次。水温以 40

摄氏度左右、感觉舒适为佳，水温过烫或过凉都会刺激到头皮，严重者可能引发毛囊炎。洗发要选择适合自己的优质的洗发液，用十指的指腹按摩头皮，而不是用指甲抓挠头皮，许多人觉得这样解痒而且会洗得更干净，其实不然。头皮也是皮肤，也需要呵护保养，如果你不用指甲洗脸，那么，请你也不要用指甲洗头。

（二）发型选择

头发要定期修剪。选择发型，除个人偏好要适当兼顾外，最重要的是考虑性别、年龄、职业、性格、爱好、脸形等因素。例如在商界，头发不宜过长或过短，不宜过于时髦前卫，男士有"前发不覆额，后发不及领，侧发不掩耳"之说，女士有"披肩不过肩"之说（图2.1），这些就是职业的要求。

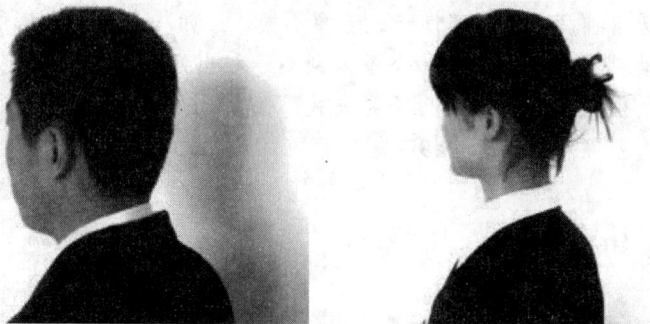

图 2.1　职业发型

1. 根据脸形选择发型

发型对容貌具有极强的修饰作用，甚至能"改变"人的容貌。前提是，发型必须与脸形相适应。

（1）圆脸形。发式宜长不宜宽，额前不要留浓"刘海儿"。两侧头发要收紧服帖，不要隆起蓬松，不宜留短发。圆脸大眼睛的女士，可以把头发拢到后边挽成发髻，以增加线条美。

（2）长方脸形。不宜留直线形长发，避免头发往后梳。可适当用"刘海儿"遮住额头，两侧松而圆或外翻，以增加脸形的横向比例。

（3）四方脸形。头发侧分但不宜太偏，可将方阔的额头用头发帘遮住，削去棱角，两侧头发稍长。这种脸形适合烫发，波浪要大，用圆润的线条减弱对脸形棱角的视觉印象。

（4）三角脸形。头顶部分的头发宜有蓬松感，侧分发线掩盖尖窄额头。若是上宽下尖的倒三角形脸，则发型应顶部紧，两侧蓬松，不宜留短发或发髻。

（5）菱形脸形。应注意增加前额的饱满度。如果留直发，可用"刘海儿"遮住额头，耳后束发；若烫发，首选大波浪发型，头发遮住颧骨，以增加脸形的柔和感。

（6）椭圆脸形。俗称"鸭蛋脸"，是公认的标准脸形，任何发型均适合。

2. 根据体型选择发型

（1）矮小身材者。身材矮小，女士要以小巧玲珑取胜，男士要以灵活干练取胜。适宜留短发，或将头发高盘于头顶，增加向上提的高度。不适宜粗犷、蓬松的发型，那样会使身材显得更矮。

（2）高瘦身材者。这种身材，女士要以修长取胜，男士要以挺拔取胜。但是由于缺乏丰满感，所以适宜留卷曲的波浪式长发，不宜留很短的发型，或将头发高高盘起。

（3）高大身材者。此类身材的发型要力求健康大方，减少大而粗的印象。一般留简单的短发。当然，女士将头发盘起会给人以自然大方的感觉，这也是不错的选择，但切忌花样复杂。

（4）矮胖身材者。身材矮胖的人要尽可能弥补自身的缺点，在发型的设计上尽量强调整体发式的向上的感觉。不宜留波浪型或长直的披肩发，而以轻便的运动式短发或盘发示人，可以将两侧束紧，以从视觉上增加一定的身高。

此外，选择发型还要注意颈部的特点。颈部长的人适合稍长的波浪式发型；颈部短的人要把头发从颈部向后梳，让颈部露出来，使颈部显得长些。

3. 根据发质选择发型

（1）柔软的头发。适宜剪成俏丽的短发，充分表现个性美。

（2）自然的卷发。若留短发卷曲度不明显，适宜留长发才会显示出自然卷曲的美感。

（3）稀少的头发。适合留长发或梳成发髻。

（4）直硬的头发。适宜梳长发。如果想显得华丽、活泼，则可选择卷发，但一定要使用大号发卷。

（5）服帖的头发。这种发质的人最好将头发剪短，发根稍微打薄一点，使颈部若隐若现，给人以清新之感。

一般说来，较硬的头发烫后易保持卷性，而软发则不然。

二、"面子"问题

人每天以"面"对人，面部保养至为重要。保养以保健为本，清洁为先，化妆为要。

（一）面部皮肤的保健

皮肤是由表皮、真皮和皮下组织构成的。表皮就是我们眼睛看得见的皮肤表层，其作用是阻止外界有害物质的侵入；真皮位于表皮之下，包含与皮肤弹力、张力有关的结缔组织、弹力组织和纤维等，其作用是更新受伤后的皮肤；皮下组织在皮肤最下层，含有丰富的皮下脂肪。眼睛周围的皮下组织脂肪含量最少，所以眼部最易松弛、老化，也正因为如此，我们更应该使用眼部保养品来加强对眼部皮肤的护理。

通常，我们用"油性"、"干性"、"中性"、"混合性"来界定皮肤类型。皮肤类型的简易测定方法是：晚上洗脸后不使用任何化妆品，第二天早晨用面巾纸轻敷在脸上，1 分钟左右取下，观察面巾纸上油脂分布。油迹过多者为油性皮肤，油迹较少者为中性皮肤，基本上没有油迹者为干性皮肤。大多数人的 T 形部位油脂分泌比较旺盛，自然也就有了混合偏油性和混合偏干性皮肤。其中，中性皮肤是最理想的肌肤。绝大多数儿童的皮肤属于中性皮肤，而成人则很少见到中性皮肤，这也警示我们，平时要了解自己的皮肤类型，并及时给予适当的保养，否则，若干年后就会出现无论多么高档的化妆品都无法掩盖皮肤缺陷的问题。

一般来说，肌肤细胞的循环周期是 28 天，而且，每个人的皮肤天生就有产生保湿因子的机能。由于大气污染、紫外线、室内外温差、油腻辛辣食物、睡眠不足等各种不利因素的影响，该生理机能的功用会逐渐迟钝，于是就产生了斑点、皱纹、粉刺、松弛等问题性肌肤。要想使自己的肌肤保持健康红润，就应该注意防晒、防尘，尽可能少食用油腻、辛辣的食物，多摄入新鲜的蔬菜、水果，多喝白开水。要保证充足的睡眠，尤其是在晚上 10 时至凌晨 3 时这段时间。因为这一时间段正是细胞分裂最旺盛的时候，营养和能量比较容易满足细胞分裂时的需要，对保证肌肤正常新陈代谢至关重要。

（二）面部清洁

1. 面部皮肤清洁

面部皮肤清洁要使用适宜的洁面乳，不可只用清水草草了事。首先用清水将面部湿润，再将洁面乳分别以绿豆粒大小点于前额、左右颧骨、鼻子尖和下巴上，然后用两手的中指和无名指的指腹，从下巴开始由内向外画圆，清洗整个面部，特别是 T 形部位。此外，还要注意耳后、脖子、发际处等经常被人忽略的重要部位。

冲洗时，要用清水反复去除残留在面部的洁面乳。特别要指出的是，油性皮肤者在洗脸时，可以先用温水沾湿面部再使用洁面乳清洗，最后用冷水冲洗。这样做的目的是，用温水打开脸部的毛孔，使污垢彻底得到清洁；再用冷水关闭毛孔，达到最佳的清洗效果。

洗脸后，用干毛巾轻贴在脸颊，使其自然吸收脸上的水分，而不是用力上下揉擦。

2. 鼻子清洁

鼻翼及鼻梁两侧是皮脂腺分泌旺盛的区域，也是螨虫生长的理想温床，清洁不净会导致肌肤出现油光，甚至可能呈现"草莓鼻"。清洗时可用中指和无名指的指腹顺着鼻梁方向上下搓洗。公共场合不能当众挖鼻孔，这样极不雅观，又容易损伤鼻腔，导致流鼻血。男士请定期修剪鼻毛，否则鼻毛外翻，实在是有伤大雅的事情。

3. 口腔清洁

试想一位五官端正、衣着得体、举止落落大方的人开口与人讲话，嘴巴里散发出一股浓烈的大葱的味道，这将是一件多么令人扫兴的事情啊！所以，保持一个良好的口腔环境，是我们保持良好形象的极为重要的细节。良好的口腔环境首先从正确刷牙开始。

刷牙讲究"三个三"，即应于每天早晨、中午、晚上刷牙"三"次；应该在饭后"三"分钟用温水刷牙；每次刷牙持续"三"分钟。牙刷应顺着牙缝的方向上下刷，这样清洁更为干净、彻底。通常，三个月左右应更换牙刷，而牙膏也应该尽量避免长期使用同一种。

每日早晨，空腹饮一杯淡盐水，平时多以淡茶水漱漱口，可以有效控制口腔中的异味。大葱、大蒜、韭菜、辣椒等极易破坏口腔内的酸碱平衡，所以上班前或出入正式场合前应避免食用。必要时可以嚼口香糖祛除异味儿。但是，当众大嚼口香糖也是失礼的。如果属于疾病引起的口腔异味就应及时到医院就诊。总之，要让自己成为一个"开口"更受欢迎的人。

在春秋比较干燥的季节，许多人的嘴唇会干裂脱皮，这时除适当进行体内补水外，还可以使用护唇膏滋润双唇。

（三）面部化妆

1. 化妆的原则

脸部化妆的根本目的，一方面要突出面部五官中最美的部分，使其更加美丽；另一方面要掩盖或矫正其缺陷或不足的部分。经过化妆品修饰的美有两种：一种是趋于自然的美；一种是艳丽的美。前者是通过恰当的"淡妆"来实现的，给人以大方、悦目、清新的感觉，所谓"清水出芙蓉，天然去雕饰。"最适合在家或平时上班时使用。后者是通过"浓妆"来实现的，它给人以庄重高贵的印象，可出现在晚宴、舞会、演出等特殊的社交场合。无论是淡妆还是浓妆，都要建立在正确的审美观的基础上，利用各种技术，恰当使用化妆品，通过一定的艺术处理，才能达到"淡妆浓抹总相宜"的目的。

2. 化妆的程序和要领

化妆是一项巧妙而细致的工作。无论是化表演妆，还是化生活妆，都需要按步骤化妆，才能取得较好的效果。如果化妆的顺序不对，不仅浪费了化妆品，而且化妆后也不美观。

（1）净面。洗净脸后，涂以护肤品，以护肤为主。

（2）粉底。应根据人的脸形和肤色施以粉底，打粉底的关键在于均匀，颜色越接近肤色越自然。

（3）定妆。上粉底后以香粉定妆，粉不要擦得过厚，皮肤黑的人不宜使用。

（4）眉的修饰。把眉笔修成扁平状，沿着眉的生长方向画短笔，眉头重而宽，眉梢轻而窄，然后用眉刷使之均匀自然。

（5）涂眼影、画眼线。眼影有膏状与粉质之分，颜色有亮色和暗色之别。亮色的使用效果是突出、宽阔，暗色的使用效果是凹陷、窄小。眼影色的亮暗搭配，会强调眼睛的立体感。涂眼影时要注意使贴近睫毛的部位和两个眼角处重一些。眼影要淡雅清爽，颜色 1~2 种即可。画眼线时，使用眼线笔紧贴睫毛画，上眼线可重一些，下眼线切忌画得过粗过重。

（6）涂腮红。涂腮红能改变脸形。长脸横涂腮红，圆脸竖涂腮红，显得有生气。腮红的正确涂法是擦在颧骨上。如果涂在颧骨下，会造成一个下垂的线条，使脸部看上去下垂。腮红淡在似有似无之间，犹如脸上的自然血色为佳。

（7）涂口红。应先用唇线笔勾出理想的唇型，唇线的颜色应略深于所用唇膏的颜色。画唇线时，从嘴角向中间勾画，勾完唇线再涂口红。口红接近自然唇色为佳，不可太明艳。浓妆在用色方面可以大胆一些。

（8）涂睫毛。用睫毛刷，自睫毛根部向外涂，然后用睫毛专用梳同方向梳理。

三、手部护理

手被称为人的第二张脸。社交场合中，握手礼是使用颇为频繁的一种礼节。当你握住对方伸出的温暖柔软、细腻光滑的手时，无疑将会留下难忘的印象。因此，我们在平时的生活中应该注意对手部的护理和保养。

即使是在寒冷的冬天，洗手也应该避免用过热的水。因为热气从手上蒸发时，会吸收并带走皮肤中的水分，造成手部粗糙。用冷水洗手后，要及时涂抹护手霜，保证手部充足的营养供给。经常进行手部按摩或做手部健美操，可以促进手部肌肤的血液循环，加速新陈代谢。

与皮肤一样，指甲也是由蛋白质和角质构成的。健康的指甲呈粉红色，坚硬有弹性，表面光滑呈弧形。一般而言，留指甲长度不要超过指甲本身的 1/3，否则容易刺到别人。同时，过长的指甲也不卫生，容易藏污纳垢。公共场合不能当众修剪指甲，这是不礼貌的行为。

近年来，"美甲"越来越受到广大青年朋友的青睐，必须提醒注意的是：如果你是一位职场中人，对于这些过于时尚的修饰要慎重选择，否则会给人以华而不实的感觉，降低自身的可信任度。

四、足部护理

人的一双脚可谓是默默无闻的英雄。它们承载着一个人的全部体重，却整天生活在"暗无天日"的鞋子里，既不像五官那样生动妩媚，也不像双手那样光鲜照人。因此，我们首先要为它们选择一双透气性好的鞋子，和一双颜色搭配适当、吸汗效果佳的袜子。注意脚部保暖，坚持每天晚上睡觉前用热水洗脚，这样有助于缓解脚部疲劳，促进血液循环畅通，有利于睡眠和身体健康。另外，经常晾晒鞋子、鞋垫也是必要的。

技能训练
JiNenXunLian

（1）进行化妆和发型设计练习，并和同桌一起，交流自己对头发、面部、手、脚进行清洁和保养的心得。

（2）让我们一起来做做手部健美操。

将拇指放在手掌内紧紧握成拳，突然间打开，尽量将手指向外伸，10 次为一组，每天坚持做 5 组。这套动作可以起到锻炼手部关节的作用。

作业

一、品头论足

1. 留什么发型，洗几次头，怎么洗头，怎样进行皮肤护理，都是些外在的东西。评价一个人不是看你外表有多漂亮，而是看你的内涵和气质。所以，我们应该以内在美取胜，而不是靠外表的美去征服别人。

2. 刘阳是一名刚刚毕业的中专生，一天他到一家大公司参加面试。在面试考场，刘阳镇定自若、对答如流，使得面试官非常满意。在面试即将结束时，面试官握着他的手准备说几句恭喜的话，却闻到刘阳头发散发出的一股油腻的味道。结果，恭喜的话变成了再见。

刘阳认为这个面试官斤斤计较，过于小题大做。你赞同刘阳的观点吗？如果你是刘阳，接下来你要怎么补救呢？

3. 国外有位心理学家曾经做过这样一个试验：分别让一位身着笔挺漂亮军服的海军军官，一位戴金丝边框眼镜、手持文件夹的青年学者，一位打扮入时的漂亮女郎，一位挎着菜篮子、脸色疲惫的中年妇女，一位留着怪异头发、穿着邋遢的男青年到马路边去搭车。结果是：漂亮女郎、海军军官、青年学者的搭车成功率高，中年妇女次之，搭车最困难的是那个邋遢男青年。

二、仪容礼仪实践

1. 测定自己的皮肤类型和发质特点，选择适合自己皮肤和发质的护肤品和洗发水。购买化妆品之前试用的方法是：在臂上或耳朵后面涂抹一小片，每间隔 4

小时观察是否有痛痒、红肿等过敏现象，24 小时后无不良反应，则该化妆品就可以使用。

2. 坚持在刷牙、洗脸、洗头、洗脚时，采用正确的方法，养成良好的卫生习惯。

知识链接

一、头发的特性

头发是一种有生命的纤维质，其主要成分包括：蛋白质、水分、黑色素、铁、锌、钙等多种微量元素。一般人大概有 10 万根的头发，每根头发的寿命为 4~5 年，每人每天约有几十根到 100 根的头发"寿终正寝"。但是，由于紧张、焦虑、烦躁、压力大、饮食结构不合理、生活不规律、过于频繁的染烫等不良因素的影响，也会造成大量的头发提前夭折脱落。

健康的头发有弹性、韧性和光泽，不分叉、不打结，易梳理，不易折断。每个人由于民族、年龄、自身健康状况的不同，其发质也有所不同。究其种类大致分为：

（1）油性发质。头发常有油腻感，洗后易出油。

（2）干性发质。头发表面干燥，洗后无光泽，发型不易保持。

（3）中性发质。头发柔顺，有弹性有光泽，是较为理想的发质。

平时多吃一些富含蛋白质、铁、锌、钙、镁的食物，可以改善头发组织，增强头发弹性和光泽。每天早晚用木质或骨质梳子梳理头发 100 下左右，也有助于保持头发的润泽，促进血液循环，防止头屑及脱发的发生。梳头发的顺序应是由前到后，由左到右，由右到左，梳理时尽量使梳子接触头皮，力度要适中，以起到按摩的作用。同时，对头屑的清理一定要做到位，"白雪"纷飞实在是令人不敢恭维的"景色"。

二、仪容仪表的禁忌

（一）女士禁忌

（1）化妆的浓淡不分场合。

（2）在公共场所化妆，或在男士面前化妆。

（3）非议他人的化妆，借用他人化妆品。

（4）发型太新潮或杂乱如草。

（5）妆容太性感。

（6）根本不重视修饰。

（二）男士禁忌

（1）不注意卫生，味道不佳。特别是嘴巴的气味令人难以接受。
（2）经常穿同一件衣服。
（3）不分场合穿休闲装。
（4）服装、服饰胡乱搭配。
（5）衣服颜色太鲜艳。
（6）一任鼻毛、胡须生长。

第二节　仪态礼仪

《世说新语》记载：曹操个子较矮，其貌不扬。大臣崔琰则"眉目疏朗，须长四尺，甚有威重"。一次匈奴来使，应由曹操接见，可是曹操怕使者见自己矮而看不起，于是请崔琰冒充自己，曹操则扮成卫士，持刀站在崔琰的旁边观察使者。接见后，曹操派人去探听使者的反应，使者说："魏王雅望非常，然床头提刀者，此乃英雄也。"曹操具有高度的政治、军事、文化素养，养成了封建时代的政治家特有的气质，因此他的风度并不因他身材矮小而受到影响，也不因他扮成地位低下的卫士而被掩盖。

礼仪知识

著名心理学家弗洛伊德说过："即使你不说话，你的眼睛也会多嘴多舌。"是的，你的气质风度，你的感觉想法，你的情绪状态，时时刻刻在通过你的肢体语言透露出来，这是很难掩饰的。由于个人举止不当，在社交过程中令人避而远之者大有人在；由于个人行为不雅，在工作过程中遭受上司鄙视而得不到重用者不计其数。人类行为专家曾经给出这样一个公式：感情的表达=7%的言语+38%的声音+55%的表情。可见，在与人交往的过程中，你的仪态在很大程度上决定着你在社会中所处的地位和所扮演的角色。

一、表情

表情就是指人的面部情态，是人的喜、怒、哀、乐、忧、思、恐等情绪在脸上的表现（图2.2）。真正做到喜怒不形于色的人是极少的，也是没有必要的。表情是人的"精神外表"，任何人都难以忍受一个面无表情的交流对象，表情对交际

的成败影响很大。

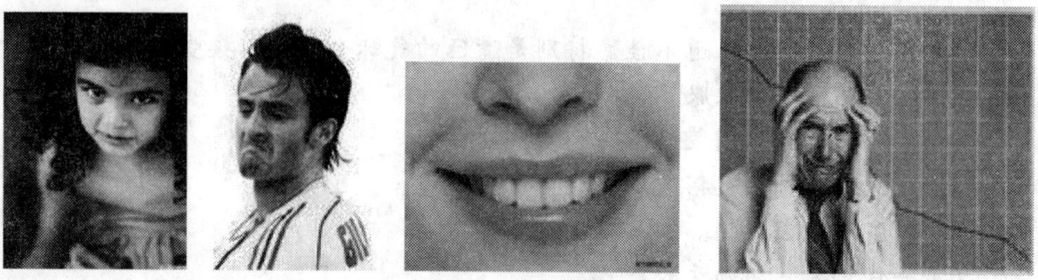

图 2.2　表情

（一）目光

俗话说："眼睛是心灵的窗户。"眼睛里所泄露的信息超乎我们的想象，可以说眼睛里的语言是无声的世界语，不分国家民族，人人都能读懂。信息的交流以目光的交流为起点，并伴随交际过程的始终，它的作用在某种程度上比有声语言更具有感染力和表现力。如见到熟人时，睁大眼睛所传达出的喜悦和热情往往胜过语言；发言前用目光扫视全场，表示"请注意，我要开讲了"。

1. 目光语言

人际交往中，始终保持目光接触，是表示对话题很感兴趣。反之，则表示不感兴趣或不尊重对方的意见，谈话就很难进行下去。一个人的目光应该是坦诚、友善、自信、真诚的，而不是躲闪、游移、怯懦、恐惧的。

一般来说，谈话时注视对方的时间往往占谈话总时间的 1/3～2/3；持续注视对方的时间应控制在 3 秒钟左右，因为长时间的注视会让对方感到紧张和压力。在亚洲一些国家，男士如果死死盯着女士看，会被认为是一种失礼行为。

微笑和点头是目光接触的辅助动作，可借此告诉讲话者你在注意聆听他的话，或十分赞同他的观点。当然，在你讲话时，听者东张西望、左顾右盼，则说明他对你的话题不感兴趣。因此，讲话者要注意与听众保持目光接触，以判断交流的效果和自己话题的受重视程度。

此外，人类经常运用侧扫视传递喜欢、轻视、猜忌等信息。例如：眉毛向上扬伴有微笑，是表示感兴趣的信号；眉毛紧锁嘴角向下撇，则是表示蔑视和敌意的信号。

经验告诉我们，对某人的最初印象大半是根据他们的眼睛所传递的信息获得的，从现在开始，让你的目光帮助你在交际中无往而不胜吧！

2. 目光技巧

同样是在对视的情况下，有些人的目光会让你感到亲切温暖，有些人的目光会让你感到奸猾狡诈；有些人的目光会让你充分信赖，而有些人的目光会让你深感不安。这是为什么呢？其实，这些现象不仅与一个人的态度有关，也与他的表情技巧，如视线高度、视线区域有着密不可分的关系。

（1）公务活动中的视线。公务活动中，你的视线应停留在对方脸部以双眼为底线，上顶角到前额的三角形区域。这种视线会让对方感到严肃认真，交谈过程中主动使用这种视线的人，能牢牢掌握谈话的主动权和控制权，比较适用于谈判、磋商、洽谈等场合。

（2）社交活动中的视线。社交场合，你的视线应停留在对方脸部以双眼为上底线，嘴为下顶角的倒三角形区域。这种视线配以微笑，显得亲切温和，能营造出一种和谐融洽的氛围，让对方感到舒服、友善、真诚，比较适用于茶话会、联谊会、座谈会等场合。

（3）亲密视线。视线位置在双眼到胸部之间。这种视线柔和热烈、关切亲近，适用于恋人、家人、挚友之间。

（二）微笑

原一平在 1949～1963 年，连续 15 年保持全日本寿险业绩第一，被称为"推销之神"。其实，他只有 1.53 米，其貌不扬。他在最初当保险推销员的半年里，没有卖出一份保单。他没有钱租房，就睡在公园的长椅上；他没有钱吃饭，就去饭店讨剩饭。可他从来就不觉得自己是个失败的人。自清晨从长椅上醒来开始，他就向遇到的每一个人微笑，不管对方如何反应，他都不在乎。而且他的微笑总是那么由衷和真诚，那么充满信心。

一个吃不上饭的人怎么会这么快乐？他的微笑终于引起了一位大老板的兴趣。饿得要死的原一平委婉拒绝了大老板的早餐，而请求这位大老板买一份保险，于是他有了自己的第一笔业务。就这样，原一平凭借他的自信和微笑感染了越来越多的人，最终成为日本历史上签约保额最多的保险推销员。

微笑是一首别具韵味的诗；微笑是一曲无声而动人的歌；微笑是一幅最富魅力的画；微笑是一套最高级的化妆品；微笑是一种最有效的社会润滑剂。微笑应是你的第一表情，是你自尊和自信力的表现，更是你教养和人格的提升，是你走向成功的通行证！美国有一个城市被称为微笑之都，它就是爱达荷州的波卡特洛市，该市通过一项法令，规定全体市民不得愁眉苦脸或拉长面孔，否则将被送到"欢容遣送站"去学习微笑，直到学会微笑为止。该市每年都举办一次"微笑节"，可以想象，"微笑之都"的市民的微笑绝不比"蒙娜丽莎"逊色。

积极的人生观是微笑的基础，乐观的人更容易发出会心的微笑，而会心的微笑才是最美的表情。同时也要注意有意识地练习微笑，笑容才能自然。微笑的基本方法是：不露齿，不发声，嘴角两端向上略微翘起，眼神含有笑意，亲切自然。

无论何时何地，请把你最迷人的微笑展示给所有的人，用你最真诚的微笑打动别人，树立你的最佳形象。

二、手势

如果说眼睛是心灵的窗户，那么，手势则是显示人的态度和性格的屏幕。古罗马政治学家西塞罗曾说："一切心理活动都伴有指手画脚的动作。手势恰如人体的一种语言，这种语言甚至连野蛮人都能理解。"法国大画家德拉克洛瓦则指出："手应当像脸一样富有表情。"所以，我们应恰当地通过各种手势，准确表达自己的内心感情，判断他人的态度，建立良好的人际关系。

（一）基本手势

一般认为，掌心向上的手势表示诚恳、尊重；攥紧拳头暗示着进攻、愤怒；竖起右手拇指表示夸奖和赞赏；双手垂放意味着恭敬；倒背着双手用以显示权威和高傲；鼓掌表示欢迎、祝贺和支持；四指并拢手心向上可以用来指引和介绍……

（二）手势禁忌

（1）与人谈话，手势不宜过多，动作不宜过大，更不可以手舞足蹈。
（2）传递信息时，拍打、推搡对方，勾肩搭背会让人反感。
（3）谈到自己时，不要用拇指指向自己，而是用手掌轻放于自己的胸口。
（4）无论任何场合都不要使用单个手指指指点点，因为这种手势含有不礼貌或教训人的味道。
（5）不宜在他人面前搔头皮、挖耳朵、抠鼻孔、剔牙齿等。
（6）不可单手递送物品。应双手持物从胸前递出，使物体正面对着接物的一方，送剪刀、笔之类尖利的物品时，将尖头朝向自己。
（7）违反对方的禁忌。正所谓"十里不同风，百里不同俗"，同样的一种手势在不同国家、地区有不同的含义。例如，"OK"手势、"V"形手势等。
总之，要正确地运用手势，让这张名片带给对方温文尔雅、彬彬有礼的印象。

三、站姿

正确健美的站姿，会给人以精力充沛、积极向上、健康挺拔、优雅舒展的感觉。头正、身直、挺胸、收腹、立腰是站姿的基本要求。当然，由于性别的差异，男女的站姿是有所不同的，男子讲究稳健，女子讲究优美。

（一）标准站姿

站立时，双脚自然并拢，收腹挺胸，使脊柱保持正常生理曲线；双肩撑开并稍向后展；双手自然下垂，下颌微微收紧，目光平视，表情平和。从侧面看，耳、肩、髋、膝与踝应位于一条垂线（图2.3）。

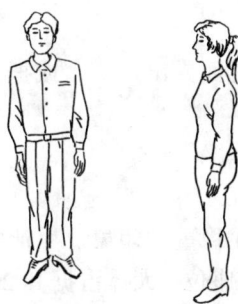

图 2.3　标准站姿　　　　　　　　图 2.4　叠手站姿

（二）叠手站姿

双手叠放于小腹前，右手搭在左手上，女士还可以偏向小腹一侧。男士双脚可适当分开，女士则呈 V 字形或丁字形。双手叠放于身后，则为背手站姿（图 2.4）。

（三）站姿禁忌

不要耸肩勾背；不要将手插进裤袋里或交叉于胸前；不摇晃，不做小动作。

四、坐姿

规范的坐姿一般要兼顾舒展、角度、深浅等三个方面的问题。舒展，即入座前后手、腿、脚的舒张、活动程度。角度，即坐定后上身与大腿、大腿与小腿所形成的角度。深浅，即坐下时臀部与座位所接触面积的多少。

（一）入座的姿势

1．注意顺序

若与他人一起入座，落座时一定要讲究先后顺序，礼让尊长（图 2.5）。

2．入座得法

不论是从哪个方位走来，通常都讲究从座位的左侧入座，从左侧离座，简称为"左进左出"。入座时，应转身背对座位。如距其较远，可以右脚后移半步，待腿部接触座位边缘后，再轻轻坐下。着裙装的女士入座，通常应先用双手拢平裙摆再坐下。

图 2.5　指引手势

3．落座无声

入座时，切勿争抢。在就座的整个过程中，不管是移动座位还是放下身体，都不应发出嘈杂的声音。调整坐姿或离座时，也不宜出声。

4. 离座谨慎

离座应注意不要突然跳起，惊吓他人。也不要因不注意而弄出声响，或把身边东西弄到地上去。

（二）坐定的姿势

保持正确的坐姿，自己健康舒适，也会给别人留下端庄稳重的印象。生活中的坐姿可随意一些。在重要的场合，通常坐下之后不应坐满座位，大体占据其2/3的位置即可。标准的坐姿要挺直上身，头部端正，双膝并拢（男士也可略微分开，女士也可以稍倾于一侧），双手放在腿的中部或放在身前的桌面之上，目视前方或面对交谈对象（图2.6）。女士还可以将双腿交叠在一起，斜放于左右一侧，与地面呈45°夹角，脚尖向下（图2.7）。正式场合一般不架起"二郎腿"，让翘起的腿钟摆似的打秋千也是相当难看的姿态。如果架腿，则注意悬空的脚尖应朝下，切忌脚尖朝天。另外，交谈时切忌双腿抖动，这种小动作会令对方觉得不舒服，也给人情绪不安定的感觉，这也是失礼的。

学生坐着学习的时间较长，要重视采用正确的坐姿，做到"三个一"(胸离桌一拳，眼离书一尺，握笔处离笔尖一寸)（图2.8），长时间侧身、塌腰或伏案会影响身体发育。

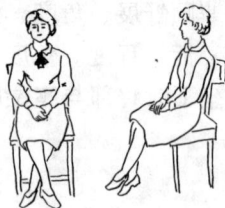

图2.6　标准坐姿　　　　图2.7　叠腿坐姿　　　图2.8　学生坐姿

五、蹲姿

在需要下蹲的时候，下蹲不要翘臀，特别是女士穿短裙下蹲时更不要如此（图2.9）。正确蹲姿为上身直，略低头，双腿靠紧或前后略分，屈膝下蹲，起身时应保持原样（图2.10）。

图2.9　不良蹲姿　　　　　图2.10　正确蹲姿

六、走姿

正确的走姿是：轻而稳，腰要挺，头要抬，肩放松，两眼平视，自然摆臂，双腿夹紧，双脚尽量走在一条直线上（图2.11）。走路时脚跟先着地、脚掌后着地。忌讳低着头走、内八字和外八字、扭腰摆胯、步子太大或太碎、松松垮垮、脚蹭地面等姿式，以免给对方留下没有朝气的印象。

穿高跟鞋的女士步伐应小一些，行走的速度也应该不紧不慢，保持节奏感。

图 2.11　正确走姿

技能训练
JiNenXunLian

一、微笑训练四法

（一）任务描述

通过微笑训练，掌握微笑的要领，养成微笑的习惯，塑造、提升个人形象以及组织形象。

（二）任务分析

俗话说得好："万事笑先行"、"不笑不说话"。可是，由于我国几千年来形成的民族性格是内敛、矜持的，这就无形中给国际友人留下"不爱笑"、"不会笑"的印象。微笑素养方面的偏差主要表现为：对上级、同事和熟人微笑容易，对陌生人微笑难；偶尔微笑容易，经常微笑难；对顺眼者微笑容易，对"不顺眼"者微笑难；顺心时微笑容易，不顺心时微笑难；一般微笑容易，得体微笑难。这些现象，一是因为微笑意识淡薄所致，二是因为微笑技能不足所致。若要充分体现自己的人生美，就应努力培养自己的微笑意识，并且在平时的生活中有意识地去锻炼微笑的能力。

下面介绍几种微笑训练方法，仅供选用。

（三）任务方案之一——对镜微笑训练法

（1）端坐镜前，衣装整洁，以轻松愉快的心情，调整呼吸自然顺畅，静心 3 秒钟。

（2）开始微笑。双唇轻闭，使嘴角微微翘起，面部肌肉舒展开来；同时注意眼神的配合，使之达到眉目舒展的微笑面容。找到适合自己的笑容，如此反复多次，形成稳定的感觉。

自我对镜微笑训练的时间长度随意。为了使效果明显，可配以较舒缓的背景音乐。

（四）任务方案之二——记忆提取法

记忆提取法是演员在训练中常采用的一种方法，也被称为"情绪记忆法"。就是将自己过去那些最令人愉快和喜悦的情景从记忆中唤醒，使这种情绪重新袭上心头，再一次享受那惬意的微笑。

（五）任务方案之三——互为因果法

人通常因为快乐而微笑，快乐是因，微笑是果。但如果经常强迫自己忘记烦恼、忧虑，假装微笑，久而久之，就会反过来改变你的心态，从而发出自然的微笑。

（六）任务方案之四——含箸法

含箸法是日式训练法。道具是选用一根洁净、光滑的圆柱形筷子（不宜用一次性的简易木筷，以防划破嘴唇），横放在嘴中，用牙轻轻咬住（含住），以观察微笑状态，直至自己满意为止。

二、坐姿训练

（1）两人一组，其中一人面对训练镜，练习入座、离座的动作，另外一人观察，并提出改正意见。

（2）两人一组，面对面练习坐姿，互相指出对方的不足。

（3）坐在镜子前，仔细纠正坐姿，并配合腿部造型练习。在上身姿势正确的基础上，男生练习腿部开合动作，女生练习平行步、丁字步、小叠步的动作。要求动作变换要轻、快、稳。

三、站姿训练

（一）单人训练

背靠墙站立，将后脑勺、双肩、臀部、小腿肚及脚跟与墙壁靠紧，吸气收腹提臀，最好伴有舒缓轻松的音乐，保持10分钟。训练时男同学双脚稍分开，女同学两脚跟靠拢在一起，两只脚尖相距10厘米左右，张角为45°，呈V字形，或两只脚一前一后，前一只脚的脚跟轻轻靠近后一只脚的脚弓，呈丁字形，将重心集中在后一只脚上。

（二）双人训练

背靠背站立，两人的脚跟、小腿、臀部、背部、双肩、后脑均贴紧，每次训练10分钟。

（三）顶书训练

把书本放在头顶上 10 分钟，不使书本掉下来。这种方法可有效纠正低头、仰脸、歪头、左顾右盼等不良习惯。

作业

一、品头论足

1. 许多男士认为，连走路这样的生活小事都要加以规范，有损于男子汉的阳刚之气。男人就应该浑身散发着烟草和汗水的混合味道，不拘小节。

2. 很多的学生认为，仪态方面的规矩我都懂，但是平时都那样做未免太累，到面试的时候我再用这些规范去要求自己，把最好的一面展示给面试官，以留下好印象。至于平时嘛，就尽可能地放松吧！

3. 有位宣传部门的领导提出了一个双 W 定律："文明不文明，首先看卫（wei）生，其次看微（wei）笑。"

4. 某公司因突发质量问题而紧急召开部门负责人和有关人员会议。会议由常务副总经理张先生主持，各部门负责人依次作了汇报。轮到技术部的一位工程师发言时，不知什么原因，他没有面对副总，而是对着自己的主管领导汇报。接下来，在副总对事件进行总结时，该工程师也没有抬头与副总保持适时的眼神接触。会议结束后，副总将该事件的文件发给了与会人员，唯独没有给这位工程师。（资料来源：潘彦维. 2007. 公关礼仪. 北京：北京师范大学出版社）

二、礼仪观察

观察人们在生活或交往中不得体的手势和表情、不文明的举止，请同学们以小组为单位来搜索一下，把观察结果填写在表 2.1 中，并提出纠正建议。

表 2.1　不良举止观察记录表

场所	不得体之处	纠正建议

三、班级举止文明公约

同学们学习了举止礼仪的知识，还进行了相关礼仪训练，这些都有助于良好气质的形成。但仅靠课堂上的学习和训练是远远不够的，气质靠平时的积累，要将课堂上学到的举止礼仪知识用在日常学习、生活和交往中。将每个组找出的不文明举止综合起来，制定一份班级举止文明公约（如下所示）。

_ _ _ _ _ _ _ 班举止文明公约

- —————————————————————————————
- —————————————————————————————
- —————————————————————————————
- —————————————————————————————
- —————————————————————————————
- —————————————————————————————
- —————————————————————————————
- —————————————————————————————
- —————————————————————————————
- —————————————————————————————

让我们一起将公约铭记于心，并付诸行动吧！

四、家庭礼仪课堂

把本节课学习的正确的站姿、坐姿、走姿给家人示范，与爸爸妈妈一起谈谈文明姿势在人际交往中的重要意义，并举例说明。

五、综合实践

在班级开展课前5分钟演讲活动，请就演讲者的仪表礼仪作出评价。

知识链接

一、心灵保鲜剂

表情是内心情感的反映，良好的表情依靠阳光的心情。下面给同学们介绍几种保持阳光心情的好方法。

（1）对每一件事情所持的态度不同，产生的情绪体验也不相同。面对同一朵玫瑰，乐观的人因为花朵的美丽而快乐，悲观的人因为花下面的刺而抱怨。同学们不妨找出影响你情绪波动的一件事，体验一下。多给自己积极的暗示，就会使我们每天保持好心情。

（2）心情不好时，要将不良情绪想方设法排遣出去，才能使自己心情舒畅。我们可以找好朋友倾诉，可以通过写日记向自己倾诉，也可以对着某个物体诉说自己心中的不满。

（3）心情不好时，做做运动，可以使我们身体放松，心情愉快。

二、如何打造优雅气质

气质是指一个人相对稳定的个性特点、风格和气度。

人的容貌犹如一朵花，总有凋零之时，而人的气质所带来的风采则是与日俱增的。好比一坛美酒，时间越长，越醇香袭人。我们身边有许多人不是天生丽质的大美人，但是在他们身上却洋溢着我们无法抵御的魅力：精明干练、聪慧洒脱、认真执着、敏锐果断……这才是真正的美，发于内在的、和谐的美。那么，气质美是如何打造出来的呢？

首先，气质美表现在丰富的内心世界。理想是一个人内心世界的灵魂，是人生的指路明灯，是目标和动力。一个人没有追求，内心空虚贫乏，是无任何美可言的。

其次，气质美表现在高尚的品德。为人热情诚恳、心地善良、胸襟宽广；工作勤勤恳恳、爱岗敬业、团结协作；与朋友交往诚实守信、尊老爱幼、乐于助人，这些发自肺腑的美德是气质美最好的展现。

气质美还表现在行为举止上。一举手、一投足，坐姿、站姿、走姿，待人接物的风度热情而不轻浮，大方而不造作。

气质美又表现在性格上。忌怒忌狂，能忍让，温柔体贴、善解人意。开朗性格的人往往能引起对方的情感共鸣；内向性格的人则是理想的倾诉对象。遇事应积极使用"利导思维"，变不利为有利，变消极为积极，学会用同理心解决人际交往中的矛盾和利害冲突，尝试用换位思考设身处地地为别人考虑。

最后，高雅的兴趣也是气质美的一个重要方面。有人说"兴趣是最好的老师"，爱好文学者有一定的语言表达能力，喜欢美术者具备一定的色彩感知能力，音乐欣赏者有着良好的乐感等。

总之，生活中我们要善于把美的容貌与美的心灵、美的动作、美的语言、美的仪表结合起来，从生活中悟出美的真谛。

第三节　服饰礼仪

　　曾经有媒体报道，电影《泰坦尼克号》的女主角凯特·温斯莱特和男友回英国度假，在一家高档商店门前，其男友因穿着随便而被门卫拒之门外。当时其男友振振有词，指着大名鼎鼎的女友对门卫说："你可知道她是谁？她就是《泰坦尼克号》中罗斯的扮演者——凯特！而我就是她的男朋友。"谁知这位门卫铁面无私，硬是让他吃了闭门羹。交涉无果的男友只好回到宾馆，换好衣服才得以迈进那座商店的大门。

　　国内有不少人不讲究礼仪。1999 年夏天，由张艺谋执导的意大利歌剧《图兰朵》在北京劳动人民文化宫太庙上演时，就有身穿裤衩、背心、拖鞋的中国百姓，与衣着燕尾服、晚礼服、西装裙的国际友人一同欣赏节目，就是一个典型例子。

　　西装革履扛煤气罐，和穿着短裤、背心听音乐会一样不合适。穿什么和怎么穿，不是服装本身的问题，而是不同场合的人与服装的协调问题。许多时候，礼仪素养就在不经意的举手投足中表现出来。

礼仪知识

　　自从人类告别了蒙昧以来，服装从来就不仅仅是为了遮羞和保暖。着装体现着一种社会文化，体现着一个人的文化修养和审美情趣，是一个人的身份、气质、内在素质的无言的介绍信。穿着得体、适度的人，会给人留下良好的印象；而穿着不当，则会自降身份，自损形象。心理学讲"首因效应"，在社交场合，得体的服饰是一种礼貌，它与仪容仪态所给人的第一印象，一定上意义影响着进一步交往的顺利程度。所以，出门前照照镜子是应该养成的习惯。

一、着装

（一）着装的 TPO 原则

　　TPO 是英文 Time、Place、Object 三个词首字母的缩写。T 代表时间、季节、时令、时代；P 代表地点、场合；O 代表目的、职位、身份、对象。TPO 原则是世界通行的最基本的着装原则。它的实质是以人与服饰的和谐为美。

1. 着装应与自身条件相适应

服装首先应该与自己的年龄、身份、体形、肤色、性格和谐统一。年长者，身份地位高者，选择服装款式不宜太新潮，款式简单而面料质地则应讲究些；青少年着装则着重体现青春气息，以朴素、整洁为宜，清新、活泼为好。"青春自有三分俏"，若以过分的服饰破坏了青春朝气，实在得不偿失。

形体条件对服装款式的选择也有很大影响。身材矮胖、颈粗脸圆者，宜穿深色低 V 字形领，或大 U 字形领套装，而浅色高领服装则不适合。身材瘦长、颈细长、长脸形者，宜穿浅色、高领或圆形领服装。方脸形者则宜穿小圆领或双翻领服装。身材匀称，形体条件好，肤色也好的人，着装范围则较广。

体形瘦小的人适合穿色彩明亮度高的浅色服装，这样显得丰满；而体形肥胖的人用明亮度低的深颜色则显得苗条，不宜选用大面积的鲜艳色彩或对比强烈的上下装，以及横纹、大方格的服装。大多数人体形、肤色属中间混合型，所以颜色搭配没有绝对性的标准，重要的是在着装实践中找到最适合自己的颜色搭配。

2. 着装应与职业、场合、交往对象相协调

英国女王伊丽莎白二世访问中国时，走出机舱门第一个亮相，穿的是正黄色西服套裙，戴正黄色帽子。这位女王本人喜欢红色和天蓝色，很少穿黄衣服。但在中国，几千年来黄色是皇帝的专用色。女王来中国访问穿正黄色，既表示尊重中国的传统习俗，又显示了她作为一国君主的高贵身份。

（1）喜庆场合的着装。喜庆欢乐的场合，比如庆祝活动、联欢晚会、节假日游园、欢庆佳节、生日聚会等，其特点是人们心情愉快、气氛热烈，这时的穿着要与人们高兴快乐的情绪相协调。女士可穿得色彩鲜艳丰富一些，款式可新颖一些，穿各式各样的裙子，戴上漂亮的发卡，系上各种颜色的丝巾。男士可穿白色或其他浅色西装，系上漂亮醒目的花色的领带。少数民族可身着民族盛装。

（2）庄重、正式场合的着装。庄严隆重的场合，比如庆典仪式、开幕式、闭幕式、签字仪式、剪彩仪式、会议和会见活动、新闻发布会、面试应聘以及某些工作场合等，一般对服饰有较严格的要求，着装要衬托出隆重庄严的气氛。男士穿西装要正规、配套、整齐、洁净、一丝不苟。女性不宜赤脚穿凉鞋，不能穿露背衫、露脐衫、吊带裙、无袖衣裙、超短裙等。

（3）悲哀场合的着装。悲哀场合，如参加亲友的葬礼或吊唁活动等，气氛都比较肃穆，应选用黑色或其他深色、素色服装，内着白色或暗色衬衫。在这种场合千万不能穿红着绿，不宜穿各类宽松服装或其他便装，不宜穿有花边、刺绣、飘带或有装饰物的服装，以免冲淡现场气氛。

（4）休闲场合的着装。外出旅游着装应以方便为主，如登山服、旅游衫、运动装等，西装革履则显得拘谨而不适宜。在家待客虽不必穿着正装，但要得体大

方，可穿休闲装、毛衣等，但切忌穿内衣、睡衣、短裤。病人需要温和、恬静的氛围，所以探望病人时，着装的款式要简洁、颜色不要过于明亮。那些五颜六色、款式时髦的服装会影响病人的情绪。

（二）服装色彩的选择与搭配

1. 着装的色彩搭配

世界著名时装设计师伊迪斯·里德才说："也许在取得衣着成功方面，色彩是最有帮助的要素。色彩可以是您最好的朋友，也可以是您最凶恶的敌人。"的确如此。单独看起来，任何一种色彩都是美的。几种颜色放在一起，有的看起来和谐悦目，有的则十分刺眼。色彩最讲究组合和搭配，服装配色以"整体协调"为基本准则。全身着装颜色搭配最好不超过三种颜色，而且以一种颜色为主色调，颜色太多则显得乱而无序，不协调。

着装配色有几种比较通用的办法，一是上下装同色，即套装，以饰物点缀；二是同色系配色，即利用同色系中深浅、明暗度不同的颜色搭配，整体效果比较协调；三是利用对比色搭配（明亮度对比或相互反差的颜色对比），运用得当，会有相映生辉、令人耳目一新的亮丽效果。年轻人着上深下浅的服装，显得活泼、飘逸、富有青春气息；中老年人采用上浅下深的搭配，给人以稳重、沉着的静感。灰、黑、白三种颜色是经典色，几乎可以和任何颜色相配，并且永不过时。衬衣颜色不能与外套相同，明暗度、深浅程度应有明显的对比。

2. 根据个人的肤色选择服装颜色

如肤色黑，不宜着颜色过深或过浅的服装，而应选用与肤色对比不明显的粉红色、蓝绿色，最忌用色泽明亮的橙黄色或色调极暗的褐色、黑紫等；皮肤发黄的人，不宜选用半黄色、土黄色、灰色的服装，否则会显得精神不振和无精打采；脸色苍白不宜着绿色服装，否则会使脸色更显病态；而肤色红润、粉白，穿绿色服装效果会很好。白色衣服任何肤色效果都不错，因为白色的反光会使人显得神采奕奕。

（三）男士西装

西服以其设计造型美观、线条简洁流畅、立体感强、适应性广泛等特点，而越来越深受人们青睐，几乎成为世界性通用的正装，可谓男女老少皆宜（图2.12）。选择西装要考虑款式、颜色、面料、尺码、做工和价格。

图 2.12 男士西装

1. 款式、面料、颜色

身材较胖的人最好不要选择瘦型短西装；身材较矮的人也最好不要穿上衣较长、肩较宽的双排扣西装，而且双排扣西装一般不要敞着穿。

毛料是西装正装的首选面料，讲究整洁挺括，裁剪合体，不一定必须高档，但一定不可过于低档；选择色彩一般以面料高档些的单色西服套装，如藏蓝色，以及深灰色、黑色，适用场合广泛；出席正式场合要坚持三色原则（西装、衬衣、皮鞋、领带等颜色不超过三种）和三一定律（皮鞋、皮带、皮包应为同一个颜色或色系）。西装袖口上的商标，穿着时一定要拆掉，否则有伤大雅。

2. 衬衣

穿西装一定要穿带领的衬衣。花衬衣配单色的西装，单色衬衣配条纹或带格子的西装比较合适。穿西装必须穿长袖衬衣，衬衣领子不宜过大；佩戴领带一定要系好衬衣纽扣，领子要挺括，外露部分要平整干净；衬衣的下摆掖在裤子里；衬衣的袖子长于西装的袖子1～2厘米；衬衣内除了背心外，不要再穿其他内衣，如果要穿的话，内衣的领圈和袖口也一定不要露出来；如果天气冷，在衬衣外面还可以穿上一件毛衣或毛背心，但一定要紧身。

3. 领带

一条好领带的特征是：外形美观、平整，无线头、无疵点、无跳丝，悬垂挺括，较为厚重。

在正式社交场合，穿西装必须打领带。领带的标准长度，是领带打好之后下端的大箭头正好抵达皮带扣的上端，佩戴领带夹应在衬衣的第四五个纽扣之间。如果穿毛衣或毛背心，应将领带的下部放在毛衣的领口内。

4. 纽扣

西装的纽扣除实用功能外，还有很重要的装饰作用。西装有单排扣和双排扣之分。单排扣又有单粒扣、双粒扣、三粒扣之别。在非正式场合一般可以不系扣，但在正式场合，要求将单粒扣、双粒扣的第一粒、三粒扣的中间一粒系上。而其他都是样扣，不必系上。双排扣有四粒扣和六粒扣的区别，上面的两粒或四粒是样扣，不必系上。

5. 西裤

西裤的裤长以裤脚接触脚背最为合适，裤线要熨烫挺直。西裤的皮带一般在2.5～3厘米宽较为美观，裤带系好后留下皮带头的长度一般为12厘米左右，过长或过短均不符合美学要求。

6. 鞋袜

俗话说："西装革履"。在一切正式场合，男士均宜穿黑色或咖啡色的系带皮鞋，切忌西装与旅游鞋、凉鞋和布鞋的搭配。皮鞋不管新旧，首要的是保持鞋面的清洁。

男士穿袜子要从长度、颜色和质地三个方面考虑。长度不可太短，颜色以单一色调最佳，彩条、图案的袜子不适合正式场合和工作场所。穿黑皮鞋应该配黑色袜子或深蓝色袜子，不可以配白色袜子。男袜以棉质最好，丝质其次，尼龙袜最好不穿。

7. 其他

上衣两侧的衣袋、西裤的左右插袋和后袋，只作为装饰用，不宜装东西。只有钱夹可以置于上衣内侧口袋，其他物品都要放在皮包里。

（四）职业女装

1. 西装套裙

职业套裙应选用挺括的面料，否则皱皱巴巴给人的感觉是邋遢。穿面料较为单薄的裙子时，应着衬裙。涉外交往时不可穿黑色皮裙。

职业套裙的最佳颜色是黑色、藏青色、灰褐色、灰色和暗红色，精制的方格、印花和条纹也可以考虑。黑头发、黑眼睛的东方人是很适合黑色套裙的，黑色使人看起来苗条、白皙，如果选择开朗、轻柔的粉红、粉蓝、火黄、草绿等颜色，则能显示出女性的柔美气质。

一般在正式或半正式的场合，为表明职业女性对工作的严谨和认真，套裙要整套穿；在休闲场合，则较为随便，套裙可与其他服装搭配起来穿（图2.13）。

穿衬衫时，内衣与衬衫色彩要相近、相似。女性着套裙应避免领口开得太大，肩膀过于裸露，但是可以按自己的身材特点突出一点优势。

图2.13　西装套裙

2. 鞋袜

对于女性来说，恰当地选择鞋袜不仅可以体现女士的形体美，而且还能显示女士的魅力与内涵。

在众多的鞋子中，高跟鞋是很多女士都爱穿的，但是要注意穿鞋跟太高、太细的高跟鞋，走起路来会步履不稳，且有害身体健康。女士在办公室，只能穿着正式的制式皮鞋。在社交或隆重场合，着凉鞋、拖鞋都是不可取的。

在任何场合，穿裙子都应当搭配长筒袜或连裤袜，颜色应与鞋子为同一色系，或以肉色为佳。腿形修长的女士可以穿透明丝袜；腿太细的女士可以穿浅色丝袜，掩盖缺陷；腿较粗的女士可以穿深色袜子，这样可以产生修长的感觉。但是无论如何都不能穿跳丝、有洞或用线补过的袜子。女士应当在办公室或工作场所经常预备一双袜子，以备袜子被钩破时换用。女性在穿着袜子时要注意：第一，一定要大小合适，不要出现走路时往下掉的情况，或者一高一低；第二，袜子的长度使袜边不能露在裙摆或裤脚的外面，使裙摆与袜口之间露出一段腿来，俗称"三截腿"。而在社交场合穿裙子不穿袜子，往往被认为是故意卖弄风骚。

二、饰物

社交活动中，人们除了要注意服装的选择外，还要根据不同场合的要求，佩戴戒指、耳环、项链、胸针、围巾等饰品。饰物佩戴的原则是：显优藏拙，突出优点，掩盖缺点；与环境场合相适应；与服饰以及个人的身份和外表相协调；注意色泽的搭配；注意饰物的寓意和习惯；以简为妙，以少为佳，同质同色为宜。

1. 项链

项链是最早出现的首饰，在古时候是财富与地位的象征。在现代社会，项链仍是一种具有独特美感的饰品。一般来讲，钻石或金项链给人一种华贵富丽的感觉；珍珠项链则白润光洁，给人以高雅的美感。从项链的造型看，细小的项链与无领的连衣裙搭配会显得清秀；矮胖圆脸的人，挂上一串长及胸部的项链，会使人感到似乎增加了身高，加长了脸形；脖子细长的人，以贴颈的短项链最为合宜。年轻女士佩戴项链主要是增添青春美和秀气，宜戴纤细一些的无宝石金链；中老年女士佩戴项链除装饰体态美之外，更有表示雍容华贵之意，因而应选择较粗一些的项链为佳。

2. 戒指

戒指一般只戴在左手，而且最好仅戴一枚，至多两枚。戴两枚戒指要同质同色，可戴在左手两个相临的手指上，也可戴在两只手对应的手指上。戒指的佩戴一般借以寓意佩戴者的婚姻和择偶状况。戒指戴在中指上，表示已有意中人，正处在热恋之中；戴在无名指上，表示已订婚或结婚；戴在小手指上，则暗示自己是一位独身者；如果把戒指戴在食指上，表示无偶或求婚。

3. 手镯

在佩戴一个手镯时，通常戴在左手；戴两个时就应该一手一个；戴三个时一般应全部戴在左手。手镯并非必要的装饰品，工作场合无需佩戴手镯。

4. 胸针

胸针属于多用途的女性配饰，一枚精巧而醒目的胸针，不仅可以引人注目，给人以美感，而且可以加强或削弱对容貌和外形上某一部位的注意力，达到使衣服和首饰相得益彰的审美效果。一般来讲，穿西装时，可以选择大一些的胸针，材料要好，色彩要稳；穿衬衫、羊毛衫时，则可以佩戴款式别致小巧的胸针。胸针一般戴在左侧。胸针的上下位置应在第一、二粒纽扣之间的平行位置上。

5. 眼镜

选择眼镜要根据自己的脸形选择镜架。对于线条比较柔和的脸形，应该选择轻巧别致的镜架；对于脸形较长的人，则应该选择宽边而略方的镜架；短脸形的人，最好选择无边的眼镜。

三、服饰的"最后搭配"——香水

法国著名时装设计师夏奈尔曾这样评价香水："香水是服饰的最后搭配。"服装设计大师纪凡希也说过："聪明的人会选择一种最配合她风格的香水"。香水将美的感觉由"视觉"扩展到"嗅觉"，其全部意义是愉悦感觉、兴奋神经、诱发人们的最佳联想效果，从而把服饰美烘托和升华到另一高度。许多人对香水的认识远不如对服饰的认识。香水可以说是一种文化，是完成优雅形象塑造中画龙点睛的一笔。在国外各类香水的使用是很考究的，在国内虽然没有很多限制，但仍应切记一些基本原则：

（1）香水必须在清洁后使用，才能与体味相调和，而不是混合出更奇怪的味道。

（2）味浓的香水适合在冬天、晚上使用；而清淡的香水则适宜在夏天、白天使用。

（3）香水应在出门前半小时使用，适宜涂在动脉跳动处，如耳后动脉处、胸前、大腿弯及手腕内侧。腋下、头发、鞋内侧等容易产生异味的部位忌用香水。避免香水与浅色衣服接触。

技能训练
JiNengXunLian

一、打领带

（一）平结

平结（图2.14）是最常用的打法之一，几乎适用于各种质地的领带。注意领结下方的凹洞两侧应均匀对称。

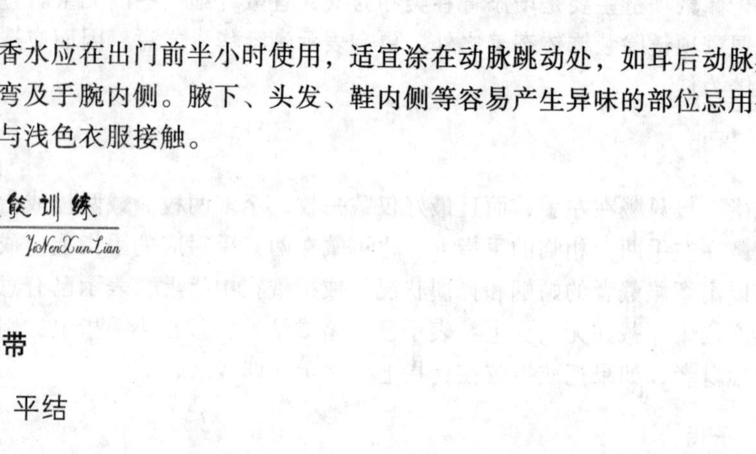

图2.14　平结

（二）双环结

双环结（图 2.15）是平结的变化打法。一条质地细致的领带打上双环结，大方雅致，适合多数场合选用。

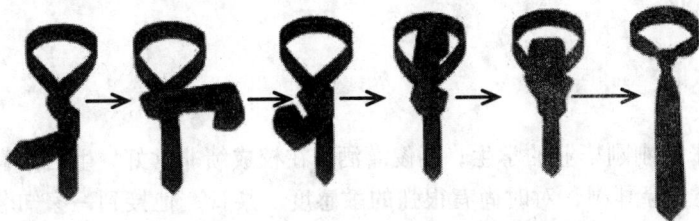

图 2.15　双环结

（三）交叉结

交叉结（图 2.16）适合单色素雅、质料较薄的领带。喜欢展现流行时尚感的年轻一族不妨多加使用"交叉结"。

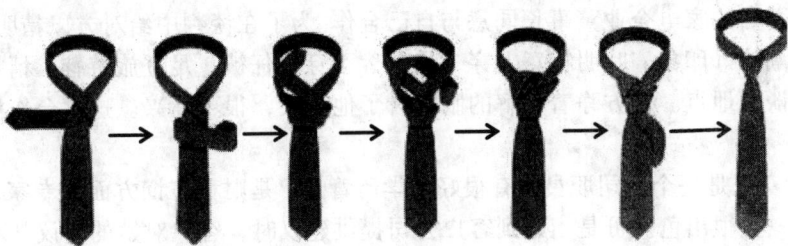

图 2.16　交叉结

（四）温莎结

温莎结（图 2.17）的领结较大，适合用于宽领型的衬衫。领带材质不宜过厚，以免领结过大。

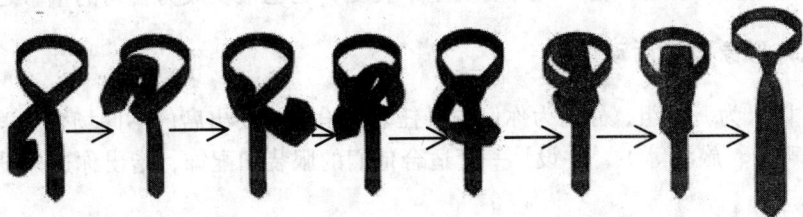

图 2.17　温莎结

二、着装展评

在教师的事先安排下，按照 TPO 三原则，一些女生着职业套装、便装、裙装展示，一些男生着西装领带展示，其他同学从面料、色彩、款式、做工、饰品等多角度进行点评。

作业

一、品头论足

1. 小张是刚刚毕业的学生，英俊潇洒，在校成绩非常好，生活中喜欢标新立异，戴项链、穿耳洞，对时尚有很强的敏感度。某日，他接到一家知名公司的面试通知，高兴之余，让父母陪他买了一套名牌西装准备面试。面试当天，他兴冲冲地来到公司会场，和主试人侃侃而谈，对答如流，小张心中不免暗喜："肯定没问题！"没想到，主试人此时将话锋一转："你的西装是某某牌子的吧？很贵，你很有经济实力呀！你的耳环很漂亮，是不是今年最流行的？"小张暗想"糟了，忘记拿下来了！"

2. 叶明是国内一家大型企业的总经理。一次，他经过多方努力，终于说服德国一家著名的家电企业董事长同意与自己合作。为了在谈判中给对方以精明强干、时尚新潮的好印象，叶明特意上穿 T 恤衫，下穿牛仔裤，足登旅游鞋，精神抖擞地来到谈判地点。对方睁着不解的眼睛看了他半天，很不高兴。这次合作没能成功。

3. 安妮是一个公司职员，有很好的学历背景，是财税咨询方面的专家，在公司表现一直很出色。可是当她到客户公司提供建议时，客户对她的建议却不怎么重视，作用得不到发挥。为此，安妮很苦恼。为什么呢？是她的建议不好吗？不是，她的建议很出色。有一位时装专家发现了问题的根源：她 29 岁，身高 152 厘米，体重 46 公斤，习惯将头发高高束起，打上彩色的蝴蝶结；喜欢着童装，看起来像一个机敏可爱的大孩子，因此客户对她的建议缺乏信赖感和安全感。根据时装专家的建议，安妮穿上了深色职业套装，以对比色的丝巾和胸针来搭配，甚至戴上了眼镜。果然，客户的态度发生了转变，她也很快成为公司的董事之一。

二、服饰形象设计活动

1. 四人为一小组，分别为你们的科任老师设定将要出席的不同场合（学术研讨会、舞会、旅游等），并设计一套适合他们的服装和配饰，指出你这样设计的理由。

2. 学校将举行首届校园礼仪形象大赛，请据此为自己进行个人形象整体设计。

3. 我国是一个拥有 56 个民族的大家庭。56 个民族 56 朵花，这 56 朵花的奇异魅力在各自的服饰礼仪上尽情显现。从各民族的服饰礼仪中，我们看到了各民族独特的风俗习惯、宗教信仰、生产方式、生存环境、民族性格和艺术传统，每个民族的服饰礼仪都包含了无穷的文化魅力。

召开"多彩的民族服饰礼仪"班会，每组同学至少选择我国的一种少数民族服饰，介绍其服饰礼仪文化。

4. 校服设计，我参与！

可分小组查找资料，设计研讨，形成校服图样。

全班分组进行图样展示，并简介设计思想。

选出大家最满意的校服图样献给学校，供学校参考。

知识链接

（1）不同色彩的寓意。

暖色系——红色调象征热烈、活泼、兴奋、富有激情；黄色象征明快、鼓舞、希望、富有朝气；橙色象征开朗、欣喜、活跃。

冷色系——黑色象征沉稳、庄重、富有神秘感；蓝色象征深远、安详、清爽、恬静而幽远；紫色象征高傲、神秘。

中间色——黄绿色象征安详、活泼、幼嫩；红紫色象征明艳、夺目；紫色象征华丽、高贵。

过渡色——粉色象征活泼、年轻、明丽而娇美；白色象征朴素、高雅、明亮、纯洁；淡绿色象征生命、鲜嫩、愉快和青春等。

（2）一个女推销员在美国北部工作，一直以来都穿着深色套装，提着一个男性化的公文包。后来她调到阳光普照的南加利福尼亚州，仍然以同样的装束去推销产品，结果成绩很不理想。后来，她改穿色彩淡雅的套装和洋装，提一个女性化的皮包，使自己更有亲切感。着装的变化使她的销售业绩提高了25%。

（3）美国前总统里根1983年访问欧洲四国时，由于穿了一套格子西装而在舆论界引起轩然大波。因为按照惯例，总统在正式外交场合应穿黑色礼服，而如果在度假时穿这套服装，那就很正常了。于是有人认为里根是个不严肃的人，处理重大事件缺乏责任感，甚至追溯到他的电影生涯。也有人认为里根带有大国的傲慢，不把欧洲伙伴放在眼里等。

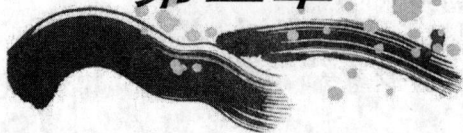

第三章

往来礼仪

知识点

- ➤ 接待与拜访的礼仪
- ➤ 问候与致意的礼仪。
- ➤ 介绍与名片的礼仪。
- ➤ 馈赠礼仪。
- ➤ 交通礼仪。

能力点

- ➤ 根据往来礼仪礼节知识，掌握其基本方法与技巧。
- ➤ 重视往来礼仪，形成守礼和待人以礼的习惯。

第一节　接待与拜访

　　日本有一家叫木村事务所的企业想扩建厂房，看中了近郊的一块土地意欲购买。另外还有几家商社也看上了这块地，购买者纷纷找到地产主人——一位老太太，老太太说什么也不卖。一个下雪天，老太太进城购物，顺便到木村事务所，想告诉木村先生死了这份心。老太太推门刚要进去，突然犹豫起来。原来，屋里整洁干净，而自己的木屐沾满雪水，肮脏不堪。正当老人欲进又退时，一位年轻的小姐出现在老人面前："欢迎光临！"小姐看出老太太的窘态，马上回屋想为她找一双拖鞋。不巧拖鞋没有了，小姐便毫不犹豫地脱下自己的拖鞋，整齐地放在老太太脚下，让老人穿上。等老人换好鞋，小姐才问道："老人家，请问我能为您做点什么？""哦，我要找木村先生。"于是小姐就像女儿挽扶母亲那样，将老太太扶上楼。在踏进木村办公室的一瞬间，老人改变了主意，决定把地卖给木村事务所。

　　这是商界的一个经典的接待案例。一家大公司倾尽全力交涉了半年之久都徒劳无功的事情，竟然由一个小小的女职员在无意之中促成了，而小姐并不知道老太太是何许人也。究其原委并不复杂。那位老太太后来告诉木村先生说："真的，我不缺钱花，我不是为了钱才卖地的。你们的这位小姐，年纪这么轻，就对人这么善良、体贴，真令人感动。"（资料来源：中国营销技能大赛组委会秘书处.2003.营销实务与案例分析.北京：中国商业出版社）

礼仪知识

在日常往来中，讲礼仪能使人们和谐相处、相互接纳，使工作顺利，使事业成功，使生活充满温馨和愉悦。往来礼仪的真谛很简单，那就是——善良、体贴、真诚、热情。另外还要懂得一些礼仪知识和技巧。

一、接待

接待礼仪最重要的灵魂，就是使客人产生"我被重视"的感觉。有客人来访时，应起身热情相迎，请其就座，并待以香茶或水果、点心等。即使客人不告而至也不应流露出不高兴的意思。待客的茶具要清洁，茶水要至八分满。上茶时，一般应用双手，一手执杯柄，一手托杯底。用手指捏住杯口边缘向客人敬茶，既不卫生，也不礼貌。

交谈时，应专心致志，不要东张西望，心不在焉，或者频频看表，更不可将客人撇在一边，只顾自己看电视或忙于其他事情。主人不应该当着客人的面打骂小孩或争吵。

招待客人时，如果又有新客来访，则应将客人相互介绍，一同接待。不要使其中一方受冷落，给人以厚此薄彼之感。

客人恰逢你有急事要办时来访，如果时间不长，则不妨向客人说明情况，让客人稍等片刻，并委托其他人作陪，或拿出些报刊给客人浏览。如无暇接待或要外出，可向客人致歉，另约时间。

送客是接待的最后一个环节，对接待的最终效果影响很大。俗话说："出迎三步，身送七步。"客人告辞时，主人应婉言相留，并等客人先起身，自己再起身相送。主人一般应送至门口或楼下，然后握手道别，目送客人离去，特别是对于年长的客人、贵客、稀客等。切忌客人刚出门，就将门"砰"地关上，这十分失礼。如果送至电梯口，则要等客人进入电梯，在电梯关门后再离开。

二、拜访

无论是日常生活还是公务活动，做客拜访都是常见的交际形式，也是联络感情、增进友谊的一种有效方法。讲究拜访的礼仪，最重要的是要尊重主人，做到客随主便。

做客拜访首先要选择一个对方方便的时间。一般可在假日的下午或平时晚饭后，而要避免在吃饭和休息的时间登门造访。拜访前，应尽可能事先告知，约定一个时间，以免扑空或打乱对方的日程安排。约定时间后，不能轻易失约或迟到。如因特殊情况不能前去，一定要设法通知对方，并表示歉意。

拜访时，应先轻轻敲门或按门铃，当有人应声允许进入或出来迎接时方可入内。敲门不宜太重或太急，一般轻敲两三下即可。即使门虚掩着或开着，也不可不打招呼贸然闯入。

进门后，拜访者随身带来的外套、雨具等物品应放到主人指定的地方，不可任意乱放。对室内的人，无论认识与否，都应主动打招呼。如果你带了孩子或其他人来，要介绍给主人，并教孩子如何称呼。主人端上茶来，应欠身感谢，双手捧接。吸烟者应在主人敬烟或征得主人同意后，方可吸烟。

交谈应注意掌握时间。有要事必须要与主人商量或向对方请教时，应尽快表明来意，不要东拉西扯，浪费时间。交谈中如又有客人来访，应尽快结束谈话，适时告辞，以免他人久等。

离开时要主动向主人告别，并向在座的其他人打招呼。如果主人出门相送，拜访人应请主人留步并道谢，热情说声"再见"。

模拟拜访情景剧

（一）任务描述

学生拜访老师是沟通师生感情的渠道之一。请你以一名已毕业学生的身份去拜访老师，或咨询问题、或祝贺节日、或专程探望等。由四位同学从上述情境中任选其一，即兴排演一幕情景剧，角色自拟。其他同学在观看中去发现他们的优点和不足。

（二）任务分析

（1）预约（自报家门、时间、地点、内容、致谢）。

（2）个人仪容仪表的设计。

（3）接待、拜访过程（敲门、称呼、握手、问候、入座、馈赠、交谈、告辞等）。

（4）意外情境预案（如老师家客人很多、有新客人来访、老师有重要事情必须马上出门等）。

（三）任务方案

（1）剧组共同议定主题和剧情梗概，确定角色。（2分钟）

（2）剧组集体商定基本情节。（5分钟）

（3）即兴表演。正确使用"进门语"、"寒暄语"、"致谢语"、"道歉语"、"晤谈语"、"辞别语"。（5分钟）

（4）其他同学根据记录，进行剧评活动。

（5）剧组根据同学们的剧评，总结经验教训，重新排演。

作业

一、品头论足

1. 一个夏日的晚上，你到朋友家上门拜访，好客的女主人热情地接待了你，并为你端来一杯龙井茶。你正要喝茶时，却发现杯中有一根头发。此时，你该怎么办？

2. 一个周日的中午，一位陌生人前来拜访你的父母，而他们恰好不在家。陌生人带来了比较贵重的礼物，要求留下礼物就走，你该怎么办？

3. 当你正欲登门拜访时，在门口却听见里面在争吵，这时你该怎么办？

4. 王先生和张先生是客户关系，因工作需要王先生特意来拜访张先生，讨论一下他们的产品改进问题。在交谈中张先生的太太打来了好几个电话，王先生这才知道今天是张先生的女儿十周岁生日。见时间不早了，虽然还有许多紧急的问题没有协商，王先生还是起身告辞了，并马上嘱咐他的司机为张先生的女儿去买生日礼物。（资料来源：潘彦维. 2007. 公关礼仪. 北京：北京师范大学出版社）

王先生的业务还没有谈完就走了，他这样的拜访是不是很失败？

假如你是张先生，你认为王先生是一个怎样的客户？

二、拜访礼仪实践

学生每2~4人为一组，利用课余时间，到亲朋好友家进行拜访。

1. 要明确拜访目的（请教问题、社会调查、礼节性拜访等）。

2. 拜访结束后，每个人都要写出详细的拜访过程。

3. 在教师的指导下，在全班进行拜访总结。

三、情景剧展演活动

在教师的指导下，以学习小组为单位，各排演一幕情景剧。组内同学分别扮演不同的拜访接待角色，双方的关系和客人的身份要有多种变化，如老朋友、上下级、长晚辈、贵宾等。在适当的时间，举行一次情景剧展演活动。活动参考方案如下：

1. 剧组共同议定主题。

2. 分头编写剧本。

3. 剧组集体将剧本定稿。

4. 确定导演、角色人选。

5. 做好物质准备，如道具、化妆品等。

6. 组织排练。

7. 与老师联系正式演出的事宜，择机公演。

8. 其他同学根据记录，进行剧评活动。

9. 剧组根据剧评，总结经验教训，重新排演。

**知识
链接**

商务迎接礼仪

迎来送往，是社会交往活动中最基本的形式和重要环节。商务活动与日常生活中的接待与拜访，其基本礼节是一致的，但更规范、更讲究。尤其是迎接，如果能给对方留下良好的第一印象，就为下一步深入接触打下了基础。迎接客人要有周密的计划。

（1）接待前来访问、洽谈业务、参加会议的客人，首先应了解客人的基本情况，如对方的人数、姓名、性别、职务、来访目的、个人背景等，并根据到达的车次、航班，安排与客人身份、职务相当的人员前去迎接。若因某种原因，相应身份的主人不能前往，前去迎接的主人应向客人作出礼貌的解释。

（2）主人到车站、机场去迎接客人，应提前到达，恭候客人的到来，决不能让客人久等。客人看到有人来迎接，内心必定感到高兴。若迎接来迟，必定会给客人留下不被重视的印象。

（3）接到客人后，应首先问候"一路辛苦了"、"欢迎您来到我们这个美丽的城市"、"欢迎您来到我们公司"等，然后向对方作自我介绍。如果有名片，可送予对方。

（4）迎接客人应提前为客人准备好交通工具，不要等到客人到了才匆匆忙忙准备。

（5）主人应提前为客人准备好住宿，帮客人办理好一切手续并将客人领进房间，同时向客人介绍住处的服务、设施，将活动的计划、日程安排交给客人，并把准备好的地图或旅游图、名胜古迹等介绍材料送给客人。

（6）将客人送到住地后，主人不要立即离去，应陪客人稍作停留，热情交谈。谈话内容要让客人感到满意，比如客人所参与活动的背景情况、当地风土人情、有特点的自然景观、特产、物价等。考虑到客人一路旅途劳累，主人不宜久留，应让客人早些休息。分手时将下次联系的时间、地点、方式等告诉客人。

第二节　会面与问候

明明和朋友去餐厅吃饭的时候碰到了熟人，于是大家相互介绍了一下。对方正在啃鸡腿，听到介绍后非常客气，马上站起来，伸出那只油手来和明明握手。这时的明明却不知如何是好了。

礼仪知识

如何在各种社会交往中受人欢迎？那就首先从交际的开端——会面礼开始第一步吧。

在社会活动中，无论是新朋还是老友，见面时都需要行礼，以表示自己的友好和尊重。由于各国、各民族、各地区的历史、文化传统和风俗习惯的不同，人们所采用的会面礼往往也千差万别，如点头礼、握手礼、挥手礼（图3.1）、鞠躬礼（图 3.2）、拱手礼（图 3.3）、脱帽礼、屈膝礼、拥抱礼、亲吻礼、合十礼等。其中，握手礼、点头礼是我国乃至国际最通行的会面礼节形式。

图 3.1　挥手礼　　　　图 3.2　鞠躬礼　　　　图 3.3　拱手礼

一、握手礼

包括中国在内的大多数国家，握手礼通用于初次见面、久未谋面或告别之时，此外还含有感谢、慰问、祝贺或相互鼓励的意思表示，而日常会面则只需点头致意即可。据传说，握手最早发生在人类"刀耕火种"的冷兵器时代。那时，在狩猎和战争中，人们经常手持石块或棍棒等武器。人们见面时，如果大家都无敌意，就要放下手中的东西，并伸开手掌，让对方抚摸手掌心，表示手中没有藏有武器。久而久之，这种习惯逐渐演变成今天的"握手"礼节。

握手作为礼节，有很多讲究。握手的时机、姿势、力度的大小、时间的长短等，往往能够表达出不同的礼遇与态度，显露自己的个性，给人留下不同的印象；同时，你也可以通过握手了解对方的个性，从而赢得交际的主动。美国著名盲聋女作家海伦·凯勒曾写道：我接触的手能拒人千里之外，也能充满阳光，让你感到很温暖。事实也确实如此，因为握手也是一种语言，一种无声的动作语言。

（一）握手礼的基本规范

1. 握手的顺序

握手的先后顺序讲究"尊者主动"。一般而言，男士与女士之间，女士先伸手；长辈与晚辈之间，长辈先伸手；上级和下级之间，上级先伸手。主人迎接宾客时，主人先伸手；主人送别宾客时，客人先伸手。需要与多人握手时应按尊卑顺序，或按顺时针方向依次进行，切忌交叉握手、跳跃式握手或半途而废。

2. 握手的姿态

美国的玛丽·凯化妆品公司在 1963 年创业时只有 9 名员工，20 年后发展成为雇员 5000 多人，年销售额超过 3 亿美元的大企业。它的创始人玛丽·凯认为：重视与别人的沟通是事业成功的保障。在她没有创业之前，她曾为了与副总裁握手整整等了 3 小时。当终于轮到她时，她注意到副总裁一边跟她握手，一边看她身后等待的队伍还有多长。从此，她发誓一旦自己也成为副总裁那样的人，一定要专注地与他人握手。

握手作为一种礼节，最重要的是神态。握手时神情要专注、热情、友好、自然，目视对方，面含微笑，同时向对方问候，如"您好"、"见到您很高兴"、"欢迎您"等语。只握手而不问候，通常被认为是不愿与你进一步深交。其次是姿势。握手的标准方式是行至距对方 1 米处，双腿立正，上身略向前倾，伸出右手，四指并拢，拇指张开与对方相握，适度用力，上下稍晃动两三次，随即松开。

（二）握手禁忌

（1）使用左手握手。左手在一些国家被认为是不洁的。

（2）戴着手套或戴着墨镜握手，或另一只手放在口袋里。只有女士在正式社交场合才可以戴着薄纱手套与人握手。

（3）东张西望，心不在焉，有气无力，或面无表情，不置一词。这种握手叫"死鱼式"的握手，显得对对方不重视。让人产生不受重视的感觉是社交的大忌，其无礼程度仅次于拒绝握手。拒绝握手是对人最大的侮辱。新中国刚刚成立的时候，积贫积弱，美国国务卿杜勒斯拒绝与周恩来总理握手，表示对新中国的拒绝。当你因特殊原因无法与别人握手时，一定要致歉并说明情况。

（4）交叉握手。这种形状类似十字架，在基督教信徒眼中被视为不吉利。

（5）坐着与人握手。这叫"倨傲式"。除长者或女士外，只要有可能，都要起身站立与人握手。

（6）握力过大，即"野蛮式握手"。在一般情况下，握手不必用力。有时为了表示热情友好，应当稍许用力，但以不握痛对方为限度。男子与女子握手不能握得太紧，西方人往往只握一下妇女的手指部分，但老朋友可以例外。

（7）握住不放。握手时间的长短可根据握手双方亲密程度灵活掌握。初次见面者，一般应控制在 3 秒钟以内，避免"马拉松式"的握手，尤其切忌握住异性的手久久不松开。即使同性握手，时间也不宜过长，以免对方欲罢不能。当然如果时间过短，会被人认为傲慢冷淡，敷衍了事。

（8）握手左右摇晃，点头哈腰，过分客套。这叫"乞讨式"握手，只会让对方不自在、不舒服。

（9）中途停止。在社交场合，与多人相见或告别时，要与在场的每一个人握手，切忌半途而废，只与一部分人握手，而把另一部分人晾在一边。

二、问候礼

（一）称呼语

放学了，两位同学边走边议论："看看，教你们英语的黄洁今天穿的裙子好漂亮哦。教数学的老太太也挺可爱的嘛。""就是嘛,我们黄洁一直很靓的,数学老太太人也可好了。"

　　站在拐角处的黄洁老师和教数学的张老师一脸无奈地听着两位同学的谈话,不知道是应该高兴还是应该……(资料来源:姜晓敏. 2006. 人际沟通与礼仪. 上海:华东师范大学出版社)

称呼是人们见面时的第一声问候。称呼应当亲切、得体、合乎常规。恰当得体的称呼,体现了对对方的尊敬或亲密程度,同时也反映了自身的文化素质。

1. 生活中的称呼

在日常生活中,对亲属、邻里、朋友、熟人等,称呼应当亲切、自然、准确,又要不失敬意。一般按约定俗成的日常习惯称呼就不会搞错。

2. 社会交往中的称呼

社会交往中的称呼是有其特殊性的,总的要求是要庄重、正式、规范,一般不使用"叔叔"、"阿姨"之类的生活性称呼。

(1)职务性称呼。在工作中,以交往对象的职务相称,以示身份有别、敬意有加,这是一种最常见的称呼方法。视具体情况,又可仅称职务,如"局长"、"经理"、"主任"等;也可在职务之前加上姓氏,如"王总"、"张处长"、"李主任"等;在极正式的场合,还可在职务之前加上姓名,如"胡锦涛主席"、"陈毅市长"等。

(2)职称性称呼。对于具有职称者,尤其是具有高级、中级职称者,可以在工作中直接以其职称相称,如"教授"、"研究员"、"工程师"等。具体的称呼方法与职务性称呼类似。

(3)学衔性称呼。以学衔作为称呼,可突出对方的权威性,有助于增强现场的学术气氛,如"院士"、"博士"等。

(4)职业性称呼。即直接以被称呼者的职业作为称呼,如 "老师"、"教练"、"律师"、"警官"、"会计"、"医生"或"大夫"等。对文艺界、教育界人士,以及有成就者、有身份者,也可统称为"老师"。

(5)其他。对德高望重的年长者、资深者,可称之为"公"或"老"。如"谢公"、"郭老"、"叶圣老"。

3. 称呼禁忌

(1)使用错误的称呼。如误读姓名,误会被称呼者的年纪、辈份、婚否以及与其他人的关系等。

(2)使用过时的称呼。古代称呼,包括谦称和敬称,有些已经时过境迁,若再采用,难免不合时宜,甚至不伦不类,如"大人"、"令堂"、"令尊"、"令爱"、"令坦"、"舍弟"、"舍侄"、"犬子"等。

(3)使用方言称呼。有些称呼,具有一定的地域性,比如北京人爱称人为"师傅"，山东人爱称人为"伙计"，中国人把配偶称为"爱人"等。但是，在南方人听来，"师傅"等于"出家人"，"伙计"肯定是"打工仔"，而外国人则将"爱人"理解为"情人"。

（4）使用庸俗低级的称呼。例如，"哥们儿"、"姐们儿"、"弟兄们"、"死党"、"铁哥们儿"等一类的称呼，就显得庸俗低级。逢人便称"老板"，也显得不伦不类。

（5）使用绰号作为称呼。正式场合严禁称呼绰号，更不能随意拿别人的姓名、生理特点或缺陷乱叫侮辱性绰号。

（6）直呼其名。与西方不同，中国人认为对长者直呼其名是不礼貌的。

（二）寒暄语

俗话说："良言一句三冬暖，恶语伤人六月寒。"寒暄是交谈的"开场白"，对一个人交往的广度和深度有重要的影响。在与他人见面时，若能恰当寒暄，就会为双方进一步的交谈做好铺垫。反之，在本该与对方寒暄几句的时候一言不发，那么在下一步的交往中就会很尴尬。

走在路上或在公共场所，遇见相识的人，应该主动打招呼，问候致意。在被介绍给他人之后，应当起身站立，热情地跟对方寒暄。若只是点点头，或只是握一下手，通常会被理解为不想与之深谈，不愿与之结交。跟初次见面的人寒暄，最通用的说法是："你好！""早上好！""很高兴能认识您！""见到您非常荣幸！"等。比较文雅一些的话，可以说"幸会"。要想随便一些，也可以说："早听说过您的大名"、"某某经常跟我谈起您"等。

别人向你打招呼时，则必须要回应致意，否则是极不礼貌的。问候时要面带微笑，注视对方。遇到比较熟悉的朋友，除了问候致意以外，还可以问问对方家人的情况，并请他代为问候。

对外国朋友，要按对方国家的习惯用语问候，如与英美等国家朋友初次见面时，可用"How do you do"，熟人可用"How are you"，有时直接用"Hi"来打招呼。中国民间见面打招呼常用的"吃过饭了吗？（Have you eaten?）""上哪儿去？(Where are you going?)""今年多大了？(How old are you?)""多多保重(Take care of yourself.)"等不适宜国际交往，西方人会以为你要请他吃饭，或干涉他的私事。

此外，在一些特定的场合，如离得比较远，则只需挥手致意即可，大声喊叫招呼是没有教养的表现。关系比较一般的人之间，只要相互微笑，或者点点头，也算是一种招呼语了。

问候是友好或关心的表示，寒暄语不一定具有实质性的内容，而且可长可短，需要因人、因时、因地而异。

礼
仪

一、握手练习

班级内男生和女生自由结组，每2人为一组，练习握手礼节的基本要领。

二、接待与问候练习

（一）任务描述

你的一位本家叔叔从东北出差到北京，你的父母嘱咐在北京工作的你到机场迎候并招待，而你从未见过他。你们约定周日在机场大厅见面，你将如何恰当举止呢？

（二）任务分析

接待的礼仪；握手的礼仪；称呼和寒暄的礼仪；电话、交通、交谈等其他礼仪。

（三）任务方案

每2位同学为一组，模拟练习迎接全过程。参考步骤为：
（1）事先打电话，约定迎接的具体时间、地点等。
（2）制作写有对方姓名的迎接牌。
（3）模拟见面时称呼、握手、问候等礼节。
（4）请客人上车，途中适当交谈。

三、异域会面礼节风情短剧

（一）任务描述

通过以小组为单位进行表演的方式，了解不同国家在会面礼仪方面的差异。

（二）任务分析

查阅资料的能力；体验异域风情的能力；对异域文化的平和宽容的态度。

（三）任务方案

（1）以小组为单位，事先查阅资料，了解不同国家在称呼用语、寒暄用语、会面礼形式等方面的文化差异，在小组内交流，编一个幽默短剧。
（2）推选同学扮演不同国家的人在街头相遇，由于不了解各自的文化习俗而引起的各种笑话。

（3）班内交流，评选全班最佳编剧奖、最佳表演奖。

作业

一、品头论足

1. 遇到自己不喜欢或者有隔阂的人，或者遇到一般熟人，不打招呼也无所谓。

2. "吃了吗？""你干什么去？"这些中国民间沿用已久且较普遍的招呼语，在现代礼仪中已经过时，必将逐渐被新的招呼语所代替。

3. "在哪儿发财？"这是中国近几年才时兴起来的问话。随着改革开放的不断深入，"利"越来越被人们看重，"允许一部分人先富起来"的政策改变了国人耻于言利的义利观，于是常以"发财"相互祝福。所以，这句招呼语折射出初得温饱后人民的更高追求，是一种历史的进步。但随着社会文明的进步，也必将逐渐被新的招呼语所代替。

二、接待拜访活动系列设计

1. 你与一位非常熟悉的人频繁见面，请用至少 20 种方式与他打招呼，既热情诚恳而又不引起对方厌烦。

2. 假如你是公司的文秘，经常陪同公司经理接待或拜访客户。以每四人为一组轮换扮演，练习掌握握手与问候、接待与拜访的礼节。

3. 你遇到过因称呼问题而尴尬的事情吗？比如家里来客人了，因为不知道称呼什么而躲起来不露面……请老师和同学帮你提些建议。

4. 观察图 3.4，猜一猜他们之间的关系如何？

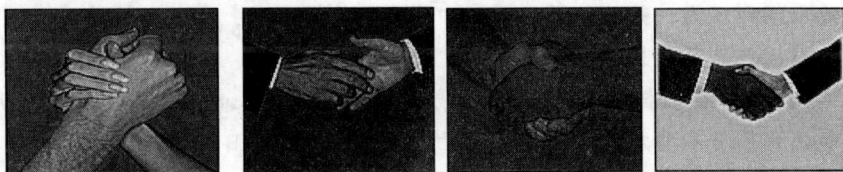

图 3.4　握手与人际关系

知识链接

一、精彩的历史瞬间

1972 年 2 月 21 日是美国总统尼克松访华的日子，这是结束中美两国敌对状态的破冰之旅。上午 11 时，尼克松的专机出现在北京机场的上空。人们屏声静气，紧张地等待着中美两国领导人的历史性握手！舱门打开，第一个出现在门口的是满面笑容的尼克松。他步子很快，一只脚刚落地，手就笔直地伸向两三米开外的周恩来。周恩来不卑不亢，面带笑容，等待着这只从太平洋彼岸伸过来的手……

其实，即使是处于敌对状态的两个国家，其外交官也是可以握手的，这是外交礼节，而不是原则问题。

二、请不要拒绝和我们握手

2007年11月30日，在第17个"世界艾滋病日"到来之际，中共中央总书记、国家主席胡锦涛来到北京佑安医院，看望正在这里住院治疗的艾滋病患者，慰问工作在艾滋病防治第一线的医务人员和志愿者。胡锦涛主席与艾滋病患者亲切握手。

三、心理测试小游戏——从打招呼方式看性格

新的一天往往是从"早上好"等招呼语开始的。请问，你平常都是怎么打招呼的？

A. 扬手打招呼。

B. 微笑点头打招呼。

C. 只动嘴巴，表情不变。

D. 拍拍对方的肩膀或手臂，说："你好！"。

选择A：你不会只以语言为满足，而更重视表情和动作。与人交往喜欢照顾别人，内心有不愉快，也能很快忘记。属于社交型。由于你的亲切和开朗，即使第一次见面的人，也会立刻与你成为好朋友。

选择B：这种招呼形式是最简单的一种。微笑点头的你会容易注意到其他人，却与他人不即不离，是淳朴的类型。即使有想要的东西，你也会忍耐，因此不会招致他人厌恶。属于内向保守型。

选择C：你会维持目前的生活方式，讨厌麻烦。对人的好恶表现得相当明显，不会勉强自己与不喜欢的人交往。属于理性自主型。在日常生活中，常会发出不满的声音。

选择D：强烈希望与人接触的你会利用夸张的动作与人亲近。很多政治家与中小企业的老板属于此类型。如果是年轻人，则属于个性开放，能博得大家好感的人。

第三节　介绍与名片

美国著名成人教育家戴尔·卡耐基曾谈起过这样一件事：约翰·梅

森·布朗是一位作家兼演说家。一次他应邀去某地演讲。演讲开始前，会议主持人将布朗先生介绍给听众，下面是主持人的介绍语："先生们，请注意了。今天晚上我给你们带来了不好的消息。我们本想邀请伊塞卡·马科森来给我们讲话，但他来不了，病了。（下面嘘声）后来我们要求参议员布莱德里奇前来，可他太忙了。（嘘声）最后，我们试图请罗伊格罗根博士来，也没有成功。（嘘声）所以，结果我们请到了约翰·梅森·布朗。"

这样的介绍语，不仅是毫无热情地报流水账，更严重的是有损被介绍者的自尊心，这是介绍语的大忌。

礼仪知识

一、介绍

介绍是初次见面的陌生双方开始交往的起点，是人与人之间的第一座桥梁，可以迅速缩短人与人的心理距离。

（一）自我介绍

在社交活动中，想要结识新朋友而又无人引见，此时就要作自我介绍了。

自我介绍应选择适当的时机。当对方心情不好、没有兴趣，或正在休息、用餐、忙于处理事务时，切忌冒昧打扰，以免引起反感。介绍时态度要自然、亲切、随和、充满自信，语言要简洁、清晰，语速适中，目光正视对方。为提高效率，自我介绍时还可利用名片加以辅助。傲慢、轻蔑、厌恶、吹嘘，或自卑、局促，是自我介绍的大忌。

自我介绍不是自传，介绍什么不介绍什么要根据实际的需要、所处的场合而决定取舍，具有鲜明的目的性。在一般社交场合，自我介绍应首先将姓名、单位和职务一气呵成。例如，我叫李光潜，是福音公司的销售经理。有时为了加深给对方的印象，还可对自己姓名进行一些解释，如相声艺术家马三立对自己的名字是这样解释的："我叫马三立，一二三的三，站立的立。这匹马三条腿立着，还不一碰就倒？"如果希望对方记住自己，以便有进一步沟通与交往，你还可以进一步引导沟通的话题，比如提及与对方某些熟人的关系，或与对方相同的兴趣爱好等。但如果没有与对方深入交往的愿望，作自我介绍只是向对方表明自己的身份，则只需介绍一下姓名即可。

（二）介绍他人

为他人介绍也叫居间介绍，是第三方为彼此不相识的双方引见的介绍方式。

居间介绍一般都是双向的，即要对被介绍的双方都作一番介绍。

　　为他人作介绍，首要的事情是先了解双方是否有结识的愿望，做法要慎重自然，不要贸然行事。最好先征求一下双方的意见，以免为原来就相识者或关系不睦者作介绍。介绍时，根据实际需要的不同，介绍的内容也应有所不同，一般只介绍双方的姓名、单位、职务。有时为了做好"桥梁"，还可以说明被推荐方与自己的关系，并善于发现双方的共同点，便于新结识的人相互信任与深入了解。介绍时应该讲究手势的礼仪，不要用手指去指点。

　　为他人介绍时，要注意顺序，使"尊者优先知情"。一般应先把男子介绍给女子，把年轻的介绍给年长的，把地位低的介绍给地位高的，把未婚的女子介绍给已婚的妇女，把儿童介绍给成人。

　　作为被介绍者，应当表现出结识对方的热情，目视对方，除女士和年长者外，被介绍时一般应起立，但在宴会桌上和会谈桌上只需微笑点头即可。

二、名片

　　　　两位商界的老总，经中间人介绍，相聚谈一笔双赢的生意。看到合作的美好前景，双方的积极性都很高，A老总首先拿出友好的姿态，恭恭敬敬地递上了自己的名片；B老总单手把名片接过来，一眼没看就放在了茶几上。接着他拿起茶杯喝了几口水，随手又把茶杯压在名片上。A老总看在了眼里，明在心里，随意谈了几句话，就起身告辞了。事后，他郑重地告诉中间人，这笔生意他不做了。当中间人将这个消息告诉B老总时，他不敢相信自己的耳朵，一拍桌子说："不可能！哪儿有见钱不赚的人？"B老总立即打通了A老总的电话，一定要他讲出个所以然来。A老总道出了实情："从你接下我名片的动作中，我预见到了未来的合作还会有许多的不愉快，因此，还是早放弃的好。"从一个接名片的动作上可见，商界不是只看重产品质量，也看重人的素质。
名片是一个人身份的象征，已成为社交活动的重要工具。名片的递送、接受、存放也要讲究礼仪。

（一）名片的递送

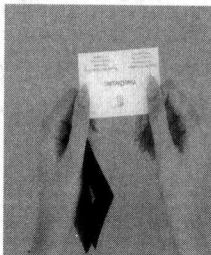

图3.7　名片的递送

　　在社交场合，名片是自我介绍的简便方式。名片递送的时机应在介绍之后，在尚未弄清对方身份时不应急于递送名片，更不要把名片当作传单随便散发。先主动递送名片者一般是客人，或地位低的一方。当与多人交换名片时，应依照职位高低的顺序进行，或是由近及远，依次进行。切勿跳跃式地进行，以免造成厚此薄彼之感。递送时应将名片正向对方，双手奉上。眼睛应注视对方，面带微笑，

并大方地说："这是我的名片，请多多关照。"（图 3.7）

（二）名片的接受

接受名片时应起身，面带微笑，注视对方并表示谢意。接过名片要阅读，阅读时可将对方的姓名、职衔念出声来，使对方产生一种受重视的满足感，然后回赠名片。如身上未带名片，应向对方表示歉意。接过名片后切不可随意摆弄或扔在桌子上，也不要随便地塞在口袋里或丢在包里，而应放在西服左上的内袋或名片夹里，以示尊重。在对方离去之前，或话题尚未结束，不必急于将对方的名片收藏起来。

（三）名片的索取

名片是用来交换的，对方不回赠，最好不要索取。确需获取对方名片时，常规方法主要有：

（1）交换法。首先递送名片。

（2）激将法。递送的同时讲"能否有幸交换一下名片？"

（3）谦恭法。对于长辈或高职务者，"希望以后多指教，请问如何联系？"

（4）平等法。"以后怎么和您联系比较方便？"

拒绝回赠要给对方留面子，如可以说："您这么忙，还是我联系您吧……"

技能训练
JiNengXunLian

（1）请对自己的名字作一个新颖巧妙的解释。

（2）在公司组织的一次联欢会上，你作为新入职场的员工，请当众作一下自我介绍。

（3）与同学合作进行名片递接练习，注意表情、介绍、问候、回赠、拒绝等礼仪。

作业

一、品头论足

1. 自我介绍意在促进了解，贵在全面详尽。

2. 电话号码变更以后，只需在名片上用笔改过来即可。

二、名片礼仪活动

1. 为自己设计一张个性名片，配合恰当的自我介绍。

2. 收集一些名片，并尝试为这些人做引荐。

三、自我介绍礼仪评比

每位同学做一个 1 分钟的自我介绍。邀请礼仪老师做评委，按照表 3.1 中的评分标准，指出存在的优点与不足。

表 3.1　评分标准

班级：　　　　　　　　　　姓名：

项目	评分标准	分值	得分
仪 态	走姿自信、稳健、精神、挺胸抬头	10	
	站姿稳定、抬头收腹、举止手势落落大方	20	
仪 容	面带微笑、从容自然	20	
	和听众有目光交流	10	
服 饰	服装整洁，仪表端庄	10	
内 容	重点突出，主次分明，礼貌周到、语言有逻辑性	10	
声 音	使用普通话	10	
	音量适中，吐字清楚	10	
	总分		

四、观看影片片断

观察其中的介绍场景，分析人物身份高低和双方交往的目的。

知识链接

名片的制作

名片在我国西汉时期就已经流行了。当时是削竹、木为片，刻上名字，称为"谒"，东汉时改称为"刺"或"名刺"。

名片的印制要使用优质的纸张，标准规格为 9 厘米×5.5 厘米。个人信息要准确、全面，但如果兼职过多，则不宜把所有的头衔都印上，给人不务正业之感。如需外文信息，则要印在背面，不可将中文与外文交错印刷。商务人士还常常把经营范围等信息印在背面，起到广告宣传作用。

第四节　馈赠礼仪

美国作家欧·亨利在其著名的短篇小说《麦琪的礼物》里讲了这样一个感人的故事：圣诞节快到了，囊中羞涩的一对年轻夫妻都在心里盘算着拿什么礼物献给自己的爱人。丈夫有一只祖传的金表，可是没有一

礼仪

条表链与之相配，于是妻子把自己一头秀丽的长发剪下来卖掉，为丈夫买了一条精美的表链。丈夫呢，因为妻子有骄人的秀发却没有一只发卡而懊恼，于是把祖传的金表卖掉，为妻子买了一枚精致的发卡。圣诞夜，双方各自拿出自己的礼物，惊愕不已。他们的礼物对对方都已经毫无价值，但这"无用"的礼物所蕴含的爱成了世上最珍贵的圣诞礼物。

礼仪知识

虽然人际关系不是靠物质手段来维系的，但馈赠礼品仍然是国际通行的重要社交方式。一件适宜的礼品，可以作为情感的载体和象征，起到沟通情感、增进友谊、密切关系、加强合作的作用。赠送礼品应因人、因事、因时、因地而异，在选择礼品、送礼方式、受礼方式、拒礼方式等诸多方面，却是很有讲究的。

一、选择礼品的原则

（一）情意性原则

相传，在唐代贞观年间，地方少数民族官员派使者向大唐皇帝进贡一只他们认为珍贵吉祥的白天鹅。当使者走到湖北沔阳地区时，想给天鹅洗个澡，以使它看起来更加干净美丽。可一不小心天鹅飞走了，手里只剩下一片鹅毛。但这位使者仍不远千里，将鹅毛送到唐都长安。唐太宗十分嘉许，赏赐了使者大量的礼物。这就是中国俗语"千里送鹅毛，礼轻情意重"的由来。

礼品是情感和心意的象征物。与行贿受贿不同，适宜的社交礼品都表示了送礼人的一片心意，或酬谢、或祝贺、或关爱、或友好等，所以选择礼品时必须与你的心意相符，使礼品富有思想性、艺术性、纪念性，从而别出心裁，不落俗套。富有自己民族特色、地方特色、家族特色和个人特色的产品，往往是不错的选择。鲜花是适应面最广的礼品。但鲜花往往有约定俗成的象征意义，称作"花语"，不可乱送。我们应该了解常见花卉的花语，如丁香表示初恋，红玫瑰表示爱情，百合表示纯洁，水仙表示尊敬，茶花表示美好，康乃馨表示长寿……但没有人能了解所有的花语，选择时可向花店咨询。

当然，强调礼品的情感性特征，并不排斥其实用性。既能象征深情厚意，又具有一定使用价值的礼品，更显得两全其美。特色食品、文具、书籍、手表、玩具等实用品常常被人们纳入礼单的选择范围。

（二）对象性原则

选择礼品不仅要能表达自己的心意，更要适应对方的特点。因此要了解对方，做到赠其所好。

首先，礼品的价值轻重要适当。一般不轻易送过于贵重的礼品，否则会使对方产生不安，或引起"重礼之下，必有所求"的猜测，对公职人员来讲还有受贿的嫌疑。当然，礼品过轻有时会使人觉得小气，反而不如不送。

其次，赠送礼品还要考虑受礼者的需要和兴趣爱好。对方求之不得的礼品是最好的礼品。试想，对于集邮爱好者来讲，还有什么比一枚独特的邮品更珍贵的礼物呢？

其三，赠送礼品还要符合对方的身份、个性、年龄等特点。给老年人送保健品和烟、酒、水果，给少年儿童送健康时尚的文化用品或精神产品，给外地朋友送本地特产，给外国朋友送中国特产，都是不错的选择。一般而言，鲜花或特色食品是较为普遍适用的礼品。

（三）禁忌性原则

有一次，国内一家旅行社在接待一个欧洲旅游团时，为了表示对外宾的热情和友好，特意为他们从丝绸之都杭州，订制了一批纯丝的、绣有菊花图案的手帕，并在迎接客人时，作为礼物送给了他们。没想到，客人接到手帕后一片哗然，议论纷纷，显出十分不高兴的样子。特别是一位夫人，大声叫喊，情绪非常愤慨。接待人员大惑不解。原来，一些西方国家的习俗是：亲朋好友告别时才送手帕，意为"擦掉惜别眼泪"。而客人刚刚到达，你就让人家擦掉惜别的眼泪，人家怎么能高兴呢？况且，菊花在中国是高雅的花卉，被称为花中四君子之一，但在客人本国则象征悲哀和痛苦，客人又怎能不气愤呢！

送礼时不冒犯对方的禁忌，包括其民族禁忌、宗教禁忌、心理禁忌、习俗禁忌等，是馈赠礼仪的起码要求。比如，给老人不要送钟，因为送钟与"送终"谐音；给香港人不要送茉莉、梅花，因为茉莉谐音"没利"，梅花是"倒霉"花。

二、赠送礼品的礼节与技巧

精心选择的礼品，如果不讲究赠礼的礼节与技巧，也很难达到应有的效果，甚至有可能事与愿违。

（一）精心包装

为礼品施以精美的包装，如同为一个人穿上了正式的外衣，使礼品显得高雅脱俗，郑重其事。在欧美，花10元钱包装一个价值1元钱商品的事例并不鲜见。美国最大的化学工业公司杜邦公司的一项调查表明，有63%的消费者是根据商品的包装来选购商品的，这一发现就是著名的"杜邦定律"。杜邦定律证明，物品的价值是由包装和物品本身共同组成的，而且包装对物品价值的显现和增值起着很大的作用。多数国家的人们习惯用彩色包装纸和丝带包扎，一般不用单一的白色或黑色。当然，包装前不要忘记把价格标签撕掉。

（二）时机恰当

通常情况下，在重大节日，或对方庆典、晋级、寿诞、乔迁、远行、婚礼、丧礼或不幸之时，以及受到对方大力帮助之时，都可以赠送礼品表情达意。

赠送礼品的具体时机一般是相见时或道别时比较适宜。如向对方道喜、祝贺时，宜在见面时赠礼；参加宴会、访问等，宜在临别时赠礼；当对方首先向自己赠送礼品时，则及时回赠对方。

（三）表现大方

现场赠送礼品时，要神态自然，举止大方，态度友好，千万不可像做见不得人的事似的，偷偷摸摸，神神秘秘。

（四）言词得体

当面赠送礼品时，一定要有礼节性言词。

1. 说明送礼的理由非常重要

无论是私人交往，还是商务往来，无缘无故、莫名其妙地送礼不仅显得唐突，而且会引起对方猜疑你是否别有用心，因而往往会遭到拒收，陷自己于尴尬之地。送礼的理由经常是或感谢、或祝贺、或慰问、或留念等，总之要合情合理。

2. 表明自己的态度也很重要

送礼时要表明自己的热情和诚意，最好是告诉他"这是我（托人）特意从外地给您买的"、"相信您一定会喜欢的"，这样可以让对方明白你是费了一番心思的。不可为了客套而自我贬低，如"没什么准备，临时才买来的"、"没有什么好东西，凑合着用吧"等。

3. 适当介绍礼品的寓意和使用方法

赠礼时介绍一下礼品的寓意，说几句吉祥话，是必不可少的。如送生日蛋糕时不妨把蛋糕上的祝福词念给对方听一听，顺便说几句祝福的话，让对方明白你的情意。如果礼品比较新颖或复杂，比如保健器械等品，还要简要说明一下礼品的功能和使用方法。

三、接收礼品的礼节与技巧

（一）拒收的礼节与技巧

作为受赠的一方，首要的是判断该礼品应不应该接受。千万要把握住自己，不该收的礼品就决不要接受。亲人自然另当别论。一般而言，以下三类物品不宜接受：一是违法违禁物品；二是金钱、有价证券和贵重物品，如汽车、住房、黄金、珠宝等；三是含有某种无法接受的暗示的物品，如性暗示、别有所图等。

（1）拒收礼品，态度要坚决，不可半推半就。但拒收的方式要符合礼节，要给对方留有退路，使其有台阶下。

（2）拒收礼品，应先对对方的心意表示感谢，然后予以拒绝。

（3）一般情况下，拒收礼品应该当场进行。确因某种特殊原因未能当场拒绝时，一定要及时退还本人，并向他说明退回的理由。

拒绝的具体方式主要有：

（1）坦率拒绝。以礼貌的语言，坦率地讲明不能接受的理由和原因，如国家政策、法律法规、企业制度的规定等，然后将礼品当场退还。

（2）婉言谢绝。当对方出于好心和诚意赠送不适当的礼品，直接拒绝显得不近人情时，就应该委婉地拒绝。譬如，有人希望赢得你的爱情，送你一条金项链或戒指等，你可以对他说："谢谢你，不过已经有人送过我一条了。"

（二）接受的礼节与技巧

1. 大大方方，欣然接受

对于应该接受的礼品，不妨坦诚地欣然接受。不要虚情假意，反复推辞，似乎是实在推辞不过了才留下。接受礼物应该面带微笑，双手接过，并表示出感谢之情。即使礼物不称心，也不能流露出来。

2. 根据情况，适当应对

接到礼品后，中国传统的做法是不当着送礼人的面打开礼物。不急于打开礼物，表明他们重视的是礼物的情意，而不是礼物本身。对于普通的礼品可依此处理。但对于较有特色的礼品，特别是工艺品等，则要按西方的礼节，当面拆开包装，并加以赞赏。这样做表明你既重视对方，也重视对方赠送的礼品，因此成为国际比较流行的做法。切忌对礼品说三道四、胡乱挑剔。

3. 再致谢忱，深化友谊

接受礼品后，最好在一周之内打电话给对方再次致谢。你可以对礼品本身表示谢意，也可以对礼品所表达的情意或对方对自己的关心表示感谢。以后再与送礼人相见时，不妨在适当的时候再次向对方表达自己的谢意，比如可以告诉对方，他送的礼品自己经常使用，或自己非常喜欢等。这样可以起到进一步促进友好交往的作用。

针对下述情况，讨论如何恰当地选择礼品，包括有形的和无形的礼品。

（1）到外地看望年老的爷爷、奶奶。

（2）你最要好的同性同学或异性同学过生日。

（3）到医院去探望一位好朋友的母亲。

（4）去哥哥家看望刚刚做了母亲的嫂子和小侄子。

（5）陪公司总经理拜访合作公司的老总。

（6）到国外去考察，拜访一位美国或日本客户。

（7）其他。

作业

一、品头论足

1. 赠送礼品有行贿之嫌，而且收礼之后还要还礼，给人们增加了很多负担和不便，因此送礼之风应该煞住。

2. 礼物是友情的使者，是以物质的形式进行精神的交流，因此礼物价值的轻重无关紧要，也不必考虑礼品的实用价值。

3. "投我以桃，报之以李。"（《诗经》）

4. 现代作家萧乾当年去美国访问，在拜访一位华人朋友时，特意赠送了几颗枣核。那位美籍华人朋友当时已经八十岁了，离开故土几十年，从来没有回来过。老人像捧着珍珠、玛瑙一样，小心翼翼地把枣核种在后花园。

二、花语知识搜集

用礼仪花卉传情达意，温馨而浪漫。请同学们查阅资料，了解常用礼仪花卉所表达的含义、所适用的场合和对象等知识。

三、实际操作

选择合适的时机，看望亲朋好友、父母师长等。

知识链接

（1）日本前首相田中角荣曾在 1972 年访问中国。田中角荣既是一位政治家，也是颇有文学造诣的文人雅士。毛泽东主席在会见田中角荣时，特意将一部宣纸线装本《楚辞集注》作为国礼赠送给他，田中先生十分欣喜地接受了这份礼物。这份礼物投合了日本人尊崇宣纸线装书的喜好和田中先生本人的偏爱，的确十分适宜。

（2）杨震（？～124），字伯起，东汉弘农华阴人。他通晓经传，博览群书，成为当时的名儒。大将军邓骘十分敬重杨震的学识、贤名和品行，亲自派人征召他到自己幕府出仕任职。自此时到他被罢免太尉止，出仕二十多年，始终恪尽职守，秉公办事，勤政廉洁，不谋私利，以"清白吏"为座右铭，严格要求自己，成为千秋万代学习的楷模。

杨震在由荆州刺史调任东莱太守赴任途中，路经昌邑（今山东巨野县东南）。昌邑县令王密，是他在任荆州刺史时举"茂才"提拔起来的官员，听说杨震途经本地，为了报恩，特备黄金十斤，于白天谒见后，又乘更深夜静无人之机，将黄金送给杨震。杨震不但不接受，还批评说："我和你是故交，关系比较密切，我很了解你的为人，而你却不了解我的为人，这是为什么呢？"王密说："现在深夜无人知道。"杨震说："天知、地知、我知、你知，怎能说无人知道呢！"王密十分惭愧，只好作罢。杨震"暮夜却金"的佳话影响很大，后人因此称杨震为"四知先生"。

第五节　交通礼仪

某公司总经理王先生乘坐专车，前往机场迎接一位美国企业家史密斯先生。宾主寒暄问候后，王先生恭敬地请史密斯先生坐在了轿车前排的副驾驶座位上，自己则坐在后排。自此以后，原本笑容可掬的史密斯先生就一直面容阴沉，这令王先生大感不解。事过之后，王先生才明白，自己一直视为"上座"的轿车前排的副驾驶座，其实是"下座"。

礼仪知识

一、行路礼仪

（一）步行

遵守行路规则是最基本的礼仪，不能为贪图方便而闯红灯和乱穿马路。此外还要注意走路时不能一面走路，一面吃东西。多人行走不要并排，更不要相互勾肩搭背。

在与尊长、宾客等同行时，还应注意礼宾顺序。如果是单排行进，通常是前为上，后为下，即请尊长、宾客走在前面；如果并排行进，通常里（右）为上，外（左）为下；如果三人以上并行，通常中间为上，内侧次之，外侧为下。

（二）上下楼梯

在上下楼梯时，一般情况下均应单排，靠右侧行走。如果楼梯较宽，并排行走最多不要超过两人。如果与尊长、客人上下楼梯时，出于安全的需要，上楼时应走在尊长、客人的后边；下楼时应走在尊长、客人的前边。

上下楼梯时，还要注意姿态端正，上体应基本保持正直。同时与前后之间保持一定距离，以相隔两三级台阶为宜。

（三）出入电梯

与客人一起乘电梯时，应注意礼让。当搭乘无人管理的电梯时，一般应"先进后出"；当搭乘有人管理的电梯，应"后进后出"。自己不下电梯时，应尽量不要妨碍别人进出。在电梯中，不宜高声谈笑。乘自动扶梯时应自觉站在靠右侧，给有急事的人留出一条通道。

（四）进出房间

进入房间前，一定要养成先敲门或按门铃的习惯，切忌贸然出入。敲门一般用力要轻，敲两三下为一次，敲两三次即可。开关门时，要用手轻开、轻关，不要用身体的其他部位开关门。例如，用肘顶、用膝拱、用臀撞、用脚踢等。

如果与尊长、客人一同进出房门时，要注意先后顺序及礼让。如果门朝里开，自己应先入内把住门，侧身，再请尊长或客人进入。如果门朝外开，应先打开门，请尊长、客人先进。如果是旋转门，通常是轻轻推门后，在门的另一边等候尊长或客人。当客人走入会客厅，接待人员应手心向上，以手掌指示座位。如果客人错坐下座，应请客人改坐上座。

二、乘车礼仪

（一）乘坐公共交通车

公共汽车、地铁列车上乘客较多，遵守必要的礼节更显重要。上下车要遵守秩序，不要争先恐后。应主动为老、弱、病、残让座，并给予必要的帮助。"女士优先"的原则在此场合同样适用，有修养的男士都会礼让妇女。如遇到一些小摩擦，应注意忍让。

在公共汽车、地铁车厢内，大声聊天说笑、谈论他人的隐私是不文明和令人反感的。同时，还应注意自觉保持车内的卫生。公共场所禁止吸烟。

出租车为人们的现代生活提供了很大的便利，同时也给人们提出了新的出行礼规。在叫出租车时，应尽量选择安全、适宜的位置，最好在 50 米左右距离挥手示意。

（二）乘坐轿车

1. 座次

（1）双排、三排座的小型轿车。如果由专职司机驾驶，通常后排为上，前排为下；以右为尊，以左为卑。如果由主人亲自驾驶，一般前排为上，后排为下。但如果有主妇在场，你就应该识相地坐到后排去。

（2）多排座的中型轿车。无论由何人驾驶，均以前排为上，后排为下；以右为尊，以左为卑。

（3）轻型越野车（吉普车）。不管由谁驾驶，其座次尊卑依次为：副驾驶座，后排右座，后排左座。

上述座次仅是一般原则，如果客人自行择座，则要主随客便，只可略作礼让，不必勉强。

2. 上下顺序

尊长、来宾、女士先上后下，年轻人或其他陪同人员后上先下，一般均从右侧车门上下。上下车时，应协助尊长、来宾、女士开启车门。下车时应向司机致谢。

3. 姿态

乘坐轿车应注意自己的举止姿态，女士尤应讲究。上下车时应采用背入式和正出式，即打开车门上车时，背对车内，臀部先坐下，随之上身及头部入内，然后再将并拢的双腿送进车内。下车时应面朝车门，双脚先着地，再将头部和上体伸出车外，同时起立出来。

技能训练
JiNengXunLian

七嘴八舌说乘车：

（1）本和露西是男女朋友，有说有笑地相约一起出去郊游。他们叫了一辆出租车，车一停稳，本不由分说拉门就进，坐好后等着露西进车。一路上，露西没说一句话，生气地看着窗外。本看着生气的露西，一脸迷茫……

（2）一位老奶奶上了公共汽车，站在座位旁边。车上的年轻人有的装作瞌睡，有的把目光投向车窗外，还有的……

（3）有一次，在乘坐公交车的时候，一个年轻人给一位头发花白的妇女让了座。这名妇女显得非常不高兴，说她还没有老得到了让别人让座的地步，弄得这

个年轻人十分尴尬。

（4）公交车人多拥挤，如果不小心在车上踩了人，有的人不予理会，有的人马上道歉，还有的人是千方百计想法辩解。

作业

在教室中模拟乘车（以双排或三排座小型轿车为例）的场景，请四位同学分别扮演不同角色，演示坐车的标准礼仪，特别应当牢记座次、上下车顺序、举止等三个方面的礼仪规范。参考步骤为：

1. 自由分组，模拟迎接贵宾、朋友等情境，划分角色，区分尊卑，明确座次。

2. 按尊卑顺序上下车，注意举止高雅，并配合言语礼仪。

3. 其他同学提出改进意见。

掌握乘车、行走的规矩，在日常生活中处处约束自己的行为，养成良好的乘车礼仪习惯。

知识链接

南非人的交通文明

南非的交通设施发达便利，在世界上是有名的。南非公路的硬件设施固然好，但更令人称道的是南非的"软件"，即人的交通文明程度。在南非的任何城市，你看不到警察在指挥交通和维持秩序，但交通却有章有法，井然有序。

记者刚到南非时，跑了八个主要城市也没有看到一个交警的身影，感到纳闷，心想也许是车少人稀的缘故，但后来发现并非如此。因为即使是上下班高峰出现车水马龙时，也同样看不到一个交警。记者问过一个当地人："没有交警，你们靠什么维持交通秩序？"他答道："红绿灯便是我们的交警。""那红绿灯坏了呢？""那我们驾车者个个都是交警。"

一次，记者驾车和一位当地朋友夜间外出，遇到红灯。见四周没人也没车，为节省时间，我便一闯而过。朋友见状急了，嘴里不停地说："你怎么能这样做？你怎么能这样做？"显得心中很有一种负罪感。这里不需要人指挥，全然是一种习惯成自然的文明行为（资料来源：文明风网）

第四章

沟 通 礼 仪

 **知识点**

> 通信礼仪。
> 交谈礼仪。
> 会议礼仪。
> 娱乐礼仪。
> 礼仪文书。

 **能力点**

> 掌握常用沟通形式的礼仪规范和一般技巧。
> 养成礼貌沟通，和谐合作的习惯。

第一节 通信礼仪

一位消费者新买的某品牌计算机出现了故障。她忘了该品牌计算机的维修服务电话，于是通过 114 查号台查询，然后把电话打到计算机售后服务公司。计算机公司的一位小姐接听了电话，犹豫了几秒钟后回答说："我找个人来跟你说，请稍等。"哪知道这一"稍等"就等了好几分钟，没有人再来接听电话。而事先接电话的那位小姐也好像人间蒸发，只能听到办公室里嘈杂的声音。这位消费者只好挂断电话。

假如你是这位消费者，此时有何感想？对这个品牌的计算机又有什么样的印象呢？假如你是这位小姐，你应该怎么做呢？（资料来源：姜晓敏．2006．人际沟通与礼仪．上海：华东师范大学出版社）

礼仪知识

好人缘是成就大事业的必备因素之一。美国通用电气公司 CEO 伊梅尔特说过："我差不多有 30%～40%的时间在跟人打交道，进行交谈沟通，这是 CEO 非常重要的一个工作。"石油大王洛克菲勒也说过："假如人际沟通的能力也是同糖和咖啡一样的商品，我愿意付出比太阳底下任何东西都昂贵的价格购买这种能力。"可见，沟通能力的重要性。我们不否认某些人具有沟通的天分，但沟通能力更多的是后天培养和锻炼出来的。现代成功人士必须懂得沟通礼仪。

随着科技水平和经济社会的发展，人们利用电话、移动电话、短信息、传真、电子邮件、实时通信网络等电信手段进行沟通变得越来越重要。而在各种通信礼仪中，最常用就属电话了。

一、拨打电话

你观察过别人接打电话吗？虽然电话只是闻其声不见其人（可视电话除外）的交流，但为什么人在接打电话时不是面无表情，而是笑容可掬呢？俗话说："言为心声。"通话双方虽然并不相见，但人的声音不仅能表达思想，而且通过语气、语调、语速等因素，还能传递出你的情绪、态度、意图、表情等信息，从而形成一种"电话形象"，使对方如见其人。而且，商务交往大多是从电话交流开始的，因此讲究电话的礼节是十分重要的。

（一）时间适宜

如果半夜被电话铃声吵醒，你会是什么样的心情呢？选择通话时间应考虑受话人的工作时间和生活习惯等。业余时间打电话一般应避开影响别人休息和生活规律的时间段，如早上7时之前，晚上10时之后，午休时间、用餐时间等；工作时间拨打电话，一般应避开刚刚上班或马上要下班的时间段；拨打海外电话还要注意时差。

（二）言行得体

1. 心存尊重，面带微笑

养成左手拿话筒的习惯，嘴和话筒应保持三四厘米的距离。用免提自动拨号功能拨打时，应在电话接通后立即拿起话筒，不要等对方已接听再去拿话筒。终止通话后，要轻轻放下话筒。

2. 自报家门

打电话要坚持用"您好"开头，接着问"您是科美公司营销部吗？"得到确认后再自报单位和姓名，然后报出受话人姓名。如果对方不在，不可"咔嚓"一声挂断电话，而应根据情况说："谢谢，我过一会儿再打。"或"如果方便的话，请您转告某某"等。

3. 内容简练

交谈的语言应简洁、清楚、亲切，最忌吞吞吐吐，含糊不清、拖泥带水、东拉西扯。交谈内容较多时应事先打好腹稿，必要时用备忘纸记下要点，通话时先征询对方"请问现在有时间吗？"然后再条理清楚地沟通。

4. 意外中断

通话时，如电话忽然中断，应由发话人立即再拨，并说明中断原因是线路故障所致，不要不了了之。通话时如果有客人来，则应视情况决定，或者边用手势待客边继续打电话，或者尽快结束电话以接待客人。

5. 拨错电话

若拨错电话号码，应向对方表示歉意，不要一言不发，直接挂断了事。

6. 适时结束通话

通话时间一般不应过长。通话结束前可把通话要点重复一下。礼貌的结束用语必不可少，如"谢谢"、"再见"、"拜托了"、"打搅您了"等。通话结束后一般是发话人一方先放下话筒。但是，如果是和上级、长辈或客户通话，则无论你是发话人还是受话人，都最好让对方先挂断，以示尊重。

二、接听电话

通常情况下，拨打电话的一方处于主动地位，他们可以决定在什么时间、向什么人、提什么问题等。但接听电话的一方则是被动的，此时可能在开会，或正忙于某项工作，或已经接听了八个这样的电话……但无论怎样，接听电话都要有礼貌，讲效率，树形象。

（一）及时接听

电话礼仪中有一条"铃响不过三声"的原则。如因某种原因，铃响四声以后才接听电话，必须首先向对方致歉："对不起，让您久等了！"当然，铃声刚一响就立刻接听也会给人以突兀之感。

（二）开口有礼

接起电话首先要自报家门，或提出问题，如"您好！这里是科美公司。"或"您好！请问您找哪位？"等。不可拿起话筒就生硬地问："喂！找谁？"更不可开口即反问对方："喂！你是谁呀？"

（三）积极反馈

当对方连续讲话时，接听方必须适时反馈，如"嗯"、"对"、"好"、"我明白"、"我理解"等语，让对方知道你在认真接听，但不要打断对方。长时间沉默是失礼的。通话时的音量应当适中。

（四）转接电话

如果来电要找的人不在时，在不了解对方目的动机的情况下，不得未经授权随意透露他人的行踪、电话号码等私密信息。

（五）电话记录

对于重要的事项，或发话人要求转达的内容，要认真做好笔录。笔录完毕，还要向对方重复一遍，以验证记录是否准确无误。

（六）意外情况

当对方拨错号码时，不可责怪对方，或用力挂断，而应礼貌告知对方"我想您拨错号码了"。当因故听不清对方的讲话时，最好不要犹豫，应及时将状况告知对方，请对方给予改善。当电话因故中断时，要等候对方再次拨打进来。当确实不便多谈时，应直陈苦衷，征求理解，并另约时间。

三、移动电话

移动电话（手机）的出现和迅速普及，使人们突破了固定电话的时间和空间的限制，给人们的工作和生活带来了极大的方便，但同时也带来了一些烦扰。使用手机的礼仪急需规范。

（一）注意场合

在某些特定的公共场所，如音乐厅、影剧院、会议室、法庭、阅览室、课堂等处，此起彼伏的手机铃声已经成为一种社会公害，此时应当关闭手机，或设置为静音，至少应设置为振动。乘坐飞机一定要关闭手机电源，因为手机信号能干扰导航系统，威胁飞行安全。另外，在开车时或加油时也不要接打手机。

（二）文明携带

手机是一种通信工具，不是一种装饰品。在正式的社交场合，手机应放在随身携带的包内，一般不要挂在腰带上、放在衣袋内或拿在手中。正式会谈时也不要将手机放在桌子上，以避三心二意之嫌。

四、短信息

伴随着手机的迅速普及，手机短信息以其独特的优势，越来越普遍地被使用。根据原信息产业部发布的统计资料，2006 年，中国内地的手机短信发送量近 4300 亿条，比上年增长 41%；2007 年，全国手机短信发送量达到 5921 亿条，日均发送短信超过 16 亿条；以每条 0.1 元的标准粗略计算，中国移动、中国联通两大移动通信运营商 2007 年平均每天的短信收入超过 1.6 亿元。短信息是现代人重要的沟通方式，还是人们进行节日祝贺以及拜年的一种重要方式。

（1）要在适当的时间发送短信，避开影响别人休息的时间段。

（2）本着零度干扰的原则，不发送毫无意义的垃圾短信和不健康的短信。在短信发出前，先从头到尾检查一遍，看内容有无不妥之处，有无语意不通之处以及错别字等。

（3）发送短信一定要署名，不发无名短信。尤其是写给上司和客户的短信更应如此。

（4）短信拜年最好自己动手编写，使美好的祝愿带有更多的真情实感，而不是转发了事。

（5）接到熟人的短信要及时回复。

（6）警惕短信诈骗，对不良短信尽快删除，不要轻信和回复。

每两个同学一组，就下列情况之一，分角色进行模拟通话练习，并对对方的表现作出评价：

（1）向老师拜年。

（2）向同学询问问题。

（3）以推销员的身份向客户推销某种商品。

（4）其他。

作业

一、品头论足

1. 做事容易相处难。

2. 对短信拜年，尽管有人说越来越方便了、自由了，也有人说人情越来越疏远了，但短信拜年还是不可阻挡地流行起来。

二、实践活动

举办一次主题短信息写作比赛，评选出最佳写手。主题自拟。

知识链接

电子邮件（E-mail）

电子邮件是利用电子计算机互联网络媒介，向交往对象发出的一种电子信件。它将传统的通信方式与计算机的多媒体处理功能和计算机网络的通信功能结合起来，具有信息传递方便快捷、信息量大、费用低廉的巨大优势，深受人们喜爱，成为各个领域普遍使用的重要通信方式之一。

电子邮件是电子形式的信件，其使用礼仪与普通书信基本一致。

（一）主题鲜明，一目了然

电子邮件都有信头和信体两大部分。信头包括发件人地址、收件人地址、主题栏、附件栏等，相当于信封；信体就是信件的正文，相当于信纸。

填写信头要注意填写"主题"。主题必须鲜明直白，使对方一看便知邮件内容，以便和垃圾邮件区分开来。主题要简短，最好不超过十几个字，让对方一目了然（图 4.1）。

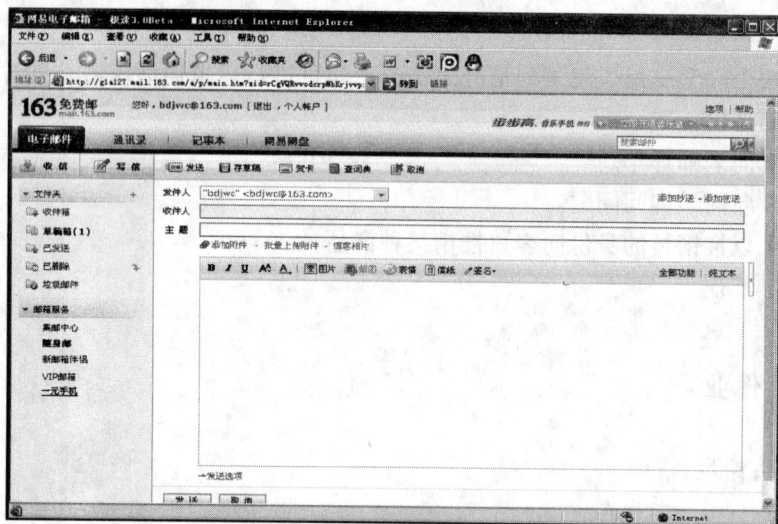

图 4.1　电子邮件写信页面

（二）格式规范，礼节周到

从纯技术角度讲，电子邮件可以只有主题和附件，而没有正文。但从礼仪角度讲，则要重视正文的写法。正文一般比较简略，但格式要同正式书信一样，麻雀虽小，五脏俱全，包括称呼语、问候语、内容、祝颂语和署名，以示对对方的尊重。行文要清楚简洁，措辞造句要有礼貌。

（三）先行杀毒，再行发送

电子邮件是计算机病毒的主要传播途径之一。因此，如果没有开通杀毒软件实时监控功能时，务必先杀毒再发送，以免给对方造成麻烦和损失。

（四）事后确认，办事稳妥

由于大多数普通用户使用的是免费邮箱，其稳定性和安全性都不高，所以，邮件发送完毕后，可通过电话通知对方查收，确认是否收到邮件，以防因网络故障等原因误事。

（五）注意保密，维护安全

电子邮件是网上黑客窃密或攻击的窗口之一，因此，要加强保密意识。重要的机密信息，如技术文件、客户资料、财务文件、个人隐私等，不要通过电子邮件的形式发送。因为你即使选择了"永久删除"，许多黑客仍可以利用软件和网络服务访问备份信息。

（六）收到来信，及时回复

及时回复来信，告诉对方你已收到他的邮件，此举表明了你对邮件的重视，是通信礼仪中的应有之义。

第二节　交　谈　礼　仪

我是一名推销员。一次，我去某服装公司推销计算机，不巧他们总经理非常忙，我只好很耐心地在外面等着。总经理办公室的秘书在办公桌那边不耐烦地望着我，直想赶我走。我看见她穿着灰色的时装典雅大方、舒适得体，于是就说："请问，您这件衣服是您自己设计的吗？"她说："是，怎么了？"我说："您有这么好的设计天赋，完全够专业水平。"她有些高兴了，说："怎么？你觉得这衣服不错？"我说："我觉得您这件衣服设计得非常好。"正在这时，总经理回来了，她主动说："我去给你通报。"于是，我不但看见了服装公司的总经理，并且做成了一笔大生意。这就是对公司秘书赞美的效果。

托尔斯泰说得好："就是在最好的、最友善的、最单纯的人际关系中，称赞和赞许也是必要的，正如润滑油对轮子是必要的，可以使轮子转得快。"要想获得良好的人际关系，就要学会不失时机地赞美别人。当然，赞美必须发自内心。同时应注意赞美的内容要具体，而不要笼统地夸这个人好。

礼仪知识

俗话说："听君一席话，胜读十年书。"托尔斯泰也说过："与人交谈一次，往往比多年闭门劳作更能启发心智。思想必定是在与人交往中产生，而在孤独中进行加工和表达。"语言是人类最重要的交际工具，准确、清楚、简洁、条理是它的基本要求；语言又是一门艺术，高雅、文明、得体、巧妙、充满智慧是它的境界。当你遭遇挫折时，安慰鼓励的话语如冬日的暖阳，融化覆盖在心头的寒霜；当你春风得意时，警醒的话语如炎炎夏日里一杯薄荷冰，让你冷静、清醒；当你左右为难、尴尬难堪时，睿智幽默的话语如久旱的甘霖，让你看到海阔天空、柳暗花明。

一、不谈什么——交谈禁忌

赵前正在对同学明明发牢骚："我爸爸真没用，光会在家里耍威风，可只要是见了领导就像老鼠看见猫似的，真差劲！"明明不假思索地附和说："没错！你爸爸就是这副德性，我最讨厌这种人了。"赵前听了却很不高兴。明明不明白，为什么我顺着他说，他还不高兴呢？

明白不应该谈什么，比明白应该谈些什么更重要。

社交活动中，一忌"闭嘴"，即自始至终，一言不发；二忌"乱嘴"，即胡乱涉及民族、宗教和个人禁忌，或涉及国家、组织机密和有损于国家、政府和本组织利益及形象的内容；三忌"俗嘴"，即谈论庸俗、低级、无聊及道听途说的内容；四忌"损嘴"，即语言尖酸刻薄、锋芒毕露、咄咄逼人、居高临下，随意谈论他人隐私和过失，特别是对方亲友的过失，或谈论令人不愉快的内容，哪壶不开提哪壶；五忌"脏嘴"，即说不文明的粗话脏话等；六忌"荤嘴"，即时时刻刻把丑闻、艳事挂在嘴边；七忌"油嘴"，即胡乱幽默，油腔滑调；八忌"贫嘴"，即不论男女老幼、远近亲疏，废话连篇，乱开玩笑；九忌"强嘴"，即认为自己永远都是正确的，喜欢与人争辩，没理争三分，得理不让人；十忌"喇叭嘴"，即爱在背后传闲话，搬弄是非，因为大家都知道："来说是非者，必是是非人。"

在上述交谈禁忌中，你认为较为常见的有哪几种呢？

二、谈什么——善于选择话题

（一）既定的话题

交谈双方业已约定，或者其中一方先期准备好的话题，如求人帮助、征求意见、传递信息、讨论问题、研究工作等。适用于正式交谈。

（二）对方擅长的话题

成功的交谈往往不在于自己说得好，而在于让对方说得好。给对方发挥长处的机会，调动其交谈的积极性，也可以借机向对方表达自己的谦恭之意，并可取人之长，补己之短。但应当注意的是，不要涉及自己一无所知的内容。

（三）格调高雅的话题

有教养的人应当自觉选择内容文明、格调高雅、趣味脱俗的话题，如文学、艺术、哲学、历史、地理、建筑等。它适用于各类交谈，但忌讳不懂装懂，班门弄斧，也要看是否是面对知音。

（四）轻松愉快的话题

交谈时应有意识地选择那些令人轻松愉快、身心放松、饶有情趣、不觉厌烦的话题，如文艺演出、流行时尚（发型、化妆、时装）、体育比赛、电影电视、休闲娱乐、旅游观光、名胜古迹、风土人情、名人轶事、烹饪小吃、天气状况等。它适用于非正式交谈，即聊天等活动。

三、怎么谈——交谈的一般原则

在遵守尊重、诚信、互动、宽容等一般礼仪原则的基础上，注意交谈礼仪的原则。

（一）目的性原则

普通的人说想说的话，聪明的人说该说的话。交谈总是有一定的目的性的，或交流思想，或沟通感情，或安慰，或鼓励，或说服……即使是看起来无目的的聊天和闲谈，其实也是有目的的，只不过是你没有意识到而已。只有目的明确，才能进行最有效的沟通，才能避免失言。

（二）理智性原则

> 小王是某公司培训部主任，由于工作压力大，最近情绪非常焦躁。而每天打印资料这些小事也要占用他大量的时间，他更是不满。一天，他派一名学员到文印室去打印一份文件，遭到主管文印室的秘书处主任的拒绝，理由是学员不能进文印室。
>
> 小王心中十分不悦，打电话问秘书处主任："如果连打印这些鸡毛蒜皮的小事都要我亲自来做，那我还干别的工作吗？"
>
> 秘书处主任回敬道："那我给你做助手？"
>
> 小王生气地回答："用不起！"说着就把电话挂断了。

人类不是绝对理性的动物，交际难免受到各种不良情绪的影响和干扰。许多夫妻反目、朋友成仇、同事不睦的事实，甚至青年学生之间大打出手等恶性事件，往往不是什么原则性分歧，而是失去理性的结果。因此在使用社交语言时要有很强的理性控制，不在不良的情绪下沟通，更不要借题发挥，肆意发泄。

（三）适应性原则

并非所有的真话都是得体的。适应性原则就是要求适应场合、时机、对象等。

1. 场合

> 在一次联合国会议上，美国前总统里根因要发表讲话，工作人员请他上来试一试麦克风，他拿起话筒，清了清嗓子说："现在我郑重宣布，五分钟之内，我们要对苏联进行轰炸。"当时全场哗然，前苏联代表团全体起立离开会场，以示抗议。里根在这样的场合，开了一个不应该的玩笑，致使自己非常尴尬。

场合可分为内部与外部、公开与非公开、正式与非正式、庄重与随便、喜庆与悲痛、双方与多方等。我们要做到话随境变，"到什么山上唱什么歌。"比如在朋友喜得贵子的生日宴会上，你违心地说几句无关紧要的"假话"，如"这孩子长得真漂亮"、"这孩子将来说不定会升官发财"之类，人们未必就认为你虚伪；但如果你这时说一句大实话，说这孩子早晚要死掉，恐怕没有人会夸你诚实。喜庆场合不谈严肃、悲痛的话题，宜报喜不报忧；悲痛的场合不谈令人兴奋、捧腹大笑、与悲痛气氛格格不入的话题，不开玩笑；庄重的场合，话题要持重雅致，语言要严谨高雅；随便的场合，避免一言不发、拘谨刻板、拿腔捏调、一本正经、故作高深或批评他人。

2. 时机

如果对方身心疲惫、精神倦怠，谈话就不宜长时间进行；如果对方很忙，就不宜提琐碎无聊的事情；如果对方心情较好，喜事临门，则是提出要求、商讨问题的好时机。

3. 对象

人和人之间不仅存在着社会性差异（文化传统、风俗习惯、宗教信仰等），还存在很大的个体性差异（知识教养、年龄结构、身份地位、职业专长、性格爱好、心理状态等）。对不同的语言接受者，不论是上级还是同事，是朋友还是一般熟人，是工作关系还是私人关系等，交谈的内容和形式都应有所不同。如两个老人在大街上见面，其中一个朗声说道："哟，还活着呢？"另一个却不责怪，反而会笑呵呵地反唇相讥："你还没死呢，我怎么会先走一步呢？"他们肯定是老朋友。但如果换一个对象，假如是碰着了领导，你也这么说"还没死呢"，则不可想象了。

对老年人，谈一些忆旧、生活经验、健康长寿一类话题较为适宜，表达应注意多用征询、请教、委婉、含蓄的语言；对中年公众，应着重事理的分析和信息的传递，注意工作、社会新闻、人际关系以及家庭、物价、社会治安等方面的交流；青年人则对事业发展、理想前途、文化艺术、体育旅游等方面有浓厚的兴趣。语言运用应注意新奇变化、形象生动，以风趣幽默的语言表达深刻的哲理，以多变的形式传达丰富的思想，力避抽象的说教和教导者的口吻。

（四）平易性原则

交谈内容通俗易懂、简明扼要、清晰明了。古时有一笑话，说的是有一书生突然被蝎子蜇了，便对其妻子喊道："贤妻，速燃银烛，你夫为虫所袭!"他的妻子没有听明白，书生更着急了："身如琵琶尾似钢锥，叫声贤妻，打个亮来，看看是什么东西!"其妻仍然没有领会他的意思，书生疼痛难熬，不得不大声吼道："快点灯，我被蝎子蜇了!"真乃自作自受。

（五）综合性原则

交谈不是单纯的嘴上功夫，要注意将口语与体态语、表情语综合运用、整体把握，使其成为和谐、有机的一体。

四、谈得好——交谈的艺术

（一）专注倾听

造物主赐予每个人一张嘴，却赐予他两只耳朵，就是让我们少说多听。在交谈的过程中，不仅要善于交谈，还要善于聆听对方的谈话，这不仅体现出你对他人的尊重和你的良好修养，还是营造和谐交谈气氛的要件。心理学研究表明，人们喜欢善听者甚于喜欢善说者。谁愿意面对一个心不在焉的人讲话呢？在直抒胸臆之前，先听听对方的话是很重要的。一个人越是有水平，他在听别人讲话时就越是认真。

（二）真诚赞美

某君是个马屁精，连阎王都知道他的大名。死后阎王见到他，拍案大怒："我最恨你这种马屁精！"马屁精忙叩头道："我只不过是投其所好。不过大王您公正廉明，谁敢拍您的马屁。"阎王一听，顿时怒气全消，连说："对对对，谅你也不敢拍我的马屁。"

"他（她）有什么了不起，还不是会拍领导的马屁！"我们时常会听到这样的牢骚。其实，我们还可以从自身的角度反思一下：我是不是还没有学会赞美？需要赞美是人的本性，发自内心的赞美能有效拉近心灵之间的距离。大凡成功人士都具有赞赏和鼓励别人的美德，千万不要吝惜你的赞美。相反，如果你想招致怨恨，则只需要几句刻薄的话即可。

（三）讲究方式

乔治·强斯顿是一家建筑公司的安全监督员。每当他发现工地上有工人不戴安全帽时，便会严肃地要求工人改正："请把安全帽戴上。"其结果是，受指正的人明显不悦，而且等他一离开，马上又把帽子拿掉。

后来，强斯顿决定改变方式。当他再看见有工人不戴安全帽时，便会问帽子是不是戴起来不舒服，或是尺寸不合适。效果果然比以前好了很多。

心理学家斯金纳的动物实验证明，用奖赏的方式培养动物的正面行为，比用惩罚的方式制止动物的反面行为，效果要好得多。这个结论同样适用于人类。同样一个意思，用不同的表达方式说出来，结果可能会迥然不同。有家咖啡店卖的可可饮料可以加鸡蛋，店员总问顾客："要加鸡蛋吗？"而大多数顾客的回答是"不加。"后来，该店在一位人际关系专家的建议下改问："要加一个鸡蛋还是两个鸡蛋？"结果销量大增。我们称呼"盲人"为"眼神不太好的人"，而不应称其为"瞎子"；称"囚犯"为"触犯法律的朋友"，称"贫穷落后的国家"为"发展中国家"，都是委婉的表达方式。

（四）得体幽默

　　钱钟书先生的名著《围城》出版后，有一位英国女记者想采访钱钟书先生，打电话说非常喜欢钱先生的书，想拜见他。钱钟书为人澹泊，不事张扬，于是拒绝说："假如你吃了一个鸡蛋觉得不错，又何必要认识那只下蛋的母鸡呢？"

幽默是语言的智慧之花。在充满机智、友善和情趣的笑声中，一切误解、矛盾、不快皆可冰释，即使是批评和拒绝造成的不快，也会因此而减少很多。

技能训练
JiNenXunLian

劝 慰 练 习

（一）任务描述

　　四人为一小组，表演在探望下列几种人时，该如何劝慰，并说出怎样体现交谈礼仪原则。

　　（1）身患重病的人。

　　（2）因生理缺陷原因被人歧视的人。

　　（3）在工作或学习中遭受挫折的人。

　　（4）在生活中受到意外损失的人。

　　（5）丧失亲人的人。

（二）任务分析

该忌谈什么？该多谈什么？以什么方式谈？表情怎样互动？

（三）任务方案

　　（1）向父母询问在探望不同处境的人时应该怎样交谈。

　　（2）查阅相关资料，收集古今中外关于运用语言艺术的名人故事，并从中得到启示。

　　（3）小组同学之间展开讨论。

　　（4）心中有数后，进行表演练习，形成劝慰能力。

作业

一、品头论足

1. 赞美是"拍马屁"的另一种说法。

2. "喂，财务室吗，我是总经理办公室的。王总要的财务报表你们做出来了吗？"某公司经理办公室张秘书正在给公司财务室打电话。财务室回答说："统计出来了"。张秘书又说："王总等着要呢，你们快点给送过来。"财务室的人听了，有些不高兴，说："我们也正忙着，你自己来拿吧！"

3. 科美公司企业策划部一行三人到新宇公司商洽投资合作事宜。新宇公司对此非常重视，早早就做好了各项准备工作，并派自己的秘书提前到公司门口等候客人的到来。客人走进公司大门后，迎候在大厅的秘书小张马上上前，主动和客人握手打招呼，并对客人说："我们经理在那边会议室，他叫你们过去。"客人一听，当即非常生气地说："他叫我们过去，我们又不是他的下属，你们难道就这样对待合作者吗？如果贵公司有合作的诚意的话，叫你们经理到我们公司去谈吧！"说完转身离去。

4. 美国一位著名主持人采访一名小朋友："你长大后想要当什么呀？"小朋友天真地回答："嗯……我要当飞机驾驶员！"主持人接着问："如果有一天，你的飞机飞到太平洋上空，所有的发动机都熄火了，你会怎么办？"小朋友想了想："我会先告诉坐在飞机上面的人绑好安全带，然后我背上降落伞跳出去。"在场的观众笑得东倒西歪。而主持人仍继续注视着孩子，想看看他是不是一个自私的家伙。没想到孩子的两行热泪夺眶而出，主持人这才发觉这孩子的悲悯之情远非笔墨所能形容。于是主持人问他："为什么要这么做？"小孩的答案透露出一个孩子真挚的想法："我要去取燃料，我还要回来！我还要回来！"你听别人说话时，要反问自己真的听懂他说的意思了吗？

二、开展"体验赏识"主题班会

请同学们分成小组，每个小组逐次选定一位同学，其他同学一起给被选定的同学找优点，真诚地给予赞美和赏识。

要求：（1）每个小组成员都有被赏识和赏识别人的机会。

（2）赏识他人应该真诚，发自内心。

知识链接

一、传统的礼仪用语

初次见面说[久仰]	分别重逢说[久违]	征求意见说[指教]	求人原谅说[包涵]
求人帮忙说[劳驾]	求人方便说[借光]	麻烦别人说[打扰]	向人祝贺说[恭喜]
求人解答用[请问]	请人指点用[赐教]	托人办事用[拜托]	赞人见解用[高见]
看望别人用[拜访]	宾客来临用[光临]	送客出门说[慢走]	与客道别说[再来]
陪伴朋友说[奉陪]	中途离开说[失陪]	等候客人用[恭候]	请人勿送叫[留步]

二、批评的艺术

一般来说，被批评者的心理常处于紧张、压抑的状态，或表现为焦虑、恐惧，或表现为对立、抗拒，或表现为沮丧、泄气……这些不良的心理状态成为双方交流思想感情的心理障碍，大大降低了批评的实际效果。所以，批评并不是一种好的工作方式，特别不要把批评和责备混为一谈。

在交谈过程中，如果不得不对对方提出批评，一定要委婉地提出来。高明的批评讲究以下几个技巧：①不要当着别人的面批评；②出自公正心，对事不对人；③先倾听事情的原委，再作出批评；④先肯定和赞赏，再引出批评；⑤先自我批评，再委婉批评对方；⑥巧用幽默，以半开玩笑半认真的方式提出，批评者含笑讲道理，被批评者在笑声中受到触动；⑦情绪之中不批评，以免带有冲动和发泄的成分；⑧把批评作为期许和激励的手段，告诉对方错在哪里。

三、学会表达感谢

在人际交往中，免不了互助，我们要不断去发现值得感谢的东西，哪怕是一件微不足道的小事，也不要忘记说声"谢谢"。仅仅在心里感谢是不够的，还需要表达出来，这一点非常重要。感谢时应注意以下几个方面：

（1）真心诚意、充满感情、郑重其事，而不是随随便便地表示感谢。

（2）不笼统地向大家一并表示感谢，而是指名道姓地向每个人表示感谢。

（3）细心地、有意识地寻找值得感激之事，进行感谢。

四、距离会说话

一位心理学家做过这样一个实验。在一个刚刚开门的大阅览室里，当里面只有一位读者时，心理学家就进去坐在他（她）的旁边。试验进行了整整80个人次。结果证明，在一个空旷的阅览室里，没有一个被试者能够忍受一个陌生人紧挨自己坐下。在心理学家坐在他们身边后，被试验者不知道这是在做实验，更多的人很快就默默地离开到别处坐下，有人则干脆质问："你想干什么？"

这个实验说明了人与人之间需要保持一定的空间距离。任何一个人，都需要在自己的周围有一个自己可以把握的自我空间，当这个自我空间被人触犯就会感到不舒服、不安全，甚至恼怒起来。

就一般而言，交往双方的人际关系以及所处情境决定着自我空间范围的大小。美国人类学家爱德华·霍尔博士划分了四种空间或距离，各种距离都与对方的关系相称。人际交往的空间距离，一般可以分为亲密空间、个人空间、社交（礼节）空间和公共空间。

（1）亲密空间交际的特点是身体零距离接触，或距离在0.5米之内。彼此可能肌肤相触，相互感受到对方的气味和体温，仅适用于家人、恋人与至交。心理学实验证明，陌生人之间不能容忍这样的距离。

（2）个人空间交际的距离为0.5～1.2米，正好能亲切握手和交谈，适合非正式社交的日常工作和生活场合，如同事、朋友、熟人等，故也称"常规距离"。

（3）社交空间也称礼节空间，交际距离为1.2米以上，小于3.7米。它适用于一般性社交应酬、仪式以及接见、谈判等，意在向交往对象表示敬意，所以又称"敬人距离"。某些公司的老板们常使用大而宽阔的办公桌，意在保持一定距离，造成一种威严庄重的气氛。

（4）公共空间的交际距离为3.7米以外，多出现在演讲者与听众、表演者与观众等陌生人相处的场合。也被叫作"有距离的距离"。

人际交往的空间距离不是固定不变的，它具有一定的伸缩性，这依赖于具体情境，如交谈双方的关系、社会地位、文化背景、性格特征、心境等。

不同国家、不同民族，文化背景不同，其交往距离也不同。国际交往时，往往出现阿拉伯人步步逼近，总嫌对方过于冷淡；而北美人却连连后退，接受不了对方的过度亲热。同是欧洲人，交往时，法国人喜欢保持近距离，乃至呼吸也能喷到对方脸上，而英国人会感到很不习惯，步步退让，维持适合自己的空间范围。

社会地位不同，交往的自我空间距离也有差异。一般说来，有权力有地位的人对于个人空间的需求相应会大一些。当人们接触到他们时，不敢贸然挨着他坐，而是尽量坐到远一点儿的地方，这都是为了避免因侵犯他的自我空间而惹他不悦。

人们确定相互空间距离的远近还有性格和具体情境等因素影响。例如，性格开朗、喜欢交往的人更乐意接近别人，也较容易容忍别人的靠近，他们的自我空间较小。而性格内向、孤僻自守的人不愿主动接近别人，宁愿把自己孤立地封闭起来，对靠近他的人十分敏感，他们的自我空间受到侵占时，最易产生不舒服感和焦虑感。

五、商务洽谈六方针

商务洽谈是一种特殊的交谈，也要遵循礼仪原则和交谈原则。

（1）要礼敬对手。在洽谈的整个过程中，时时、处处、事事表现出不失真诚的敬意，无疑能给对方留下良好的印象，而且在下一步交往中，还能发挥潜移默化的功效。调查结果表明，能够面带微笑、态度友好、语言文明、举止彬彬有礼，保持"绅士风度"或"淑女风范"，有助于赢得成功。

（2）要依法办事。在商务洽谈中，利益是各方关注的核心，大家讲究的都是"趋利避害"，即所谓"两利相权取其重，两害相权取其轻"。虽然如此，商界人士在洽谈会上，既要为利益而争，更需谨记依法办事。法盲作风、侥幸心理、铤而走险、目无法纪，都只会害人害己，得不偿失。

有一些人喜欢在洽谈中附加人情世故。它如果是指注重沟通感情，则是正确的。但假如指的是搞"人情公关"，即吹吹打打、称兄道弟、小恩小惠，则实在是误入歧途。这是小农意识在作怪，是没有法制观念、不懂得做生意的表现，而且无济于事。因为桥归桥，路归路，人情归人情，生意归生意。任何有经验的商界人士，都是不会在洽谈会上让情感战胜理智的。

（3）要平等协商。洽谈是什么？洽谈就是观点各异的有关各方在合理、合法的情况下，为了各自的利益讨价还价，从而达成某种程度上的共识或一致的过程。洽谈各方在人格和地位上要相互平等、相互尊重。离开了平等协商的仗势压人、以大欺小等，就已经失去了洽谈的本义。

（4）要求同存异。有一位驰名世界的谈判大师说过："所谓洽谈，就是一连串的不断的要求，和一个又一个不断的妥协。"妥协的本质就是让步。让步从来就不是单方面的。当然，这并不等于说都要对等让步，只要对当事各方公平、合理、自愿、维护或争取了各自的利益，就是可以接受的。

（5）要互利互惠。在任何一次正常的洽谈中，都没有单方的胜利者和失败者。只有大家促成了洽谈成功，双方多多少少都会获得或维护自身的利益，彼此双赢。如果把商务洽谈视为"一次性买卖"，主张赢得越多越好，甚至要与对手拼个"你死我活"，争取以自己的大获全胜和对手的彻底失败而告终，这必将导致谈判破裂，而所有的破裂都是两败俱伤。

因此，商务人员在参加洽谈会时，必须争取的结局应当是既利己，又利人的。现代的商界社会，最讲究的是同舟共济，既要讲竞争，又要讲合作。

（6）要人事分开。切记朋友归朋友、洽谈归洽谈，对于二者之间的界限不能混淆。对"事"要严肃，对"人"要友好。因此，商界人士应当理解洽谈对手的处境，不要提出不切实际的要求。既不能一厢情愿地指望对手之中的老朋友能够"不忘旧情"，良心发现，对自己"手下留情"，或是"吃里爬外"，也不要责怪对方"见利忘义"，"不够朋友"、对自己"太黑"。

商界流行着一句名言，叫做"君子爱财，取之有道"。维护己方的商务利益，应当在洽谈的方针、策略、技巧上下工夫，正大光明地获得成功。要是心思用到了其他地方，甚至指望以见不得阳光的邪门歪道出奇制胜，不是痴心妄想，便是自欺欺人。

第三节 会议礼仪

小刘所在的公司应邀参加一个研讨会，该研讨会由市商业局组织，邀请了很多商界知名人士以及新闻界人士参加。老总特别安排小刘和他一道去参加，同时也让小刘见识见识大场面。

小刘早上不小心睡过了头。等他赶到时，会议已经进行了20多分钟。他急急忙忙推开了会议室的门，伴随着"吱"的一声响，他一下子成了会场注目的焦点。刚坐下不到5分钟，肃静的会场上又响起了摇篮曲，是谁在播放音乐？原来是小刘的手机响了！这样一来，小刘可成了全会场的"名星"。小刘也意识到自己的失礼，于是连忙悄声向老总道歉，可越是道歉，老总的脸色就变得越难看。

没过多久，听说小刘已经另谋高就了。

开会也是有很多规矩的。不管参加会议还是组织会议，都必须遵守会议礼仪。而且因为这是高度聚焦的场合，稍有不慎，便会严重损害自己和单位的形象。（资料来源：潘彦维. 2007. 公关礼仪. 北京：北京师范大学出版社）

礼仪知识

会议是一种有主题、有组织、有程序的沟通活动形式。从国际到国内，从政界到商界，无论各行各业，无论单位内外，会议已经成为现代社会最重要的工作方式和沟通方式之一。这里主要从参加会议、组织会议、主持会议三个角度，学习会议的基本礼仪。

一、与会的礼仪

（一）与会人员礼仪

1. 入场的礼节

与会人员首先应衣着整洁，仪表大方，准时入场，一般以提前 10 分钟左右到场为宜。另外，还要进出有序，依会议安排落座。

2. 会场的礼节

开会时应尊重会议主持人和发言人，遵守会议纪律。当别人讲话时，专注倾听是最基本的礼貌。最好要做记录。不要在别人发言时私下交头接耳、随意走动、接打手机、打哈欠，甚至睡觉等，这些都是很失礼的行为。会中尽量不离开会场，如果必须离开，要轻手轻脚，尽量不影响别人。如果长时间离开或提前退场，应与会议组织者打招呼，说明理由，征得同意后再离开。发言人发言结束时，应鼓掌致意。

3. 鼓掌的礼节

鼓掌意在欢迎、欢送、感谢、祝贺、鼓励他人。在鼓掌时，应面带微笑，抬起两臂，左手手掌至胸前方，掌心向上，以右手除拇指外的其他四指轻拍左手中部。作为一种礼节，鼓掌的时机和持续时间都应当做得恰到好处。首先勿使掌声打扰活动的正常进行。至于掌声的力度与持续时间，则应与气氛相协调为好。例

如，表示喜悦的心情时，可使掌声热烈些；表达祝贺时，可使掌声时间持续。不要对他人"鼓倒掌"，即不要以掌声讽刺、嘲弄别人的失误，这种做法有悖于鼓掌的本义。除某些对抗性较强的体育赛场之外，一般也不要在鼓掌时伴以吼叫、吹口哨、跺脚等行为。

（二）发言人礼仪

会议发言有正式发言和自由发言两种。前者一般是程序发言；后者一般是讨论发言。

（1）发言要使用普通话，音量适宜，语速适中，讲究逻辑，简明扼要，不可长篇大论，滔滔不绝，或埋头读稿，旁若无人。

（2）讨论时不可从头到尾一言不发，沉默到底。这会让人感到你对工作、对单位漠不关心，或认为你过于拘谨。

（3）对事不对人，不做人身攻击。

（4）不可打断他人的发言。

（5）不可取用不实的资料，以讹传讹。

（6）与他人观点有分歧是正常现象，应态度平和，在尊重的基础上进行坦诚交流；反驳别人应注意不要打断对方，并委婉表达自己的见解，如："您的见解很有道理，我的看法是……"等；别人反驳自己时要虚心听取，不要急于争辩，更不要强词夺理，即使对方的批评是错误的，也不应失态。

（7）知之为知之，不知为不知。不知之处就坦率承认，不可不懂装懂，胡言乱语。

（8）发言完毕，应对听众的倾听表示谢意。

二、会务的礼仪

（一）会前准备阶段

1. 拟定会议方案

根据有关领导会前决定的会议主题，草拟会议方案，确定会议的会期、地点、形式、议题、日程、组织机构、主持人、出席人员、会务人员、文件资料、经费预算等。方案的核心是安排会议日程。日程除了要重点考虑议题、议程外，还要精心考虑与会者的接待工作，对于与会者的性别、接站、签到、交通、食宿、医疗、安全等方面的具体工作，要做妥当而周密的准备。会议方案是一个总计划，全面考虑、周密安排、精心准备是会议圆满成功的基础，最为关键。通常要组成专门班子，明确分工，责任到人。正式会议的一般议程为：

（1）主持人宣布正式开会，说明会议的性质、背景与宗旨等，介绍与会的领导与来宾。

（2）领导人致开幕词。

（3）贵宾致辞。

（4）专人作主题报告。

（5）集体或分组讨论。

（6）总结会议，形成结论。

（7）宣布散会。

2. 拟发会议通知

根据会议方案规定的人员范围，按程序发放会议通知。

3. 起草文件资料

会议所用的各项文件材料，均应于会前准备完成。其中的主要材料，如会议日程表、开幕词、闭幕词、主题报告、典型材料、背景介绍等，还应做到与会者人手一份，在与会者报到时发放。

4. 印制证件

会议证件是表明有关人员身份、权利和义务的证据，大型会议或正式会议更应做好此项工作。会议证件主要包括代表证或出席证、列席证、请柬等。重要会议证件还要贴有一寸正面免冠照片，并加盖钢印，以防伪造。

5. 布置好会场

（1）会场选择。选定会址会场，要结合会议性质、开会时节、开会人数等因素综合考虑，一般应位于交通便利、环境优美、附属设备设施齐全之处。会场大小要适中，一般以人均 2～3 平方米为宜。

（2）物质准备。不同的会议，对布置形式有不同的要求。大型会议的会场要求隆重典雅，座谈会的会场要求和谐融洽，纪念性会议的会场要求庄严肃穆，日常工作会议的会场要求简单实用……会场环境的物料一般有会场主背景板或背景墙、会议名称主横幅、宣传标语幅、主席台、发言席、签到处、指示牌、桌牌等。对必用的照明、空调、音响、投影、摄像设备，事先必须要认真调试。需用的文具、饮料，也应预备齐全。

6. 座次安排

举行正式会议时，通常应事先排定与会者，尤其是其中重要身份者的具体座次。越是重要的会议，其座次排定往往就越受关注。

小型会议一般不设立专用的主席台。排座主要有以下三种具体形式：其一是自由择座，适用于非正式会议；其二是面门设座，一般以面对会议室正门之位为会议主席之座，其他的与会者可在其两侧依次就座，适用于各种会议；其三是依景设座，是指会议主席的位置背依会议室之内的主要景致，如大幅字画、讲台等，其他与会者的排座，则略同于前者。

大型会议的最大特点是会场上分设主席台与群众席。主席台一般讲究座次。

（1）大型会场的主席台，一般应面对会场主入口，与群众席呈面对面之势。国内目前排定主席团位次的基本规则是前排高于后排，中央高于两侧，左侧高于右侧（以主席台的朝向为准）。在其每一名成员面前的桌上，均应放置写有其本人姓名的双面桌牌。主持人座席安排有三种方式：一是居于前排正中央；二是居于前排的两侧；三是按其具体身份排座，但不宜令其就座于后排。发言席的常规位置有二：一是主席团的正前方；二是主席台的右前方。

（2）群众席排座。可自由就座，也可以按归属就座。排序的具体依据，既可以是与会单位、部门的汉字笔画的多少、汉语拼音首位字母的前后，也可以是其平时约定俗成的序列。若分为前排后排，一般以前排为高，以后排为低；若分为不同楼层，则楼层越高，排序便越低。

7. 要安排好与会者的接待工作

对于交通、签到、食宿、医疗、保卫等方面的具体工作，应精心、妥当地做好准备，并指派专人各司其职。

（二）会议进行阶段

1. 做好例行服务工作

在会场之外，应安排专人迎送、引导、陪同与会人员。对与会的贵宾，以及老、弱、病、残、孕者，少数民族人士、宗教界人士、港澳台同胞、海外华人和外宾，往往还要进行重点照顾。在会场之内，则应当安排专人分别负责饮水服务和音像设备故障等突发事件应急处理。对与会者的正当要求要有求必应，闻过即改，尽可能地满足其一切合理需求。

2. 认真做好会议记录

凡重要会议，不论是全体大会，还是分组讨论，都要进行必要的会议记录。会议记录，是由专人负责记录会议内容的一种原始书面材料，主要包括会议名称、时间、地点、人员（人数）、主持人、记录人、会议内容、结论或决议等基本内容，要力求做到完整、准确、清晰。记录的具体方式有笔录、打字录入、录音、录像等，可单用某一种，也可交叉使用，最后由主持人和记录人签名。

（三）会议结束阶段

1. 依据会议记录，形成会议文件

重要的会议结束后，依例应下发"会议纪要"或"会议简报"。编写会议纪要或会议简报的基本要求是快、准、简。快，就是要求讲究时效；准，就是要求准

礼
仪

确无误；简，则是要求文字精练。一般要求按规定的程序上报、抄送、下发。

2. 处理会议材料

根据工作需要与有关保密制度的规定，在会议结束后应对与其有关的一切图文、声像材料进行细致的收集、整理工作，或汇总，或归档，或收回，或销毁。

3. 安排休闲活动

必要时，应为与会者安排一定的文体娱乐活动，如参观游览、舞会、保龄球等活动。

4. 安排返程事宜

会议承办方应为与会者的返程提供一切便利，包括替对方订购、确认返程的机票、车票、船票，主动提供或联络交通工具等。当与会的团队或特殊人士离开时，还应安排专人为其送行，并帮助其托运行李。

三、主持人的礼仪

各种会议的主持人，一般由具有一定职位的人来担任，其礼仪表现对会议能否圆满成功有着重要的影响。主持人的行为规范主要有：

（一）落实议程

作为会议的现场指挥者和掌控者，主持人应首先熟悉会议议程，并逐项按时落实。

（二）掌控会场

1. 掌控时间

主持人不宜随意拖延会议的起止时间，或缩短会期。议程和会期确有必要调整时，一定要征得主席团或主要负责人的同意。讨论时要大体控制发言人的发言时间，防止话语霸权，避免跑题或议而不决。

2. 掌控气氛

主持人应正确定位自己的身份和角色，发挥"导演"而非"主演"的作用，言谈应简明扼要，多看多听，不抢风头。注意激励与会者充分表达意见，适时带头鼓掌。根据会议性质营造会议气氛，或庄重，或幽默，或沉稳，或活泼。时时注意观察，采取有效手段，预防和控制意外事件的发生或发展。

（三）注意形象

主持人应衣着整洁、大方庄重、精神饱满，切忌不修边幅、邋里邋遢。上下发言席时应步伐稳健、自然，不可跑步上下。无论是站立主持，还是坐姿主持，均应端庄大方，切忌出现搔头、揉眼、伏案、支颐等不雅动作。

技能训练 JiNengXunLian

"优秀毕业生经验报告会"策划方案

（一）任务描述

河北省保定市科华职业学校在今年新生入学之际，准备聘请学校优秀毕业生代表3人，来母校作关于学习、就业、创业的经验报告。会议由教务处、学生处共同主办，校学生会协办。假如你是学生会主席，请为此项活动起草一份会议方案。

（二）任务分析

（1）学习制定会议方案，培养基本的会议策划和筹备能力。

（2）根据会议方案，培养初步的会议组织服务能力。

（3）在讨论会议方案的过程中，亲身践行会议礼仪礼节的规范。

（三）任务方案

（1）将全班同学每5～7人为一组分为若干小组，每组在组长的组织下，分别对会议筹备中的各个工作项目及应注意的问题进行讨论。讨论时要注意遵守会议礼仪规范。讨论时间为30分钟。

（2）每名同学根据讨论情况，编写会议策划方案。教师巡回指导。

（3）同学们根据教师对会议策划方案的点评进行修改。

（4）教师指导优秀方案制定者形成范文，张贴上墙，供同学们观摩。

（5）根据会议方案，任选一个会议角色，如主持人、接待员、引导员、服务员等，进一步学习其礼仪规范。

作业

校教务处、学生处准备召开一次优秀毕业生就业创业事迹报告会，请作为会务人员，为本次大会拟定"会议通知"。

一、通知的内容与格式

（1）标题。格式为：机构名称+会议名称+文种名称，如"河北省教育厅关于举办数控技能大赛的通知"。

（2）通知对象（称呼）。与会单位或与会个人。

（3）前言。说明会议的依据、目的、宗旨、主办机关等内容。

（4）通知事项。会议主题与内容，这是对会议的介绍；会议的出席范围，以及选派人员的具体条件；会期，明确会议的起止时间；报到的时间与地点，特别要对交通路线交待清楚；会议要求，指的是与会者证件、材料的准备与生活用品的准备，以及会务费、差旅费和其他费用问题；会议的联系办法，包括会议的联系人及联系方式等。

（5）附件。随通知下发的各项附属文件资料。

（6）落款。会议的主办单位全称和成文时间。加盖公章有效，公章应与主办单位名称完全一致。

下发会议通知，应设法保证其及时送达。重要会议或大型会议，还要与外界搞好沟通，比如向有关新闻部门、公安部门进行通报。

二、会议记录

会议记录是记载会议基本情况的文字材料，是可供查考的原始凭证。它可以为检查会议决议的贯彻执行情况、整理会议纪要、下达与上报会议精神、分析研究与总结工作提供依据。会议记录的主要质量问题有：

（1）会议记录条理不清。要按照会议议程顺序记录，层次分明。序号层级依次为汉字数字、加括号的汉字数字、阿拉伯数字、加括号的阿拉伯数字、加圆圈的阿拉伯数字。层级一般不要过繁。另外，要注意在会议记录本扉页书写目录。

（2）记录不完整。有些会议记录未记载会议日期、地点、主持人、记录人；有些会议记录只记了参加人、发言人的姓氏，而没有记全名；有些会议记录对会议内容的记录不完整；有些会议记录虽有会议内容却没有会议的议题等，这些都使人很难了解会议的全貌。

（3）会议记录本不分类。记录人应按会议性质分别选用记录本。有的单位党、政共用一个会议记录本（联席会议例外），有些单位两三个记录本交叉使用。更有甚者，有些单位每次开会时临时找几张稿纸记录，过后就不知去向了。这些做法都是很不严肃的。

（4）字迹潦草、用材不符合归档要求。记录人员应选用纸质较好的会议记录本，使用黑色或蓝黑色耐久字迹材料，规范书写。

三、不良会风举隅

（1）会山会海、形式主义。有的官员将会议的大小、次数的多少等同于自己的政绩，加上对于会议的规模、经费、时间、地点，都没有明确的规定和严格的限制，致使可有可无的会议泛滥。

（2）空话套话、效率低下。只要一开会，各级领导、各界名人，能请到的都要请到，你长篇大论，我也不甘示弱，他再"补充两句"，却解决不了实际问题。

（3）开会讲排场、铺张浪费、假公济私，借开会之机大吃大喝、滥发礼品、公费旅游。

（4）不遵守时间和会场礼仪。无故迟到、缺席，或请人代替者有之；心不在焉、昏昏欲睡，或中途退场者有之；在会场吸烟、聊天、打手机、发短信者有之；离座时桌椅乱响者有之……

第四节 娱乐礼仪

人们往往认为，重大的事项都是在谈判桌上正襟危坐地谈成的，其实也不尽然。有些重要的大事是在各种文体活动中酝酿、搞定的。1971年，敌对多年的中美关系，就是通过两国乒乓球队互访而破冰的，从此，"乒乓外交"饮誉全球。在现代商务活动中，茶道、打球、下棋、打桥牌、参观游览、观看演出等都是商务往来的重要组成部分，会"玩"也是成功人士的重要素质之一。

礼仪知识

孔子说过一句很深刻的话，叫做"君子不器"（《论语·为政》）。这句话的意思是说，君子不是器具，也就是说，人应该是个性丰富、全面发展的生命体，而不应该是会干活的机器或工具。在公务活动中，人们在紧张的工作之余，适当地开展一些健康、高雅的娱乐活动，不仅可以放松身心，提高工作效率，而且还可以沟通感情，深化友谊。参观游览、观看表演或比赛、举办聚会或舞会、参加保龄球、高尔夫球之类的体育活动等，都是常选的娱乐形式。这里主要学习参观游览、观看演出、举办舞会三种娱乐活动的礼仪规范。

一、参观游览

（一）内部参观访问

安排客人到本单位进行参观，可以收到一定的广告效应，成为一种比较流行的公关活动。接待参观，首先，要根据来客的情况安排参观项目和行动路线，包括单位的自然景观、建筑景观、生产景观等；其次，要安排专人陪同。

陪同人员要有丰富的知识和较高的礼仪修养，懂得参观活动的一般流程如下所述。

1. 发放宣传品，介绍参观项目

宣传品是本单位基本情况、突出成就及特色的精华展示，要精心设计。将要参观的项目列入其中，可激起客人的好奇心，也可以边参观实物，边与宣传品对照。宣传品通常是印制精美的小册子。运用沙盘模型效果更好一些。现代逐渐流行使用多媒体视听材料。音像资料务求精简，一般不超过 30 分钟。

2. 引导参观现场

由专人全程陪同，引导客人沿着一定的路线参观。对重要的景观，引导者要做讲解，或配备专门的讲解员讲解。讲解要抓住来访者最关心的焦点，不可长篇大论，滔滔不绝，更不要自我吹嘘，夸大其词。参观活动主要以"实物"来传递信息，让来访者眼见为实，讲解只起一个辅助的作用，不可本末倒置。参观时间不宜太长。较长时间的参观，最好在中途设休息室，备好茶水，供来访者小憩。

3. 强化参观效果

参观过程中或结束时，可向来宾分发一些小型纪念品，最好是本组织制造，或刻有本组织名称的、带有一定实用性的纪念物，以加深他的参观印象。参观结束，还可设留言簿，必要时最好请参观者座谈观感，提出意见和建议，以便改进工作。

（二）外出游览观光

俗话说："读万卷书，行万里路。"旅游观光是永不过时的时尚，请客人到本地的名胜古迹游览，是公务休闲的首选娱乐方式。游览观光是形式、是手段，而加强了解、深化友谊才是目的。作为东道主，组织游览观光活动的礼仪主要包括：

1. 合理安排行程

游览观光活动一般安排在公务活动结束之后。安排具体的行程要充分考虑旅游的休闲性，时间安排不宜太紧张。有的承办者安排 2 小时登泰山，20 分钟游西湖，使本应轻松愉快的游玩变成了分秒必争的急行军，了无情趣，这种不替客人着想的做法很难收到良好的公关效应。

2. 履行告知责任

承办方在选择游览项目时，应考虑主宾或大部分客人的年龄、教育层次、身份地位等特点。在条件允许的情况下，最好征求客人的意见，即所谓主随客便。游览项目确定后，应将其列入整个公务活动的总日程表中，说清楚各参观项目及景点情况，各用多少时间等，使每一个客人知晓活动安排，以便合理准备。

3. 做好服务工作

一般应安排全程陪同，也可以聘请专职导游员陪同、解说。如果派员陪同客人游览观光，首先要安排好往返交通、餐饮等事宜，特别是要对客人强调清楚集合的时间、地点和路线，避免客人走散，造成大家等一个人或几个人的现象。其次，陪同人员要积极、热情、周到、细致地为客人服务，如购买门票、解说、聊天、帮助客人拍照等。不要因为自己对景点已无新鲜感，而显得无精打采或不屑一顾；也不要催促客人，显出不耐烦的样子，或置客人于不顾，只与其他熟人聊天。

二、观看演出

安排客人去影剧院观看电影、戏剧，去音乐厅欣赏演出，都是高雅的娱乐活动。这些场所更应讲究文明礼貌。

（一）入场礼仪

观看各种演出，均应提前到场，对号入座，衣着整洁。如果自己的座位在里侧，应当有礼貌地向外侧观众示意后再通过，并表示感谢。

（二）现场礼仪

1. 关闭手机

手机的铃声无论如何悦耳，也是高雅场所不和谐的音符，所以在此场所最好把手机关掉。

2. 保持安静

安静是教养的体现。越是文明程度高的国家，其公共场所就越安静。不要呼朋唤友，大声谈笑，不要随意议论或跟唱，惹人侧目。

3. 举止文明

吸烟直接损害自己和周围人的健康，是一种不卫生、不文明的陋习，在高雅的场合应严格禁烟；注意衣着整洁，不可穿短裤、拖鞋入场，即使天气炎热，也不可袒胸露腹，更不可赤膊上阵；坐姿端庄自然，不可随意走动或半躺半卧，东倒西歪；不吃零食，保持场内卫生；每个节目演完，应鼓掌致谢，但切不可在演出之间鼓掌；遇到演员失误等意外情况，不可喝倒彩、鼓倒掌等，喧哗起哄。

（三）退场礼仪

（1）无特殊情况，一般不应中途退场。

（2）节目结束后，演员集体谢幕时，观众应起立鼓掌致谢。如果观众在演员刚开始谢幕时，就纷纷离席而去，这是一种很不礼貌的行为。

（3）演员集体谢幕完毕，宣布再见，演出才正式结束。观众退场时应顺序而行，不得抢行、不得拥挤。

三、舞会礼仪

舞会，又叫交际舞会或交谊舞会，是以人们自愿参加、男女相邀共舞为主要内容的一种文娱性社交聚会。在优美的乐曲中、柔美的灯光下、和美的氛围里，人们迈着高雅的舞步，不仅可以获得心旷神怡和高雅美妙的艺术享受，而且还可以联络老朋友，结识新朋友，进一步扩大自己的社交圈。舞会已经成为一种世界公认的既文雅、优美，又有益于身心健康的社交活动形式。

舞会的气氛固然要营造得轻松惬意，但作为一种高雅的社交形式，其礼仪礼节却非常讲究。这里主要从两个方面学习：一是作为舞会的策划者和主办者应注意的礼仪问题，涉及举办舞会的目的、规模、时间、场地、音乐等；二是作为舞会的参加者应当注意遵守的礼仪规范问题。

（一）组织舞会的礼仪

舞会的主要目的在于"以舞会友"。要使舞会举办得成功，取得好的效果，就要精心地策划，并做好各项组织准备工作。

1. 确定适当的时间

舞会一般在周末、节假日，或庆典仪式、公务活动的晚上举行。这些时间自由闲暇，便于活跃气氛、尽情娱乐，而不至于影响第二天的工作。持续时间不宜过长，一般以 2～3 小时为宜，通常安排在晚上 8～11 时。

2. 安排好场地和曲目

选择舞会的场地要考虑人数的多少，大小适中。过小会拥挤不堪，空气不好，难以使人尽兴；过大则显得空空荡荡，气氛不够热烈，影响情绪。舞会环境要优雅舒适，地面要清洁平整。灯光要稍暗，光线要柔和，最好有彩灯、彩纸条加以装饰。舞池边要准备休息座位，并准备饮料、水果、茶点等。播放舞曲伴舞的，应指定专人负责。

安排舞曲要快慢交替，时间长度大体相当，节奏要适应主宾的年龄。曲目的选择也有讲究。国内曾有一家公司在接待英国客商时，出于对外宾的尊重，特意安排了一首英国舞曲《过去的好时光》(《友谊地久开长》)作为迎宾曲目，没想到惹得外宾十分不悦。原来，这首乐曲是西方惯用的舞会尾曲。人家刚来就与人家道别，岂不是拿人取笑吗？

3. 发出请柬或海报

较为正式的舞会，应发出请柬。请柬要写明开始时间及地点。邀请的男女宾客比例应大体相当，避免同性共舞。家庭舞会开始时，女主人还要在客厅迎接每一位到会的宾客，并将新来的客人向就近来宾作介绍。除较大型的正式舞会或专题舞会外，一般可不设主持人，但必须要有服务人员，做好迎送、引导、协调等工作。

（二）参加舞会的礼仪

一般而言，参加舞会主要应注意仪表、邀舞、拒绝、举止、交际等五个方面的基本问题。

1. 讲究仪表

参加舞会必须事先进行必要的、合乎惯例的个人形象修饰。服装要整洁、大方、文雅。男子一般穿礼服或西服，通常不可戴帽子、墨镜，不可穿短裤、拖鞋、凉鞋、旅游鞋之类，也不可穿外套、军装、警服、工作服、休闲装等，这些与舞会气氛格格不入。卫生十分重要，特别是口腔卫生、身体卫生以及头发卫生等，必要时用些香水是相宜的。女士应着礼服或漂亮些的时装，最好化妆。

外伤患者、感冒患者以及其他传染病患者，均应自觉地谢绝舞会邀请。

2. 邀舞

进入舞场，要先坐下来，观察一下全场情况，适应一下气氛。邀舞一般都是男子邀请女子。邀人跳舞时应彬彬有礼，姿态端庄。走至女方面前，先向被邀请者的同伴含笑致意，然后再彬彬有礼地邀请女士，以右手掌心向上往舞池示意，并说："可以和你跳个舞吗？"或"可以吗？"对方同意后即可共同步入舞池。女士有权拒绝男士，而女士如果邀请男士，男士却不能拒绝。如果女士婉言谢绝也不必介意，更不应勉强。"对不起，这支曲子我不太熟"、"对不起，已经有人邀请过我了"、"对不起，我想休息一下"、"对不起，我有些不舒服"等语是女士拒绝邀请时常用的礼貌性托词。此时，男士最得体的回答是"噢，对不起，打扰了。"

根据惯例，一对舞伴不宜连续共舞几支曲子，而需要通过交换舞伴来扩大交际面。在较为正式的舞会上，根据舞会礼仪，人们除了酌情自择舞伴之外，还必须按照某些既定的顺序，去"毫无选择"地邀请其他一些舞伴。如就来宾方面而言，要与自己一起来的同伴共舞开始曲、结束曲，并依次邀请舞会的女主人、被介绍相识的女士、自己旧交的女伴，以及坐在自己身旁的女士；就主人一方而言，自第二支舞曲开始，男主人应当前去邀请男主宾的女伴跳舞，而男主宾则应回请女主人共舞。

在较为正式的舞会上，不宜一个人单独跳舞，更不宜同性共舞，尤其是在涉外舞会上。两位男士一同跳舞，等于宣告他们不愿意邀请在场的任何一位女性，因而也会使人误解有同性恋嫌疑；而两位女士一起跳舞，则等于是在宣称"没有男士相邀"，此举乃迫不得已吁请男士们"英雄救美"，也是没有面子的事情。

3. 举止

出席舞会，一般应准时到达，但不像出席会议那样有十分严格的要求，相对较为自由灵活。允许晚去一会儿，也可以中途退场等，这些都算不上失礼。离开舞厅不一定惊动主人，可以不辞而行。但如果适值主人在附近，就应向她表示感谢，然后告别。

男宾带女宾同进舞厅时，应女子在前，男子在后，不要双双挽臂而行。跳舞时姿态要端正，身体要正直、平稳，切勿轻浮，但也不要过分严肃。双方眼睛自然平视，目光从对方右上方穿过。不可面面相向，不要摇摆身体，不要搂得过紧。不小心踩住对方的脚要道歉，或微微点头致歉。一曲终了，男子要对女舞伴赞美，并把女舞伴送回原来的位置。

休息时，不要抽烟，乱扔果皮，不要大声喧哗，不要在场内来回走动，不要拉住朋友长谈不止。

参加舞会后的一周之内，应给主人打电话表示谢意。

4. 舞会禁忌

舞会禁忌除了服饰不整、卫生不佳、谈吐不雅、举止不庄以外，还应特别注意避免：

（1）当个不合群的冷面人。在舞会之中，人人笑逐颜开，你却是一副讨债似的冷面孔，谁也不搭理，只是自顾自地吃吃喝喝；或是因为不擅交际，便自始至终当观众，这都不合舞会礼仪。参加舞会就是要多认识新朋友，拓展社交圈。而一个尽责的舞会主人也应该带新朋友绕场一周，看看能介绍什么人让他认识；如果想不到有什么话题，不妨就从自己开始聊起。

（2）只与少数人喋喋不休。舞会主人要兼顾到所有的宾客，不使一位客人受冷落。某位客人到达之后，主人与他寒暄几句，就该适时地把他介绍给其他人，以免冷落了其余的客人。

技能训练
JoNenXunLian

谈谈自己的看法：
（1）邀请女士跳舞被拒绝，是一件很丢面子的事情。

（2）生意已经清淡多日的大正贸易公司，一日忽然有几位西北地区的客户主动找上门来。高兴之余，总经理厉先生亲自为他们安排了一个娱乐项目：谈完生意之后，亲自陪他们去本地名声最响的"天上人间歌舞厅"跳舞。可是，到了那里之后，厉总经理才发现，自己的这番安排未必会受对方欢迎。原来，那几位客户个个都是"舞盲"，于是跳舞变成了"观舞"，他们自然难以尽兴。

作业

1. 请几个有舞蹈才能的同学或老师，作交谊舞示范，同学们自愿学习。

2. 在新的一年到来之际，策划一次迎新舞会，为同学们创造更多交流的机会，在活动中培养学生高雅的气质，也锻炼策划、组织、服务等方面的能力。参考方案为：

（1）将班级同学分为若干个5～7人小组，分别讨论舞会的组织，制定出具体的组织方案。方案主要内容包括时间、场地、曲目、来宾、接待、流程以及费用预算等。

（2）将各小组的活动方案汇总，整理成一个优化的舞会方案。

（3）根据活动方案，由同学们自己组织一次舞会。

知识链接

舞会邀请技巧

在舞会自行选择舞伴时，也有规律可循。一般说来，以下八类对象是自选舞伴时最理智的选择。

第一类，年龄相仿之人。同龄人一般是容易合作的。

第二类，身高相当之人。如果双方身高悬殊过大，未免会令人感到尴尬难堪。

第三类，气质相同之人。"物以类聚，人以群分。"邀气质、秉性相近的人，双方往往容易合得来。

第四类，舞技相近之人。在舞场，"舞艺"相近者"棋逢对手"，相得益彰，有助于更好地发挥技艺，产生快感和满足。

第五类，无人邀请之人。这既是表示一种重视，也可以满足对方的自尊心，不易遭到回绝。

第六类，未带舞伴之人。邀请未带舞伴的人共舞，成功的机会往往是较大的。

第七类，希望结识之人。想结识某人的话，不妨找机会邀对方或其同伴共舞一曲，以舞为"桥"，接近对方。

第八类，打算联络之人。在舞会上碰上久未谋面的旧交，最好请其或其同伴跳一支曲子，以便有所联络。

第五节 礼仪文书

在龙发贸易公司成立 5 周年庆典仪式上，各界贵宾纷纷应邀而至，庆典举办得隆重而热烈，龙发公司的王总非常高兴。但某公司的胡总却始终未露面，王总对此十分不满，并把原打算与胡总合作的订单交给了别的公司。

你认为胡总有哪些失礼之处？如果胡总那天确有急事，不能应邀赴会，但假如他事先给王总打一个电话致歉，并派人送达一封祝词，结果可能是另一番样子。

礼仪知识与技能训练

礼仪文书是指国家、组织或个人在某些社交场合使用的，用以表示礼节的，具有固定体式的文书。

礼仪文书在社会交往中使用十分广泛，种类也很多，如请柬、祝词、感谢信、慰问信、介绍信、唁函等。礼仪文书具有很强的礼节色彩，要求格式规范，内容适当，措词得体，礼节周到，文面美观。下面选择学习几种常用礼仪文书的写作。

一、请柬

（一）任务描述

在社交活动中，邀请宾朋可以当面口头邀请，也可以打电话，或写邀请函。但举办较为隆重的活动时，为了表示对活动的重视和对客人的尊重，即便近在咫尺，也要发送请柬。请柬是最常用的礼仪文书之一。假如今年是你的母校建校 30 周年校庆，学校准备举办隆重的校庆典礼，请你代表学校设计校庆典礼请柬。

（二）任务分析

成功地举办一次大型的庆典活动并非易事，请柬的设计是其中一个重要的环节，需要从以下几个方面着手准备：
（1）给谁发请柬。根据庆典活动的性质，确定邀请对象的范围，拟定贵宾名单。
（2）怎样写请柬。学习请柬的礼仪知识，精心设计请柬的内容和款式。
（3）怎样发请柬。选择适当的形式发送至贵宾的手中。

（三）任务方案之——学习请柬礼仪知识

请柬又称请帖，是邀请函的一种，它是某组织或个人邀请有关人员参加某项较为隆重的活动时所使用的专用书函。请柬多用于会议、舞会、宴会、晚会等重要集会，以及婚礼、开业仪式等各类庆典仪式。用请柬的形式邀请宾朋是一种较为郑重的表示。

1. 体式设计

请柬用品多从市场上选购专用的制品，也可以精心设计，专门定制。请柬的设计要做到体式规范、装帧美观、制作精致。

请柬的款式多用双折合页式，根据需要也可以设计成三折合页式、单页式。无论哪种款式，都要注意讲究颜色、质地、图案、字体、字号等元素。请柬的封面颜色一般常用红色、象牙黄色等，上书"请柬"或"请帖"二字，最好为烫金美术字，且要有图案装饰（图 4.1）。

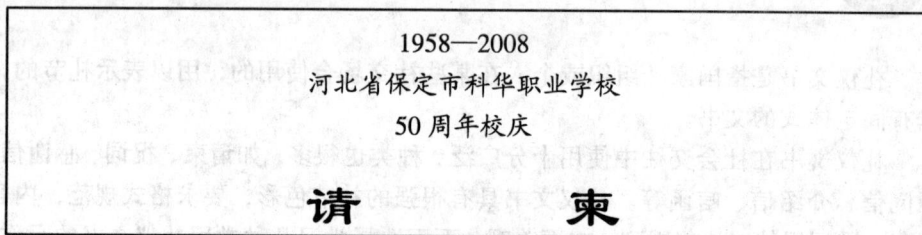

1958—2008
河北省保定市科华职业学校
50 周年校庆

请　　　柬

图 4.1　请柬封面

2. 内容设计

请柬的内页为正文，按书信格式书写。正文要以简明、典雅的语言写明称呼、活动的具体时间、地点、内容、敬邀语及落款等要素。书写要用黑色笔，讲究书法（图 4.2）。

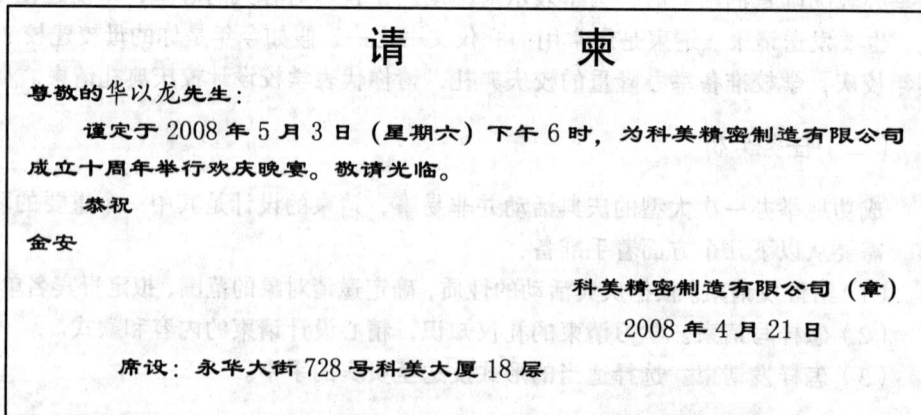

请　　　柬

尊敬的华以龙先生：

　　谨定于 2008 年 5 月 3 日（星期六）下午 6 时，为科美精密制造有限公司成立十周年举行欢庆晚宴。敬请光临。

　　恭祝

金安

科美精密制造有限公司（章）
2008 年 4 月 21 日

　　席设：永华大街 728 号科美大厦 18 层

图 4.2　请柬内页

请柬也有竖式书写的，书写顺序是由上到下竖着写，行与行由右到左排列。

3. 送达方式

请柬的送达要适时，一般在活动开始一周前送到宾朋手中，太早或太晚均不适宜。送达的方式可以派专人面呈，也可以邮寄。但无论如何，均应按礼仪惯例，封装递送，否则是很失礼的。

（四）任务方案之二——请柬写作实践

请根据请柬礼仪的知识，参考例文，代表学校设计校庆典礼请柬。

二、祝词

（一）任务描述

每个人都期望得到别人的肯定和赞美，一个组织、一个企业也是如此。不失时机地为合作单位献上一份祝词，会为你的企业赢得良好的社会关系，而这正是一个企业长远发展的无形资产。"多栽花，少种刺"，友情单位或客户单位的开业庆典、剪彩仪式、奠基典礼、重要会议、喜庆节日以及各界友人的寿诞、婚礼、升迁等，都是你"栽花"的好时机。学会致祝词，是成功人士重要的基本功之一。

（二）任务分析

得体地致以祝词，一要懂得祝贺礼仪知识，二要有较好的语言表达能力。礼仪知识主要解决在什么时机祝贺，以什么态度祝贺，祝贺什么内容以及把握什么分寸等问题；而语言表达能力则主要解决如何把正确祝贺时机的正确祝贺内容，用恰当的语言表达出来。语言表达能力是平时之功，这里重点学习祝词礼仪知识。

（三）任务方案之一——学习祝词礼仪知识

祝词也叫祝辞，它是在对方举行典礼、会议、节日等喜庆活动时，表示庆贺之意及良好祝愿的讲话或文章。祝贺的对象可以是企业、学校、团体等组织，如开业祝词、庆典祝词、大会祝辞、展览会祝辞等；也可以是个人，如祝酒词、祝寿词、新婚祝词等。致以祝词可以建立或巩固双方的友谊，缓解以往的矛盾和误会，营造良好的社交关系和合作环境，是公共关系活动的重要方式之一，其重要意义不可低估。

1. 祝词的基本要点

祝词正文的开头，一般应先说明祝贺对象，再表示热烈的祝贺。贺词具体内容的要点，因种类的不同而不同。

（1）事业成功类祝词（开业典礼祝词、剪彩仪式祝词、奠基典礼祝词等）。参加典礼的激动心情；评价和褒扬该组织的重要地位和影响；评价事业的成就和意义；回顾创业的艰辛和辉煌；提出良好的展望和祝愿。

（2）会议类祝词。参加会议的喜悦心情；评价和褒扬会议的重要意义和作用；评价和褒扬该组织的重要成就和地位；对大会圆满成功的良好祝愿。

（3）人物类祝辞（祝寿词、祝酒词、新婚祝词等）。参加庆祝活动的激动心情；评价和褒扬对方的地位、业绩或品德；回顾与对方的交往和友谊；展望美好的未来；提出良好的期望和祝愿。

祝词的上述要点在写作时要有所取舍，绝非要求每一篇祝词都要面面俱到。恰恰相反，如果为求全面而陷于冗长，恰恰是祝词之大忌。

2. 祝词的基本要求

（1）格式完整规范。标题、称呼语、问候语、正文、祝颂语、落款一应俱全，但篇幅要简而短，长而空是不受欢迎的。

（2）内容言之有情，言之有物。所谓"有情"，即真诚地表示祝贺，用词热情、友好；所谓"有物"，即事先了解祝贺对象，使祝词符合对方的实际情况，而不是满口客套话，虚言应酬。

（3）注意彼此关系，符合双方身份。对双方的身份和地位的差异、关系的深浅、往来的亲疏，都要有清醒的认识，才能措词得体，礼貌周到。

（四）任务方案之二——祝词例文借鉴

（1）反复朗诵下面《物资交易市场开业典礼祝词》并背诵下来。背诵时允许有所改动和创新，不要求一字不差。

（2）运用祝词的写作知识，分析下面开业典礼祝词的结构和特色。

尊敬的王总、各位朋友：

今天是物资交易市场成立五周年，是个值得纪念的日子。在这天高云淡、金风送爽、孕育着收获的孟秋时节，我们科美公司谨向贵市场表示诚挚而热烈的祝贺！

五年前，为满足经济社会发展的需要，带动一方经济的发展，市物资交易市场隆重开业了。五年来，市场在各级领导的亲切关怀下，在社会各界和广大业户的鼎立支持下，在"抓住机遇，开拓进取，确立目标，加速发展，夯实基础，塑造形象"指导思想的指引下，在具有洞察力、前瞻力和穿透力的市场领导班子的带领下，稳稳地把握住了来之不易的机遇，以超前的意识、豪迈的气派，与员工携手，把醒目的标牌高悬于风云莫测的商海潮头。五载决胜商场，五度尽显风流。五年来的励精图治，使物资交易市场由小到大，由弱到强，成为华北首屈一指的综合性的物资展销流通集散地。五年风雨，练就了你们搏击市场的翅膀；五年奋斗，铸就了你们遨游商海的辉煌。五年的劈波斩浪，使物资交易市场的声誉远扬，成绩斐然。

回顾昔日的佳绩，我们为你而骄傲；展望未来，我们满怀希望，期待你们创造更大的辉煌！科美公司祝你们把握机遇，抢点突破，为促进我市的物资流通和经济发展，增加就业机会，稳定社会秩序，努力做出新的更大的贡献！（资料来源：www. 3edu. net）

作业

一、利用礼仪规范知识，分析评议下面祝寿贺词

尊敬的各位来宾，各位亲朋好友：

春秋迭易，岁月轮回，当甲申新春迈着轻盈的脚步向我们款款走来的时候，我们欢聚在这里，为王总的母亲——我们尊敬的康老妈妈共祝八十大寿。

在这里，我首先代表所有老同学、所有亲朋好友，向康妈妈送上最真诚、最温馨的祝福，祝康妈妈福如东海，寿比南山，健康如意，福乐绵绵，笑口常开，益寿延年！

风风雨雨八十年，康妈妈阅尽人间沧桑。她一生中积累的最大财富，就是她那和蔼善良的朴素品格，她那宽厚待人的处世之道，她那严爱有致的朴实家风。这一切，伴随她经历了坎坷的岁月，更伴随她迎来了晚年生活的幸福。

而最让康妈妈高兴的是，这笔宝贵的财富已经被她的爱子所继承。多年来，王总叱咤商海，以过人的胆识和诚信的品质获得了巨大成功。然而，他没有忘记父母长辈的养育之恩，没有忘记父老乡亲提携之情，没有忘记同学朋友相助之意，为需要帮助的亲友慷慨解囊，为家乡建设贡献力量。可以说，他把孝心献给了母亲，把爱心献给了家乡，把关心献给了亲人，把诚心献给了朋友。我想，让我们共同响起热烈的掌声，为王总送去无穷无尽的信心！

嘉宾奉酒，笑指青山来献寿；百岁平安，人共梅花老岁寒。今天，这里高朋满座，让寒冷的冬天有了春天般的温暖。

最后，还是让我们献上最衷心的祝愿，祝福老人家生活之树长绿，生命之水长流，笑容之花永绽！

祝福在座的所有来宾身体健康、工作顺利、合家欢乐、万事如意！

谢谢大家！（资料来源：潮商信息网）

二、请柬设计

1. 乐业房地产开发总公司为庆祝公司成立五周年，邀请建设银行信贷处李处长参加庆祝宴会，宴会地点设在泰丰大酒楼。

2. 今年 9 月 19 日是你祖父八十岁寿诞，拟于本宅举行家庭寿宴，请你以父母的名义设计请柬，邀请亲朋赴宴。

三、拟写祝词

1. 学校准备召开第 24 届教师节庆祝大会，请你作为在校生代表，向大会献上一篇祝词。

2. 为你最敬爱的一位老师献一篇祝寿词。

3. 你作为科美公司的公关人员，跟随总经理一行 5 人，参加特种钢材供货会。会前，作为亲密合作伙伴及东道主的宝合钢铁公司总经理特为你们举行了招待宴会。请你替本公司总经理拟一份祝酒词。（不超过 300 字）

知识链接

条 据 礼 仪

条据，即人们在工作与生活中为证明或说明某种事由而留给他人的便条。出于工作需要，我们经常会给别人留下，或者要求别人给自己留下某种条据。条据可按用途和目的的不同分为凭据性条据和说明性条据两大类。

所立之据多使用于熟人之间，但本着"认真负责，严肃规范"的工作态度和"空口无凭，立此为证"的契约精神，在立据时不能碍于熟人的面子而该立据时不立据，或立据之后不妥善保管等。各类条据的组成部分必须齐全，不可疏漏。在署名时应由立据者亲笔签上自己的真实姓名，必要时应在签名之后加盖私章或摁手印，以示负责。条据最后还要写明立据的详细日期。

第五章

宴请礼仪

知识点

➤ 延请的礼仪。

➤ 赴宴的礼仪。

➤ 西餐的礼仪。

能力点

➤ 掌握中餐进餐的礼仪规范。

➤ 了解西餐进餐的礼仪规范。

第一节　宴请的礼仪

　　日本某公司是中国兰州某公司最大的采购商。一次，该日本公司派
员到兰州公司洽谈高纯铝采购业务，中方特派办公室副主任小王负责接
待事宜。小王制定了周密的接待和洽谈计划，双方顺利地达成了一致意
见。为了表示重视和庆祝，兰州公司在当地一家地方特色酒店宴请了日
本客人。日本客人对兰州特色菜十分满意。席间，兰州公司经理提议为
合作愉快干杯，日本客人表示中国酒太烈，喝不了，但还是在主人的盛
情之下喝掉了。后来，经理又多次示意小王向客人敬酒，日本客人很快
酩酊大醉，呕吐狼籍。事后，虽然小王多次道歉，但日本客人还是再也
不敢来兰州了。（资料来源：潘彦维．2007．公关礼仪．北京：北京师范
大学出版社）

礼仪知识

　　俗话说："民以食为天"。在社会交往中，迎来送往，拜贺致意，常常离不开
各种宴请。宴请作为一种社交活动的形式，吃饭是手段，交际才是目的。许多成
功人士都是这方面的佼佼者。在宴请过程中，不论是作为主人还是作为客人，都
应该对宴请的各种礼仪有所了解，只有这样才能在社交中合规中矩，应付自如。

　　学习宴请礼仪，主要注意掌握宴请的范围和形式、时间地点的选择、菜单安
排、席位排列、现场布置、服务等几个方面的规则和技巧。

一、确定宴请的范围与形式

　　宴请活动可以有直接的目的，如为庆祝某一节日、纪念日、迎送来宾、重
要仪式等，也可以无实质性内容，如保持关系、联络感情、沟通信息等。确定
邀请范围有讲究，主宾是谁，请哪些方面的人士，请到哪一级别，请多少人，
是否邀请配偶，主人一方请什么人出来作陪等，这都要考虑多方因素，如宴请
的性质、主宾的身份、习俗惯例、双方的关系等。漏掉重要客人，或将平常关
系不睦的客人一起邀来，都是很失礼的。邀请范围与规模确定之后，即可草拟
具体邀请名单。

　　宴请采取何种形式，在很大程度上取决于主宾和当地的习惯做法。一般来说，
正式的、规格高、人数少的情况下以宴会为宜，人数多则以自助餐会或酒会更为
合适。我国的宴会基本上采用中餐宴会。

二、确定宴请的时间与地点

（一）宴请时间讲究主随客便，力求两相方便

注意不要选择对方的重大节假日、有重要活动或有禁忌的日子和时间。例如，对信奉基督教的人士不要选十三日，更不要选十三日星期五。伊斯兰教在斋月内白天禁食，宴请宜在日落后举行。宴会具体时间的安排，一般多选午餐、晚餐时间。小型宴请应首先征询主宾意见，最好当面约请，也可用电话联系。主宾同意后，时间即被最后确定，可以据此约请其他宾客。

（二）宴请地点的选择

官方正式的宴请活动，一般安排在政府驻地或宾馆内举行。民间的宴请则按活动性质和规格、规模大小、形式、主人意愿及实际可能而选择家庭或饭店。饭店首先要求卫生条件良好，即所谓"民以食为天，食以洁为先"。其次是环境幽雅，因为宴请不仅仅是为了"吃东西"，也要"吃文化"。另外还要充分考虑到交通是不是方便，有没有公共交通线路通过，有没有停车场等。

三、发出邀请

各种宴请活动，一般均发请柬，这既是礼貌，也起提醒、备忘之用。便宴经口头约妥后，也可不发请柬。工作餐一般不发请柬。有些国家邀请最高领导人作为主宾参加活动，需单独发邀请信，其他宾客发请柬。请柬一般提前一周至二周发出，以便被邀请人及早安排。请柬发出后，也可以用电话询问能否出席。

四、拟定菜单

选菜以主宾的喜好与禁忌为准，特别要考虑其禁忌，包括宗教禁忌、个人禁忌等。例如穆斯林通常不吃猪肉，并且不喝酒；有心脏病、脑血管、动脉硬化、高血压和脑卒中后遗症的人，不适合吃狗肉；肝炎病人忌吃羊肉和甲鱼；高血压、高胆固醇患者要少喝鸡汤；公务员、驾驶员工作期间不得饮酒等。如果宴会上有个别人有特殊需要，也可以单独为其上菜。大型宴请，则应照顾到各个方面。用有地方特色的食品和本地名酒待客，是比较通用的做法。

点菜时，不仅要吃饱、吃好，而且要量力而行。菜肴的数量和档次都要适宜，营养搭配要科学，不一定名贵菜就适用。一般请客人在现场临时点菜，这样不但自由度较大，而且可以兼顾个人的财力和口味。如果为了讲排场、装门面而铺张浪费，恰恰是没有教养的表现。

中餐，不管什么菜系，上菜的次序都大体相同：冷盘—酒及饮料—热菜—主菜—主食—汤—果盘。南方许多地区先上汤，也是一种比较符合养生科学的办法。

在隆重而正式的宴会上，主人选定的菜单也可以在精心书写后，每人一份，用餐者不但餐前心中有数，而且餐后也可以留作纪念。

五、席位安排

席位排列关系到来宾的身份和主人给予对方的礼遇，是宴请礼仪的一项重要内容。正式宴会一般均排席位，也可只排部分客人的席位，其他人只排桌次或自由入座。

在不同情况下，中餐席位的排列有一定的差异。我们可以从桌次排列和位次排列两个方面来学习。

（一）桌次排列

在安排多桌宴请的桌次时，如果餐桌横排，桌次是以右为尊，以左为卑。这里所说的右和左，是以面对正门来确定的。如果餐桌竖排，则桌次讲究以远为上，以近为下。这里所讲的远近，是以距离正门的远近而言。另外还应兼顾各桌距离主桌的远近。通常，距离主桌越近，桌次越高；反之则桌次越低。

大型宴会的现场，为了确保赴宴者及时、准确地找到自己所在的桌次，可以在请柬上注明对方所在的桌次、安排引位员引导来宾按桌就坐，或者在每张餐桌上摆放桌次牌（用阿拉伯数字书写）。

（二）位次排列

明明一家节日聚餐，订了一个饭店包房，准备愉快地过节。等爸爸把爷爷、奶奶从家里接到酒店包房的时候，发现偌大的桌子只剩下靠门的 3 个位子，妈妈、姑姑、姑父、表哥和明明，大大小小的一家人都坐在一起聊天。爷爷一看，一边叹气一边摇头……

中餐宴请大多采用圆桌，每张餐桌上的具体位次都有主次尊卑的分别。

1. 面门为上原则

面对正门者是上座，背对正门者是下座。主人大都在主桌主位就坐。如果主宾身份高于主人，为表示尊重，也可以安排在主位就坐，而请主人坐在主宾的位子上。举行多桌宴请时，每桌都要有一位主桌主人的代表在座。位置一般和主桌主人同向，有时也可以面向主桌主人。

2. 中座为尊、右高左低、近高远低原则

以该桌主人面向为准，右座为上座，左座为下座；根据距离该桌主人的远近而定，以近为上，以远为下。

3. 特例特办原则

高档餐厅里，室内外往往有优美的景致或高雅的演出，供用餐者欣赏。这时，观赏角度最好的座位是上座。在某些中低档餐馆用餐时，通常以靠墙的位置为上座，靠过道的位置为下座。

另外，每张餐桌上所安排的用餐人数应限在 10 人以内，最好是双数。

六、宴请程序及现场工作

（一）迎接宾客

公共关系人员、主人、主持人应提前到达宴会地点，在一切安排就绪后，到门口准备迎宾。宾客到达时，应热情相迎，问候、握手、寒暄，以示欢迎。

（二）引导宾客

接待人员指引来宾到事先指定的位置入座。一般是先引主宾，后引一般来宾。如果有女宾，则先引女宾，后引男宾。如若宴会规模较大，也可先将一般客人引入座位，然后引主宾入座。接待人员应将椅子摆放好后请客人落座。

（三）上菜

主宾及大部分客人落座后便可上菜。上菜一般从下座的左边上，饮料从右边上。新上的菜要先移至主宾面前，并报菜名。如果上全鸡、全鱼菜时，应将其头部对准主宾或主人。宴会行将开始时，主人为所有的来宾斟酒。

（四）祝酒

主持人宣布宴会正式开始后，由主人致祝酒辞，接着全体干杯，然后由主宾致答谢辞（一般宴会也可省略）。当宾主祝酒致辞时，接待人员和服务人员应停止一切活动，找一个适当位置站好，在干杯之后将酒斟满。

（五）活跃气氛

主持人、主人、公关人员应抓住时机，提出一些大家共同感兴趣的问题，引出话题，调动大家的积极性，使宴会自始至终处于热烈、亲切、友好的气氛之中。作为主人，应适当向客人敬酒，以示友好和尊重。

（六）送客

当主客双方酒足饭饱时，由主宾提议宴会结束，并与主人起立，这时宴会即告结束。此时接待服务人员应将主宾等人的椅子向后移动，方便主宾等客人离座。当主宾及客人休息片刻准备告辞时，主人及东道主的接待服务人员应送到门口，握手话别。

一、点菜训练

教师事先准备几份饭店菜单，学生分组进行点菜、配菜练习，最后由老师和同学们一起，从色、香、味、营养、价格等方面进行评判，评出班级"营养师"。

二、请观察以下图示，用序号标出宴会餐桌的主座所在和客座位次

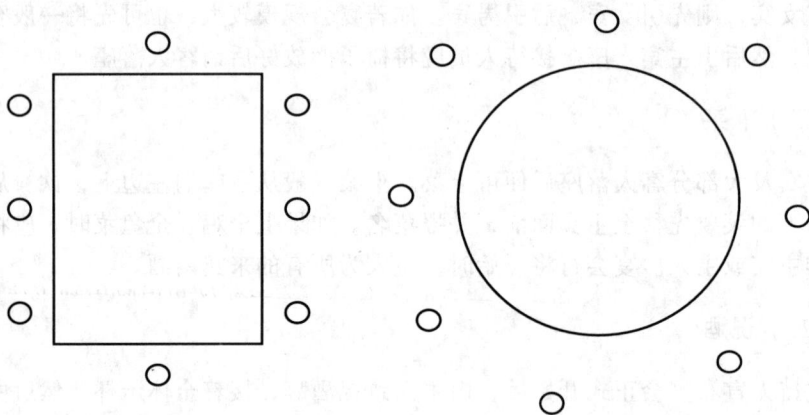

三、宴会组织综合实训

（一）任务描述

策划一次同事或同学的聚餐会，写出聚会活动日程安排，掌握宴会组织礼仪。

（二）任务分析

需要理解和掌握宴会的一般性知识；掌握宴会实务。

（三）任务方案

（1）自由结组，根据宴请的目的、名义等要素，确定适当的时间、地点、范围、形式、活动内容等。选定一人执笔，共同拟定宴请人员名单和聚会日程。

（2）事先制作请柬，发出邀请。

（3）拟定一份恰当的菜单。

（4）写出环境布置、座次安排。

（5）选择有典型性的方案（较佳或存在不足的）提交讨论，教师点评，评出

最佳方案。

（6）接到邀请时回复的礼仪。

作业

一、品头论足

1. 欧阳修在《醉翁亭记》中说："醉翁之意不在酒。"宴请也是一样，它的根本目的不是吃饭，而是一种社交形式。

2. 表面上，礼仪有无数的清规戒律，但其根本目的却在于使世界成为一个充满生活乐趣的地方，使人变得平易近人。（[美]埃米利·波斯特）

3. 小赵打算在家里举办一次家宴，宴请的客人有：高中时的班主任王老师、高中时的四位好朋友、现任单位领导李经理、两位同事、一位大学同学，共 9 人。

二、宴会礼仪知识小竞赛

（一）活动目的

了解有关宴会的礼仪知识，学会把课本中的宴会礼仪知识应用到生活中。

（二）活动过程

1. 自由分组（每组 5～6 人）。

2. 每个小组根据所了解的宴会礼仪知识，写出一份竞赛题。

3. 每组选出一位代表，组成委员会，根据各组题目整理出一份竞赛试题，并制定出竞赛规则。

4. 由委员会组织竞赛，并根据各小组的出题数量、质量、表现和成绩，评出最佳小组和最佳个人。

（三）注意事项

1. 在小组出题过程中，全班每个同学都要参与。

2. 试题数量每组不少于 30 道题，题型不限。

3. 在竞赛过程中，按规则要求答题，遵守竞赛规则。

（四）效果评价

填写记录评价表（表5.1）。

表 5.1 记录评价表

小组序号	试题数量	试题质量	正确率得分	总成绩	最佳个人
1					
2					
3					
4					
5					
6					
7					

注：各小组每出一道题得 1 分，为数量分；试题质量划分为五个等级，最高级为 10 分，依次为 10 分、7 分、5 分、3 分、1 分；正确率得分为每回答正确 1 题得 5 分。

三、宴会实务

在某个重要节日或者值得纪念的日子，酌情组织一次宴会，学习和掌握宴会礼仪。活动参考主题：

（1）毕业聚餐，或毕业 10 周年同学聚会。

（2）到新的工作岗位，找一个恰当的理由宴请同事，以尽快融入新环境。

（3）公司年终慰劳全体员工。

四、综合实务

假期时，根据具体条件报名参加一个旅行团，在外旅行 6 天左右。期间，自觉学习和实践旅行礼仪、酒店住宿礼仪、餐饮礼仪等，特别是与陌生人相处的礼仪，结识新朋友。

知识链接

一、《过故人庄》（唐·孟浩然）

故人具鸡黍，邀我至田家。绿树村边合，青山郭外斜。

开轩面场圃，把酒话桑麻。待到重阳日，还来就菊花。

二、八大菜系

我国的菜系，是指在一定区域内，由于气候、地理、历史、物产及饮食风俗的不同，经过漫长历史演变而形成的一整套自成体系的烹饪技艺和风味，并被全国各地所承认的地方菜肴体系和流派。其中最有影响和代表性的有鲁、川、苏、粤、闽、浙、湘、徽等菜系，即"八大菜系"。有人把"八大菜系"用拟人化的手法描绘为：苏、浙菜好比清秀素丽的江南美女；鲁、徽菜犹如古拙朴实的北方健汉；粤、闽菜宛如风流典雅的公子；川、湘菜就像内涵丰富充实、才艺满身的名士。

（一）鲁菜

鲁菜即山东风味菜，由济南、胶东、孔府菜点三个部分组成。山东菜调味极重、纯正醇浓，少有复杂的合成滋味，一菜一味，尽力体现原料的本味。其另一特征是面食品种极多，小麦、玉米、甘薯、黄豆、高粱、小米均可制成风味各异的面食，成为筵席名点。山东著名风味菜点有炸山蝎、德州脱骨扒鸡、原壳扒鲍鱼、九转大肠、糖醋黄河鲤鱼等。鲁菜是形成最早的菜系，对其他菜系的产生有重要的影响，因此被认为八大菜系之首。

（二）川菜

川菜风味包括成都、重庆和乐山、自贡等地方菜的特色。主要特点在于味型多样，变化精妙。辣椒、胡椒、花椒、豆瓣酱等是主要调味品，不同的配比，化出了麻辣、酸辣、椒麻、麻酱、蒜泥、芥末、红油、糖醋、鱼香、怪味等各种味型，无不厚实醇浓，具有"一菜一格"、"百菜百味"的特殊风味，各式菜点无不脍炙人口。川菜中五大名品是：鱼香肉丝、宫爆鸡丁、夫妻肺片、麻婆豆腐、回锅肉等。

（三）苏菜

苏菜原为江浙菜系，是中国长江中下游地区的著名菜系，其覆盖地域甚广，包括现今江苏、浙江、安徽、上海，以及江西、河南部分地区，有"东南第一佳味"、"天下之至美"之誉。江浙菜系可分为淮扬菜、南京菜、徐州菜、苏南菜、浙江菜、徽州菜。后来浙菜、徽菜以其鲜明特色各为八大菜系之一。这样，淮扬菜成为江苏菜系中最有名气的菜种。淮扬菜是以扬州、淮安为中心，以大运河为主，南至镇江，北至洪泽湖、淮河一带，东至沿海地区的地方风味菜。淮扬菜选料严谨，讲究鲜活，主料突出，刀工精细，擅长炖、焖、烧、烤，重视调汤，讲究原汁原味，并精于造型，瓜果雕刻栩栩如生。口味咸淡适中，南北皆宜，并可烹制"全鳝席"。淮扬细点，造型美观，口味繁多，制作精巧，清新味美，四季有别。

（四）粤菜

粤菜即广东菜，由广州、潮州、东江三地特色菜点发展而成，是起步较晚的菜系，但它影响极大，香港、澳门以及海外的中菜馆，多数是以粤菜为主。粤菜注意吸取各菜系之长，形成多种的烹饪形式，是具有自己独特风味的菜系。粤菜总体特点是选料广泛、新奇且尚新鲜，菜肴口味尚清淡，味道丰富，讲究清而不淡、嫩而不生、油而不腻，有"五滋"（香、松、软、肥、浓）、"六味"（酸、甜、苦、辣、咸、鲜）之别。时令性强，夏秋讲清淡，冬春讲浓郁。广东名菜有叉烧、油鸡、龙虎斗、烤乳猪、蚝油牛肉。

（五）闽菜

闽菜是以福州、闽南、闽西三个地区的风味菜为主形成的菜系。闽菜以炸、熘、焖、炒、炖、蒸为特色，尤以烹制海鲜见长，刀工精妙，汤菜居多，具有鲜、香、烂、淡并稍带甜酸辣的独特风味。福建小吃点心另有一功，它取材于沿海浅滩的各式海产品，配以特色调味料，堪称美味。最著名的风味菜点有佛跳墙、鸡汤氽海蚌、淡糟香螺片、七星鱼丸、糟醉鸡、煎糟鳗鱼、半月沉江、燕皮馄饨、福州线面、蚝仔煎等。

（六）浙菜

浙江菜有悠久的历史，它的风味包括杭州、宁波和绍兴三个地方的菜点特色。浙江菜具有色彩鲜明、味美滑嫩、脆软清爽、小巧玲珑、清俊秀丽的特点。它以炖、炸、焖、蒸见长，重原汁原味。浙江点心中的团子、糕、羹、面点品种多、口味佳。名菜名点有龙井虾仁、西湖莼菜汤、虾爆鳝背、西湖醋鱼、炸响铃、新风鳗鲞、咸菜大汤黄鱼、冰糖甲鱼、牡蛎跑蛋、蜜汁灌藕、嘉兴粽子、宁波汤团、湖州千张包子等。

（七）湘菜

湘菜包括湘江流域、洞庭湖区和湘西山区三个地区的菜点特色。湖南菜最大特色辣和腊。著名菜点有东安子鸡、腊味合蒸、冰糖湘莲、红椒腊牛肉、发丝牛百叶、火宫殿臭豆腐、吉首酸肉、换心蛋等。

（八）徽菜

徽菜脱胎于苏菜，风味包括皖南、沿江、沿淮之地的特色菜点。著名风味菜有无为熏鸭、毛峰熏鲥鱼、符离集烧鸡、方腊鱼、石耳炖鸡、云雾肉、绿豆煎饼、蝴蝶面等。

传统的"八大菜系"，加上京菜和鄂菜，即为"十大菜系"。近几年，冀菜在全国餐饮业中名声日隆，市场份额不断增大，已成为中国餐饮业中的一匹"黑马"。
（资料来源：中国网）

第二节　赴宴的礼仪

北京的金秋十月，枫叶渐红，气候宜人。在某高中就读的学生黎兵，他的爸爸因为工作需要，设宴招待一位来自英国的生意伙伴史密斯先生及其家人。一顿饭吃下来，令史密斯先生一家最为欣赏的，倒不是黎兵爸爸精心为他们准备的丰盛菜肴，而是黎兵在陪同客人们用餐时的举止表现。用史密斯先生的原话讲就是："黎先生，您的儿子黎兵在用餐时一点声响都没有，使我感到你们的确具有良好的教养。欢迎黎兵到英国留学，可以住在我家。"（资料来源：李莉．2004．实用礼仪教程．北京：中国人民大学出版社）

礼仪知识

一、常规礼节

（一）应邀

接到邀请后，无论能否出席，均应尽早答复对方。一旦接受邀请，不宜随意变卦。万一因故不能应邀出席，必须深致歉意。

（二）修饰仪容仪表

赴宴是经常性的交际活动之一，仪表礼节不可忽视。首要的问题是注意仪表整洁、大方，最好稍作打扮。忌穿工作服，满脸倦容或一身灰尘。男士要注意胡须是否刮净、鞋子是否干净光亮、袜子是否清洁等细节，以免届时尴尬。宴请过程中，无论天气如何炎热，均不得当众解开纽扣、拉松领带、脱下衣服。在非正式宴会上，主人请客人宽衣时，男宾方可脱下外衣，搭在椅背上。

（三）掌握好时间

赴宴要遵守约定的时间，既不要太早，显得急于进餐，也不能迟到。有的国家是正点到达或晚一两分钟到达；我国的习惯是正点或提前三五分钟到达。如果比规定时间提前 15 分钟以上到达时，可以在车上等一等或在周围转一转，调整一下时间。身份高的人可略迟些到达。如果你与主人关系密切，则不妨早点到达，以帮助主人招待宾客，或做些准备工作。宴会结束时，应待主宾退席后，其他人员方可陆续告辞。席间确有事需提前退席时，需向主人和同桌说明后悄悄离去，也可事前打好招呼，届时离去。

（四）寒暄

如主人恭迎，则应趋前向主人握手、问好、致意，然后跟随主人或迎宾人员，步入休息厅或宴会厅。对其他客人，无论相识与否，都要笑脸相对、点头致意，或握手寒暄、互相问好；对长辈老人，要主动让座请安；对小孩则应多加关照。

万一迟到，在你坐下之前，应先向所有客人微笑打招呼，同时说声"抱歉"；如是节日庆祝活动，就表示祝贺。

（五）入席

进入宴会厅，应按指定的桌次和位次就座。若无明确排定，应遵从主人的安排，并注意与其他人谦让。一般而言，客人应于主人、主宾之后就座，或与大家一起就座。如果邻座是妇女或年长者，应主动照顾她们先坐下。入座后，坐姿要端正、自然。不可玩弄桌上的酒杯、盘碗、刀叉、筷子等餐具。不要用餐巾擦拭餐具，以免让人认为餐具不洁。

（六）交谈交际

宴请是一种形式，交际才是主要的目的。在用餐时，尤其是在餐前等候的时候，可与邻近来宾交谈、自我介绍，交换一下名片。可以问候一下主人，联络一下老朋友，结识一些新朋友。谈话的题目要注意对象和场合，不要一个人夸夸其谈，引人不悦，也不要把自己封闭起来，埋头吃饭，不与他人交流。

（七）餐桌礼节与禁忌

大家入座后，主人应招呼客人用餐。在中国是男主人提议，在西方则是女主人宣布就餐开始。

（1）参加正式宴会应着正装，一般不要脱外衣，更不要中途脱外衣。不要当众修饰妆容、宽衣解带、脱袜脱鞋等。如必要，可到洗手间进行。

（2）就餐的动作要文雅，要闭嘴咀嚼，不要狂饮大嚼、狼吞虎咽，更不要吃得摇头晃脑，汗流满面。尤其不要发出声音，不要口含食物张嘴说话。

（3）要讲究卫生，不要吸烟。进餐时，不要咳嗽、清嗓子、吸鼻涕、打喷嚏，不在用餐时剔牙，如有此需要，应起身去卫生间处理。万一不能控制时，也要用餐巾捂住鼻子、嘴巴。而主动为别人夹菜、添饭，貌似热情，实则不合礼节。

（4）取菜时，不要盛得过多，也不要对不喜欢的食物不屑一顾。当摆上本人不能吃或不爱吃的菜时，可取少量放在盘里，并表示"谢谢，够了"。不要露出难以忍受的表情，更不能说三道四。

（5）作为交际，应顾及每个人的兴趣爱好和知识面不同，尽量多谈论一些大部分人能够参与的话题，得到多数人的认同。避免唯我独尊，天南海北，而忽略了众人。特别是尽量不要与人在一旁窃窃私语，使别人产生一种被冷落的嫉妒心理，破坏友好气氛。

（6）敬酒不劝酒。不"以酒论英雄"，把酒场当战场，强行劝酒。敬酒也是一门学问，要敬酒有序，主次分明。一般情况下，敬酒应以年龄大小、职位高低、宾主为序。身份不明或不便强调身份的情况下，不妨按顺时针方向逐一敬酒，这是最稳妥的办法。

（7）宴会中如发生意外情况，如不小心使餐具发出声响，可轻轻向邻座或主人说一声"对不起"；或餐具摔落地上，可由服务员另换一副；或打翻酒水溅到邻座身上，应表示歉意，协助擦干。如对方是异性，则要把干净餐巾或手帕递上，由对方自己擦干。

（8）宴会开始或结束都要听主人的招呼，没有宣布结束时，即使吃饱了，也不能擅自离席。散席时，要与主人道别，不要"悄悄地我走了，正如我悄悄地来。"如果有事提前离开，也要先和旁边的人打个招呼，可以说声"失陪了"、"我有事先行一步"等。

二、使用中餐餐具的礼节

（一）筷子

筷子是中餐最主要的餐具。筷子是中国人发明的，出现于公元前1200年左右。公元4~6世纪，筷子从中国传到日本和东南亚各国。中国人为什么偏爱筷子呢？著名学者蔡元培先生在一次招待外国朋友时这样作过有趣的解释："中华民族是一个酷爱和平的民族，总觉得刀叉是战争用器，所以早在3000多年以前就改用箸了，世代相传至今，中国人皆以用筷子感到自豪。"用筷子要注意下面几个"小"问题：

（1）不论筷子上是否残留着食物，都不要去舔。用舔过的筷子去夹菜，是不是有点倒人胃口？

（2）和人交谈时，要暂时放下筷子，不能一边说话，一边舞着筷子指指点点。

（3）不要把筷子插放在食物上面。因为这种插法，只在祭奠死者的时候才用。

（4）不能用筷子拨动盘子里的菜。

（5）严格筷子的职能。筷子只是用来夹取食物的。用来剔牙、挠痒或是用来夹取食物之外的东西都是失礼的。

（二）勺子

勺子的主要作用是舀取菜肴、食物。有时，用筷子取食时，也可以用勺子来辅助。用勺子取食物，要放在自己碟子里后再用筷子吃，除了汤菜类以外，一般不直接用勺子吃。使用勺子的基本方法是将勺子放至唇边吃，切不要把勺子塞到嘴里，或者反复吮吸、舔食。

暂时不用勺子时，应把它放在自己的碟子上，不要把它直接放在餐桌上，或让它在食物中"立正"。如果取用的食物太烫，不可用勺子舀来舀去，也不要用嘴吹，可以先放到自己的碗里等凉了再吃。

（三）食碟

食碟的主要作用，是从公用的菜盘里取菜到入口之前的中转站。用食碟时，一次不要取放过多的菜肴，这样既不好看，也不好吃。不吃的残渣、骨、刺不要吐在地上、桌上，而应轻轻取放在食碟前端。残渣不能直接从嘴里吐在食碟上，而要用筷子夹放到碟子旁边。如果食碟放满了，可以让服务员换。

技能训练
YiNenXunLian

每个人都有外出就餐的经历，也都对餐桌陋习有所感触。请几位同学分别讲一个餐桌上不文明行为的故事。

作业

1. 陪伴父母参加别人的婚宴、寿筵，观察中餐礼仪。观察点主要有迎送、就座、就餐、言谈、举止、酒水等礼仪规范，重点注意宴会中发生的一些不愉快的情景，如饭菜中发现异物、有人主动为别人夹菜、强行劝酒、餐具摔落地上或打翻酒水……为不扫兴，设想作出灵活处理。

2. 观察电影、电视中各种宴饮场合的位次排列，了解更丰富的人与人空间位置的礼仪。例如《大染坊》、《周恩来在重庆》、《茜茜公主》、《泰坦尼克号》等。

知识链接

饮酒礼仪与酒文化

中国有句俗话"无酒不成席"，酒在宴会中占有举足轻重的地位。通常情况下，不会喝酒者应事先征求主人同意而代之以其他饮料。会喝酒者在主人的盛情之下还是应该把杯子倒满，不要生硬地拒绝，或把手蒙在杯子上坚决不喝。

主人应先为主宾斟酒。若有长辈、首长、远道而来的客人，应先为他们斟酒。如果没有，则应该按照顺时针方向斟酒，要满而不溢。主人为你倒酒时，应手扶杯子表示恭敬和致谢。客人应回敬主人。敬酒时目光对着对方，面带微笑，说一些祝酒话。

酒水是一种有一定营养价值的饮料，尤其是低度酒品。例如，葡萄酒中含有大量的维生素A、维生素B、维生素C和葡萄糖以及钙、磷、镁、钠、氯、钾、硫、铁、铜、锰、锌、碘、钴等13种矿物质。另外，酒液中的醇类物质可以提供人体所需要的热能。

合理饮酒对人体无害，但是"酒不害人，人自害"，饮酒禁忌必须遵守。

第一，敬酒不劝酒，开车不饮酒。

第二，不要酗酒。饮酒要适量，最好饮低度酒。酗酒可导致急、慢性乙醇中毒，损害肝脏，日久可导致肝硬变，严重者可发生肝癌，还可引起心脑血管疾病、

糖尿病等。已患有心脏病、糖尿病、肝脏病、脑血管病、胃病、高血压、高血脂者，一定要严格禁止饮用白酒或其他酒类。

第三，不要空腹饮酒，不要急饮、狂饮。饮食要注意合理搭配，常饮白酒易引起维生素 B_1、B_6、叶酸及镁、锌缺少，应合理补充，否则易产生营养不良。

第四，饮白酒时，不要喝二氧化碳饮料，如可口可乐、汽水等。

第三节 西餐礼仪

据说，英国的温莎公爵一向以典雅的绅士风度和过人的机智赢得世人的尊重。有一次，英国王室举行盛大宴会，招待一些来自印度的部族首领。宴会结束时，侍者为每一位客人端来一小盆洗手水。然而，初来乍到的印度首领们不谙英国礼仪，看到精致的银制器皿里盛着清水，水里还漂着几片花瓣，便纷纷接过来，一饮而尽。

这一举动把在场的英国贵族们惊得目瞪口呆，不知如何是好。而温莎公爵却神色自若，端起洗手水，也像客人那样"自然而得体"地一饮而尽。在他的启迪下，其他人也跟着若无其事地喝掉洗手水。印度首领们并没有觉察到这微小的变化，一场外交尴尬就在温莎公爵的巧妙应对中烟消云散。

礼仪知识

"西餐"，也称西菜，是我国对欧美地区餐饮的统称。现代西菜的主要流派，按国家或地区分为俄式菜、法式菜、英式菜、美式菜、意大利菜等。随着生活方式的更新和国际交往的活跃，我国吃西餐的人越来越多。西餐厅一般比较宽敞，环境幽雅，又便于交谈，因此，在公共关系宴请中，它也是一种比较受欢迎的招待形式。西餐源远流长，又十分注重礼仪，讲究规矩，现代人了解一些西餐方面的知识是十分必要的。中西饮食文化虽有很大的差别，但都非常重视和讲究饮食礼仪，这反映了人类对礼仪追求的共性。

一、西餐正餐礼仪

（一）服饰

穿着整洁得体是基本的礼仪。去高档的西餐厅，男士要穿正装；女士要穿套装和有跟的鞋子。穿着再昂贵的休闲服，也不适宜去西餐厅。

（二）女士优先

无论认识与否，对女士的尊重是每一位男士的天职，应始终坚持女士优先，如进门、就座、递菜单、酒水服务、点菜、上菜等。

（三）座次排列

面门为上，以右为尊。与中餐的圆桌不同，西餐多用长形桌。一般而言，男女主人分坐两头，门边为男主人，另一端为女主人。男主人右手边是女主宾，女主人右手边是男主宾。客人要按照主人的安排，依序男女相间排列。

（四）上菜顺序与点菜

西餐全餐的上菜顺序一般为：头盘（开胃品）—汤—副菜（鱼类菜肴、蛋类、面包）—主菜（肉、禽类菜肴）—蔬菜类菜肴（沙拉）—甜品（布丁、冰淇淋、水果等）—饮品（咖啡、茶）。但没有必要全部都点全餐，吃不完反而失礼，不过至少应包括前菜、主菜(鱼或肉择其一)加甜点。点菜时应先决定主菜，再配上适合的汤。主菜若是肉类应搭配红酒，若是鱼类则搭配白酒。上菜之前，不妨来杯香槟、雪利酒或吉尔酒等较淡的酒。

（五）餐具使用

1. 餐巾

西餐里的餐巾应平铺在自己并拢的大腿上。如餐巾较大，可将其对折，折口向外。

餐巾不仅有保洁服装、擦拭嘴部的作用，还表示某种含义：第一是暗示暂时离席，餐巾应放在自己的椅面上；第二是暗示这道菜用完，餐巾应放在自己右前方的桌面上；第三是暗示用餐结束，即将餐巾放在餐桌上。餐巾不能用来擦拭餐具，也不能塞进领口或腰带上。

2. 刀叉匙

基本原则是右手持刀或汤匙，左手持叉。若有两把以上，应由最外面的一把依次向内取用。

如果吃到一半想放下刀叉略作休息，应把刀叉以八字形状摆在盘子中央（图5.1）。若刀叉突出到盘子外面，不安全也不好看。边说话边挥舞刀叉是失礼的举动。用餐完毕，将刀叉摆成并列状即可（图5.2）。

喝汤不能吸着喝，先用汤匙由后往前将汤舀起，汤匙的底部放在下唇的位置将汤送入口中。

西餐的肉食（指的是羊排、牛排、猪排等），生熟程度可以按自己的爱好决定，预定时可向服务员或主人说明。吃大块肉食的时候，先用刀、叉把肉切下一小块，大小刚好是一口。吃一块，切一块，不要一下子全切碎，也不要用叉子把整块肉叉起来咬。

图 5.1　餐间刀叉摆放　　　　图 5.2　餐毕刀叉摆放

吃有骨头的肉，比如吃鸡的时候，不要直接"动手"，要用叉子把整片肉固定（可以把叉子朝上，用叉子背部压住肉），再用刀沿骨头插入，把肉切开，边切边吃。不过需要直接"动手"的肉，洗手水往往会和肉同时端上来。一定要时常用餐巾擦手和嘴。

面包的吃法，原则是先撕成小块，再用左手拿来吃。吃硬面包时，可以用刀先切成两半，再用手撕成块来吃，避免用刀子锯割面包。

3. 酒杯

侍者来倒酒时，不要手拿酒杯，而只需把酒杯放在桌上即可。正确的握杯姿势是用三根手指轻握杯脚。为避免手的温度使酒的温度增高，应用大拇指、中指、食指握住杯脚，小指放在杯子的底台起固定作用。

酒类应与主菜相搭配，红葡萄酒不可加冰块。轻轻摇动酒杯，让酒与空气接触可增加酒味的醇香，但不要猛烈摇晃杯子。此外，吸着喝或一饮而尽、边喝边透过酒杯看人，都是失礼的行为。

二、西餐禁忌

（一）发出声响

用餐之际，无论是有意还是无意，吃东西还是喝饮料，绝对不要发出声音，更不要搞得铿锵作响。西方人认为，在进食时出声响，是猪的基本特征，是缺乏教养者。在用餐时，不管是咳嗽、打喷嚏还是打嗝，都应自觉控制，不要当众出丑，也不要把座椅、餐桌、餐具弄出声音。

（二）埋头吃饭或高声喧哗

进餐时应适当交谈。但与中国追求热热闹闹、大声谈笑的习惯相反，西餐桌上讲究轻声细语，谈些轻松愉快的话题，一声不响或高声喧哗都是不好的。说话时嘴里不能嚼食物，通常说话前或喝酒前要用餐巾擦一下嘴。

（三）乱用餐具

在用餐时，对进餐顺序、刀叉用法等，若不明白，可以先看看别人的做法，模仿即可。不要用餐具相互敲击，或指点他人。

（四）杯盘狼藉

在用餐时，要讲究环境卫生和个人卫生，不要把餐盘、餐桌和地面弄得一塌糊涂。

三、自助餐礼仪

自助餐，有时也称冷餐会，它是目前国际上通行的一种非正式的西式宴会，在大型的商务活动中尤为多见，甚至中餐也引进了这种形式。它的特点就是自己帮助自己，即由就餐者各取所需地选择食物、饮料，然后或立、或坐，或自由结伴、或独自用餐，具有形式灵活、不限规模、节省费用等优势，尤其是每逢大规模活动时，自助餐不失为一种首选。

（一）排队取菜

大家都必须自觉地维护公共秩序，讲究先来后到，排队选用食物。不允许乱挤、乱抢、乱加队，更不允许不排队。

在取菜之前，先要准备好一只食盘。轮到自己取菜时，应以公用的餐具将食物装入自己的食盘之内，然后即应迅速离去。切勿在众多的食物面前犹豫再三，更不应该在取菜时挑挑拣拣，甚至直接下手，或以自己的餐具取菜。

（二）循序取菜

要首先了解合理的取菜顺序，然后循序渐进。取菜的先后顺序，依次应当是：冷菜、汤、热菜、甜点、水果、冰激凌等。如果完完全全地自行其事，乱装乱吃，难免会本末倒置，咸甜相克，令自己吃得不舒服。

（三）量力而行

自助餐不限量，但必须要量力而行。多吃是允许的，而浪费则绝对不允许，因此要遵守"多次少取"的原则。

（四）避免外带

所有的自助餐，不论是家庭自助餐，还是正式餐馆里的自助餐，都有一条不成文的规定，即只许可就餐者在用餐现场里自行享用，而绝对不许可在用餐完毕之后携带回家。

（五）送回餐具

自助餐强调自助，不但要求取菜时以自助为主，而且还要求在用餐结束之后，自觉地将餐具送至指定之处。不允许将餐具随手乱丢，甚至任意损毁餐具。在餐厅里就坐用餐，有时可以在离去时将餐具留在餐桌上，由侍者负责收拾。虽然如此，也应在离去前对其稍加整理为好。不要弄得自己的餐桌上杯盘狼藉，不堪入目。

（六）礼待他人

在参加自助餐时，除了对自己的举止表现要严加约束之外，还必须与他人和睦相处，互相照顾，以礼相待。在排队、取菜、寻位以及行动期间，都要主动谦让。除了品尝美食之外，不要忘记进行适当的交际活动。

技能训练
YiNenXunLian

一、认识西餐餐具

由老师事先准备一套西餐餐具，请同学们逐一辨识杯子、刀、叉、匙、糖块夹、派铲、点心铲、龙虾铲钳以及各式银器、瓷器等，并尝试正确的使用方法。

二、模拟西餐技能训练

邀请两位同学用刀叉模拟用餐，一位同学做服务员，模拟西餐用餐场景。请在场的同学们一起观察用餐过程，指出得体之处和不当之处。

作业

一、品头论足

1. 西方人交谈时有"八不问"之说，如年龄、婚否、收入、住址、个人生活、宗教信仰、政治见解、对其他人的看法、电话号码等私密话题。

2. 一位刘小姐和一位王先生在一家西餐厅就餐，王先生点了海鲜大餐，刘小姐则点了烤羊排。主菜上桌，两人的话匣子也打开了，王先生边听刘小姐聊起童年往事，一边吃海鲜，心情愉快极了。正在陶醉的当口，他发现有根鱼骨头塞在牙缝中，让他不舒服。王先生心想，用手去掏太不雅了，所以就用舌头舔，舔也舔不出来，还发出啧啧喳喳的声音，好不容易将它舔吐出来，就随手放在餐巾上。之后，他在吃虾时又在餐巾上吐了几口虾壳。刘小姐对这些不太计较，可这时王先生兴高采烈，高谈阔论，唾沫乱飞，其中的一些正好飞落在刘小姐的烤羊排上，这下刘小姐有些不高兴了。接下来，刘小姐话少了许多，饭也没怎么吃。

二、礼仪活动

1. 在方便的时候，约上几位好友去西式餐厅就餐，感受环境气氛，品尝美味佳肴，并观察他人的就餐习惯，寻找不符合西餐礼仪习惯的地方进行总结。

2. 在家庭中，为父母制作并安排一次西式晚餐，并为他们介绍简单的西餐礼仪。

知识链接

一、西餐的特点

首先，西餐极重视各类营养成分的搭配组合，搭配菜或加工烹调充分考虑人体对各种营养（糖类、脂肪、蛋白质、维生素）和热量的需求。其次，选料精细，用料广泛。第三，讲究调味，注重色泽，能刺激食欲。最后，工艺严谨，环境幽雅，器皿讲究。西餐的烹调方法很多，常用的有煎、烩、烤、焖等十几种，而且十分注重工艺流程，讲究科学化、程序化，工序严谨。烹调的炊具与餐具均有不同于中餐的特点。特别是餐具，除瓷制品外，水晶、玻璃及各类金属制餐具占很大比重。

在国际交往中，宴请外国友人的时候要遵守 5M 原则：第一个 M 是费用（Money），即国际交往强调节俭，强调务实，强调少而精，反对铺张浪费。第二个 M 是菜单（Menu），即菜肴的安排和内容。要避免客人不爱吃的食物，特别是民族禁忌、宗教禁忌不要触犯。以西方人为例，他们一般不吃什么呢？首先不吃动物内脏；第二不吃动物的头和脚；第三不吃淡水鱼，他们比较喜欢吃海鱼。第三个 M 是环境（Medium），即一定要整洁幽雅。第四个 M 是音乐（Music），即就餐时应配以适当的音乐。第五个 M 是举止（Manner），即举止要大方、文雅。

二、喝汤的礼仪

（1）要用汤匙喝汤，不宜端起碗来喝。
（2）喝汤的方法是汤匙由内侧向外侧舀出，与中餐恰好相反。
（3）不要任意搅和热汤和用口吹凉。
（4）汤舀起来不能分几口喝。
（5）有时也用两侧有耳的杯盛汤，此时可用两手持杯耳，端起来喝。
（6）喝完汤，汤匙应搁置在汤盘上，或汤杯的碟子上。

三、吃蔬菜和沙拉的礼仪

（1）配制在主菜里的蔬菜，都是可以吃的。

（2）玉米段上插了牙签、木棍，可以拿起来吃。

（3）小番茄可用手取食。

（4）沙拉用叉子吃。如果菜叶太大，可用刀在沙拉盘中切割，然后用叉子吃。

（5）芹菜条可以用手取食，也可以用刀叉取食。

四、吃水产海鲜的礼仪

（1）吃鱼片，可用右手持勺进食，少用刀。

（2）如果是连头带尾的全鱼，可以先将头尾切除，再去鱼鳍，将切下的头尾放在盘子一边，再吃鱼肉。

（3）吃完鱼的上层切忌翻身，可以用刀叉去掉鱼骨。

第六章

家庭礼仪

知识点

➢ 亲情礼仪。

➢ 夫妻礼仪。

➢ 邻里关系礼仪。

能力点

➢ 学会调节家庭成员之间的关系。

➢ 懂得婚姻基本礼仪。

➢ 掌握处理好邻里关系的方法。

第一节 亲情礼仪

　　丁丁是一名职业学校的学生，酷爱玩电脑。今天中午放学回到家，也没有和爸爸妈妈打招呼，他就直奔自己房间开始玩电脑游戏。爸妈不知道儿子早已回来，继续在厨房做饭。直到饭做熟了，还不见儿子回家，就一直等了2个多小时。妈妈坐在沙发上乱想：是不是自行车爆胎了？或者是与同学打架了？还是发生了……她越想越害怕，就忍不住给老师打了电话，得知丁丁早已离校。妈妈吓坏了，对丁丁爸爸讲："快，你换上衣服去学校一趟吧，我心跳得厉害，直怕儿子出什么事。"正当丁丁爸爸换鞋刚要出门之时，发现丁丁从房间里出来上厕所，气得爸妈狠狠训了他一顿。丁丁十分不耐烦地听着，捂住耳朵大声喊叫："你们真唠叨，就事论事好吗？我又没让你们等我吃饭，你们的儿子长大了，给我些自由好不好？"说完就打开门冲了出去……

礼仪知识

　　人生有一多半是在家庭中度过的，家庭是幸福的摇篮。有人认为，对外人讲礼仪是有必要的，而一家亲人天天相处在一起，用不着讲客套。其实不然，亲人间也要讲礼仪。讲礼仪是对家人亲情的自然流露，而不是什么虚情假意的客套。现在有些学生对家人往往不讲礼貌，如以"喂！"喊家长；父母身体不适时，不知关心体贴；自己能干的事也要指使家人干等，与其说是不讲礼仪，不如说是不懂亲情。家是我们的人生起点，是生活的港湾，家庭生活是社会生活的演练。家庭幸福与否掌握在你自己的手中。懂得家庭礼仪的人，才能够享受家庭的天伦之乐。

一、血浓于水——与父母相处之道

　　在这个世界上，当你遭受挫折或生病的时候，是谁最为你着急上火？当你受到伤害的时候，是谁最为你痛彻心肺？当你出门远行的时候，是谁为你牵肠挂肚？当你取得成绩的时候，是谁最为你由衷地骄傲？对，他们就是世界上最爱你的那两个人——爸爸和妈妈。

（一）感悟亲情

1. 生活的烦恼

你对老爸老妈最不满的地方是什么？恐怕首先要数唠叨了吧。每天重复同样的话，什么都管，唠唠叨叨，没完没了。此时你最突出的感受是什么？多数同学的回答是"烦"。让我们先来看看父母主要都唠叨哪些话题。

妈妈的唠叨

2. 享受亲情

歌曲《常回家看看》中有一句歌词："妈妈准备了一些唠叨，爸爸张罗了一桌好饭。"你有没有想过父母为什么会唠叨？有没有体会到这些唠叨也是幸福的元素呢？体会这些并不难，只需要你有一颗"感恩的心"。唠叨是因为爱。也许他们的态度不是很好，也许他们的方法不太科学，但有一点是可以肯定的，那就是他们对你的爱是最真切的。当你能以感恩之心理解父母的时候，你会体会到父母在说"注意安全"、"过马路小心点儿"、"好好听讲"、"抓紧时间"、"别谈恋爱"……时是什么心情了。

而我们是怎样回报这种关爱呢？目前，学生中自私自利、娇生惯养、厌恶劳动、以我为中心、不尊敬父母的现象较为突出。常常可以看到这样的家庭生活镜头：吃过饭后孩子转身看电视或出去玩耍了，父母却在那里忙碌着收拾碗筷；家里有好吃的东西，父母总是先让孩子品尝，孩子却很少请父母先吃；孩子一旦生病，父母便忙前忙后，百般关照，而父母身体不适，孩子却很少问候；有的甚至让母亲给自己端洗脚水……这样的我们有什么理由责备父母呢？

谁只抓住父母的"缺点"不放，谁就只能品尝烦恼；谁学会了享受亲情，谁就掌握了通向幸福大门的钥匙。

（二）沟通之道

1. 重视与父母沟通

青春期的少男少女开始有了"小秘密"，他们往往会对好朋友讲，这是对的。但"彼与彼年相若也，道相似也"，你不懂的他（她）也不明白。中国有句老话叫"不听老人言，吃亏在眼前"。意思是说老人的话有着深刻的人生道理，父辈对一些事物的认识和预见是同龄人所不能达到的。千万不要因为父母话多啰嗦，思想"落伍"，就对父母可贵的人生经验嗤之以鼻。因此，多与父母谈谈，可以增长见识，多获得些人生经验，多懂些做人的道理。更大的收获是：亲情。

2. 主动与父母沟通

作为子女，我们要感谢父母，是他们将我们带到这个美好的世界；是他们用爱与呵护为我们撑起一把温情的保护伞。中国古语有"百行孝为先"、"孝为德之本"之说，主动沟通是孝心的表现。由于社会发展很快，对于相差二三十年的人来说，思想上的差异是有的，即所谓"代沟"。但"代沟"并非难以逾越，能够同父母交流的话题是很多的。学校里的事情、老师、同学、新鲜事等都可以。中老年人大多喜欢追忆往事，特别是有特殊意义的往事。如果我们能主动谈论父母的经历，那么父母是很乐于诉说的，并在诉说中告诉我们一些生活经验、做人的道理。另外也可以谈一些社会新闻、动态，也是很好的交流沟通方式。

3. 与父母沟通的技巧

家庭关系的礼仪礼节是变化发展的。在封建社会，家长具有绝对权威，子女必须顺从；而在现代社会，家庭关系也同其他社会关系一样趋向平等，子女要尊重父母，父母也要尊重子女。

（1）敞开心灵，平心静气地和父母沟通。要想彼此理解，就得彼此了解，增进彼此了解的方法就是沟通、交心，让爱心和孝心在沟通中涌动。

（2）学会道歉。我们往往比较反感父母把自己当作孩子，认为自己已经是一个大人了。但不少同学的"面子"心理也越来越强，变得特别"嘴硬"，明知是自己错了，就是不肯服软，这恰恰是不成熟的标志。这只能让父母更加恼火，于是，一场"战争"也就在所难免了。

（3）控制情绪。父母发脾气，不妨暂时躲开；自己情绪不高，找点高兴的事情调整一下；父母错怪你的时候，与其当场争辩，不如换个时间换种方式沟通。如果事事都顶风而上，这个家也就永无宁日了。我们不要这样的结果，不是吗？

（4）从细微之处做起。早晨起来之后，向家人道声早安；外出或回到家中，和父母打声招呼；平时吃东西前，先问问父母吃不吃；父母身体不适，要多关心、多问候，尽可能地多陪伴他们；主动为父母分忧，要节俭；离家远行，可通过电话、书信等方式报平安。这些看起来似乎微不足道，做起来又非常容易的区区小事，却可以给父母家人带来莫大的精神安慰。

二、手足之情——与兄弟姐妹相处之道

　　孔融让梨是古代手足相处的佳话。关心爱护是同辈之间最基本的礼仪，这种爱护是无条件、不图回报的。这种无私的爱护，既要体现在物质利益的支援方面，又要表现在精神情感的沟通方面。在力所能及的前提下，对于同辈亲属，尤其是对于其中急需帮助之人给予最大的帮助，而在寻求同辈亲属的帮助时，则不宜强求。对于兄弟姐妹在思想、情感方面的问题，要及时加以点拨。遇到对外人难以诉说的苦恼，不妨跟同辈亲属聊一聊。

　　对于同辈亲人的爱护要领情，不要将对方的爱护，尤其是善意的批评、指责，视为一种负担。另外还要知恩图报，不要认为对方帮助自己是天经地义的事情。

技能训练
JiNengXunLian

一、分享亲情

　　和同桌分享父母的 20 大优点，并在合适的机会向父母说出你对他们优点的喜欢。

二、测一测你的家庭幸福指数

　　1. 你正与朋友通电话，妈妈希望你讲得不要太久。你会：

　　　A. 不耐烦地大声吼叫：知道了！

　　　B. 放下电话，但心里说：真烦人！

　　　C. 尽快放下电话，说声：对不起。

　　2. 父母下班回家，你会：

　　　A. 视而不见。

　　　B. 懒洋洋地打声招呼，或大叫：吃什么呀，我饿了！

　　　C. 主动打招呼，并做一些力所能及的事。

　　3. 父母在你心中的印象是：

　　　A. 唠叨不断，思想落伍。

　　　B. 勉强跟得上形势。

　　　C. 有作为，有能力，为他们骄傲。

　　4. 你们家庭成员之间的关系是：

　　　A. 有了心事懒得跟家里人说。

　　　B. 有代沟，沟通有障碍。

　　　C. 平等民主，互相鼓励。

5. 父母发脾气，或错怪你时，你会：

    A. 顶嘴。

    B. 躲在自己屋子里，懒得解释。

    C. 劝慰父母。

测评标准：

如果你选 A 多，说明你的家庭关系紧张，幸福感低；如果你选 B 多，说明你与父母关系一般，要进一步加强沟通；如果你选 C，说明你和父母关系融洽，家庭幸福。

作业

一、品头论足

（一）你有没有想过这些问题

1. 父母的身体如何？工作（收入）是否稳定？
2. 家里的经济状况怎样？自己平时用钱是否节约、合理？
3. 自己能为家里做些什么？家里有哪些事由我负责？

（二）一位女中学生给心理咨询师的信

以前，我是一个乖乖女。可最近，妈妈快到更年期了，脾气越来越暴躁，疑心很重。她对我严加防范，经常翻看我的书包，看我的日记，还私拆我的信件。每次看完我的东西，就像审犯人似地审我，我只能默默地忍受，悄悄地流泪。慢慢地，我越来越恨她，也越来越讨厌家。她越是这样，我越是气她，故意制造与男生有来往的假象。有一次，她竟然打了我耳光。以前我挺爱妈妈的，可我现在恨死她了。难道我只能这样熬到 18 岁吗？……您的听众——复仇天使。（资料来源：吴若梅. 2006. 青春的颤音. 北京：石油工业出版社）

（三）美国家庭生活片段

丹尼斯·摩尔的父亲已经失业很久，父母的确无钱为他买同学们穿的那种流行款式的服装，这无法不令他情绪低落。

一天，丹尼斯从学校回到家里，情绪低落、灰心丧气，这一切都被母亲看到了眼里。

摩尔太太："你看上去不怎么高兴。"

丹尼斯："是不怎么高兴。"

摩尔太太："今天有事使你不愉快，对不对？"

丹尼斯："嗯。"

摩尔太太："愿意对我谈谈吗？"

丹尼斯："请不要以为我太自私，但是我没有朋友们穿得好，这使我很苦恼。他们穿的衣服比我的这些破衣旧衫不知要高级多少倍。"

摩尔太太："漂亮的衣服穿起来的确使人风光。"

丹尼斯："嗯，我想我不能总显得这么寒酸。我必须想办法改变这种状况。"

摩尔太太："听得出来，你好像对衣服问题有些主意。"

丹尼斯："嗯，我听说现在有些地方可以打工。也许我能找一份工作，例如给人家送东西。我可以用打工的钱买衣服。"

摩尔太太："愿意跟我详细谈谈你的计划吗？"

丹尼斯："我先看看本地报纸的招聘广告，或者去附近商店仔细探听一下，看有什么活我可以干。"

摩尔太太："你想干就干吧！有什么进展告诉我好了。我们还可以一起好好商量。"

丹尼斯："你支持我的想法，我真是太高兴了。好的，我将随时告诉你我找工作的进展情况。"

与母亲成功地沟通后，丹尼斯就去打工了。结果，他用挣来的钱买了漂亮的衣服，这让母亲与他都感到很愉快。

二、礼仪系列活动

1. 开展"给父母写封信"活动，并进行"最感人家书"评比，评选出校园十大"孝星"。

2. 和父母交流你最喜欢的明星，特别要介绍清楚你最喜欢该明星的哪些方面。

3. 与父母一同观看电视剧《家有儿女》，讨论剧情。

4. 每天帮父母做一件事，或每周给父母打个电话。

知识链接

一、跨越代沟

一项调查问卷显示：有 61% 的学生认为父母不了解自己，75% 的学生认为父母思想保守，76% 的学生希望拥有自己的一片天空。为什么会这样呢？是父母子女间的最大敌人——代沟惹的祸。代沟，简单地说，就是不同年龄层次的人因思想观念上的差距造成的心理距离。我们都能体会到，随着年龄的增长，我们与父母的关系已不再像小时候那样亲密，这就是我们与父母的代沟，它妨碍了两代人的和谐关系。代沟是可以消融的。消融代沟的良方就是对父母的爱和理解。学会彼此尊重各自的思想和生活方式，不要把自己的想法和做法无理地、甚至是野蛮地强加给对方，在尊重和求同存异中和谐统一。学会宽容，我们在埋怨对方唠叨啰嗦之时，想一想自己是否不够宽容，不够豁达。

有了彼此的爱、理解、尊重、宽容，代沟非但不是你们交流的障碍，也许还可以互补，使你得到从同龄人那里得不到的东西。

二、溺爱是礼仪养成的天敌

不良行为习惯的形成有一个公式："5+2=0"。就是说，在每星期 7 天的时间里，孩子在学校花 5 天时间养成的良好的礼仪习惯，可能会由于父母 2 天的溺爱而抵消殆尽。家庭礼仪教育的实施，应该从身边细小的事情做起。哈尔滨三中学生陈磊 1996 年以 630 分的"托福"成绩直接考入美国某大学，她的父母在谈到对孩子进行文明习惯的培养时深有感触："见过陈磊的人都说她气质好，彬彬有礼，落落大方。这也是从小到大逐步养成的。""打陈磊学会说话、能听懂一些简单的指示和要求时起，我们就有意识地在各种场合下，告诉她应该怎样做。比如早晨离开家时，要和家里人说'再见'，到托儿所要问'阿姨好'、'小朋友好'等"。"在街上，吃剩的果皮和冰棍杆，我们都让她亲手送到垃圾箱里，从不随意往地上乱扔。乘公共汽车，当别人让座时，总要说声谢谢。每当看到环卫工人或园艺工人顶着烈日清扫街路、美化环境时，都要赞扬他们对城市对社会的贡献，告诉孩子要尊重他们的劳动……"

第二节　夫妻礼仪

将要出嫁的女儿忐忑不安地向母亲讨教怎样抓住丈夫的心。母亲一声不响，抓来一把沙子交给女儿，让女儿用力抓紧。可女儿越是用力，沙子就会越快地从手指缝中溜走，最后，手里只剩下很少的一点沙。母亲意味深长地说，婚姻的真谛在于如何让自己保持吸引力，而不是想方设法地限制对方，否则只能适得其反。只要你可爱，就永远会有人爱你。

礼仪知识

让自己更可爱，这的确是婚姻保鲜的良方。由花前月下的恋爱走进婚姻生活后，锅碗瓢盆、油盐酱醋的日子就开始了。起初，可能觉得很新鲜，夫妻之间也恩爱。可时间一长，就容易因审美疲劳而产生麻木感。于是，有人变得随随便便，有人蛮不在乎，有人索然寡味……这些都会无意中伤害对方，自己毫无察觉，时间长了就会影响夫妻感情。中国古代家庭中有"举案齐眉"、"相敬如宾"的佳话，而现代社会里，这些繁文缛节已显得不合时宜了，但相互尊重仍然是非常重要的。夫妻虽然朝夕相处，也应当注意礼节。这将影响我们的一生。

一、幸福婚姻密码

致 橡 树

舒婷

我如果爱你——/绝不像攀援的凌霄花，/借你的高枝炫耀自己；

/我如果爱你——/绝不学痴情的鸟儿，/为绿荫重复单调的歌曲；

/也不止像泉源/常年送来清凉的慰藉；

/也不止像险峰，增加你的高度，/衬托你的威仪。

/甚至日光/甚至春雨。

/不，这些都还不够！

/我必须是你近旁的一株木棉，/作为树的形象和你站在一起。

/根，相握在地下；/叶，相触在云里。

/每一阵风吹过，我们都互相致意，

/但没有人/听懂我们的言语。

/你有你的铜枝铁干，/像刀、像剑、也像戟；

/我有我红硕的花朵，/像沉重的叹息，又像英勇的火炬。

/我们分担寒潮、风雷、霹雳；/我们共享雾霭、流岚、虹霓；

/仿佛永远分离，却又终身相依。

/这才是伟大的爱情，/坚贞就在这里。

/爱，不仅爱你伟岸的身躯，

/也爱你坚持的位置，/足下的土地。

（一）平等相待

夫妻是一种没有血缘却有姻缘的家庭关系。夫妻平等是我国《婚姻法》所确认的一项基本原则，也是现代伦理道德的基本要求。感情是夫妻关系的基础，平等则是夫妻之间维系感情的重要条件。平等相待最重要的是人格的尊重。不论双方社会地位、职业类别、文化程度、经济收入等有何差异，都应该平等相待，绝不可相互歧视。居高临下的同情、可怜、施舍也不是爱情。另外，尊重对方的意愿、选择、个性、生活习惯和兴趣爱好；尊重对方的父母、亲戚和朋友；尊重对方的隐私，善于给对方适当的空间，都是平等相待的具体表现。

（二）亦爱亦友

真正的爱情往往是由友情发展而来的。做朋友都不能的人，当然做不了爱人。在这个意义上讲，喜欢比爱更为重要，是爱侣又是朋友的夫妻关系是更为稳固的。

（三）感恩和赞美

"一日夫妻百日恩。"滴水之恩尚且涌泉相报，何况有这样一个人陪伴你风风雨雨、共度一生呢？感恩是处理好夫妻关系的法宝。心存感恩就会有赞美。每个人都希望得到别人的赞美与认可，夫妻间的赞美可使对方更自信，生活就会更美满。

（四）糊涂的心态

郑板桥曾有"难得糊涂"的名言。尽管我们不能以此作为人生的哲学，但它却比较适合处理夫妻关系。夫妻之间在日常生活的许多摩擦、纷争往往不是什么大是大非的原则问题，甚至无法用"对"和"错"来评判。家庭更多的是讲"情"的地方，而不是讲"理"的地方。所以，婚前要张大双眼，婚后就要睁一只眼闭一只眼。闭上的那一只眼使你看不见对方的短处，睁开的那一只眼却是要欣赏对方的长处。当然这种欣赏要真诚，无论是私下还是在别人面前多夸赞对方，都要让对方感觉得到，这是保持家庭幸福美满的有效方法。只在心里默默地爱是不够的。

（五）关心和宽容

夫妻间朝夕相处，共同生活，细微之处的关心、体贴、包容，往往是保持和增进夫妻感情的重要因素，这些都是爱人之间最需要却又最缺少的。坦然面对另一方的异性友谊与交往，坦然接纳另一方以前的情感历程，不计较、不苛求对方的过失。爱一个人，就要爱他（她）的一切，包括宽容对方性格中的弱点和能力上的不足。

（六）责任和义务

1. 负责——婚姻的另一块基石

爱情是婚姻的基础，但婚姻只有爱情是不够的。爱情会在一定的时期内具有波动性。来自62个国家50年的离婚资料揭示，在历经了婚姻最初的美好以后，婚后4年左右会有一次"骚动"。爱情似乎淡漠的时候，其实并不一定意味着爱情的远离，此时需要双方为婚姻的持续存在作出努力。这种努力就是责任和义务。

2. 亲子——与孩子一同成长

孩子也是家庭中的一员，不妨多听听他的意见。对待自己的子女应当做到关怀有度、教育有方、行为有规。尊重孩子的人格和尊严，尤其要注重孩子的隐私权。既不溺爱也不体罚孩子，帮助孩子培养良好的学习、生活习惯，让孩子学会关心别人、尊重别人、善待别人、礼让别人。

3. 尊老——老吾老以及人之老

对双方的父母要一视同仁。子女与父母要多做情感上的交流，因为这是他们最需要的。家庭大事要与父母商量，生活小事也要多沟通。尊重并乐于听取长辈的意见，尽管自己不一定按他们的意见办。老人的习惯如作息习惯、饮食偏好、消费特点和情感需求等是多年养成的，年轻人应多迁就、体谅。

二、夫妻沟通的禁忌

不要以为，结婚后对方就是自己的人了，沟通起来就可以随心所欲。爱情这东西很微妙、很奇怪，如果双方十分谨慎地爱护它、培养它，它就会十倍、百倍地增长；但是一旦出现裂痕，就需要花十倍、百倍的精力去弥补，否则，后果不堪设想。

造成夫妻矛盾的主要原因有：

（一）生闷气

暗暗地给对方的错误算总账，薄积厚发，是十分不足取的。生气了最好让对方知道，对方一般会做出一些调整。即使是为了维持夫妻关系而保持沉默，也会使怒气越积越多，突然爆发更可怕。

（二）说谎

信任是夫妻的黏合剂，特别是当婚姻成为现实，双方的吸引力趋于平缓后，夫妻间最需要的就是对家庭的共同责任。一旦有一方说谎，另一方就会觉得对方不负责任，于是，信任感消失，家庭易出现裂痕。当然，善意的"谎言"还是应该有的。

（三）揭短

夫妻相互最了解对方的缺点，揭起短来最顺当、最切中要害，可这也是最伤感情的。欲揭其短，从体格、行为、品格等方面都可以挑出短来，而这些恰恰是本人最怕提起的，一旦一方点燃这根导火索，心照不宣的心理默契就毁了。辱骂、讥笑、嘲弄，只能使关系进一步恶化，对于双方的矛盾不会起到任何缓解作用。

（四）猜疑

没有根据的、不切合实际的猜疑和怀疑会使家庭失去宁静、和谐与幸福。夫妻应该养成经常谈心、交心的好习惯，心里有不痛快的事向对方敞开心扉，做到"长相知，不相疑"。

（五）指责和抱怨

在恋爱阶段，人们往往注重的是对方的优点，即所谓的"情人眼里出西施"。但一旦进入家庭生活，却往往会更多地注意或挑剔对方的缺点，比如拿自己妻子或丈夫的缺点跟别人的妻子或丈夫的优点比，经常提及对方的缺点，或为了抬高自己而贬低对方等，这些对婚姻有很大的破坏性。应坦白地向对方说出自己的感受，不要以指责、抱怨的语气指向对方。

技能训练
JiNengXunLian

男女生自由结组，讨论并归纳当代好妻子、好丈夫的 10 条标准。

作业

一、品头论足

1. 夫妻之间讲礼仪是虚伪的表现。

2. 如果没有嫉妒、没有醋意，就不是真正的爱情。平常，可故意设些圈套或做出些插曲来试探对方是否真的爱你。

3. 婚姻是爱情的坟墓。

4. 新婚的妻子要求丈夫每天必须夸她一点点。丈夫是个讷于言的人，他把妻子的手按到他胸口说，爱在这里面。可妻子说，你说的爱，我看不到。丈夫被缠得无奈，只好看了妻子一会儿，憋出一句：你的头发真不错。妻子抱着那一句赞语，认真地在镜子前摆弄了半天：自己的长发果真漂亮极了，飘逸如瀑。

这以后，妻子每天都要向丈夫"索要"一句赞语，丈夫于是慢慢地夸开了：妻子烧的菜好吃；买的窗帘好看；读书的品位高；举止十分优雅等。总之，妻子身上的亮点，被丈夫一点一点挖掘出来，加在一起，竟凝成璀璨的宝石，妻子焉能不醉？她因此变得光华灿烂。而老公也很自得：天底下这么好的女人被我娶回了家，焉能不乐？配偶之间应随时随地发现对方的优点，并立即赞赏之、歌颂之，而不要埋没了自己的"发现"。

二、礼仪活动

课外阅读：《安娜·卡列尼娜》（列夫·托尔斯泰）。

知识链接

一、夫妻相处的"八互"

周恩来和邓颖超夫妇一辈子相敬如宾，堪称夫妻的楷模。他们总结出夫妻相处的"八互"，值得每一对夫妻学习和借鉴。

（一）互敬

互敬即相互尊重，相敬如宾。例如在一次青年联合会上，女教师小吕准备上台参加歌唱比赛，她的丈夫大张悄悄叮嘱说，别紧张，你一定能成功。小吕说，谢谢你的鼓励。这段话听起来再平常不过，但事后，大张的朋友小于提起这件事，竟说："跟你媳妇还虚虚假假的，太酸了。"其实，把夫妻间的礼貌当作"酸"，是一种不良的心态。

（二）互爱

互爱即互相体贴，温情脉脉。婚姻是需要"经营"的，丈夫不要在婚后变得粗暴，妻子也不要在婚后变得俗气。夫妻虽然不再常有恋爱时花前月下的浪漫，但体贴对方的话要常讲，关心对方的话要常说。不要忘了感情交流，一个眼神，一个手势，一声亲切的呼唤，无不包含深情厚意。

（三）互学

互学即互相学习，取长补短。夫妻各有长处，不论是在事业上还是在日常生活中，要多看对方的长处，学习对方的优点，弥补自己的缺点，不断进步。

（四）互助

互助即互相支持，互相帮助，夫妻应共同承担家务。在事业上更要如此，共同走向人生的辉煌。

（五）互让

互让即互相谦让，切莫唯我独尊。夫妻之间要提倡平等，遇事多商量。丈夫不要以"大男子主义者"自居，妻子也不要让丈夫得"妻管严"。你敬我一尺，我敬你一丈，彼此多给对方一些理解和空间，夫妻感情会更加亲近、牢固。

（六）互谅

互谅即学会宽容，互相谅解，俗话说："金无足赤，人无完人。"何况"人有失手"，丈夫可能做事比较粗心，妻子要能够容忍；妻子或许比较啰嗦，丈夫要予以谅解。彼此求同存异，互相靠拢。

（七）互慰

互慰即互相关照，彼此安慰。人生的道路曲折、漫长，不可能事事称心如意，一帆风顺。当一方在前进的道路上遇到挫折时，另一方不要讽刺、挖苦甚至奚落，而应当多安慰对方，一起分析受挫折的原因，总结经验教训，让失败变为成功之母。

礼仪

148

（八）互勉

互勉即相互勉励，互相鼓舞。当一方取得成功时，另一方应表示热烈祝贺，并一起分享成功的欢乐，同时激励对方再接再厉，不断开拓前进。夫妻不论是在顺境还是逆境，都要互相理解、互相信任、互相支持、携手并肩，白头偕老。

二、了解爱人

真切地关注才是爱。心理学家认为，对爱人了解得越深，就越能赢得对方的欢心。那么，该从哪些方面去了解和关注对方呢？请选择你喜欢的几种方式。

（1）爱人的生日及你们的结婚纪念日。

（2）爱人父母的生日。

（3）爱人最喜欢什么、最怕什么？

（4）爱人最喜欢吃什么、玩什么？

（5）爱人最喜欢穿什么颜色的衣服、梳何种发型？

（6）爱人最欣赏你的哪一点？

（7）爱人最想要的节日礼物。

（8）爱人最喜欢的鲜花是哪种？

（9）爱人最爱看哪种类型的书籍及电视节目？

第三节　邻里关系礼仪

在一栋居民楼的 8 层，住着一位三十五六尚未婚配的女士。6 层的一位居民总是非常好奇，坐电梯遇到 8 层的居民时经常问："你家隔壁的闺女还没出嫁呢？有对象了吗？是不是有什么毛病呀？"过一阵见面，又问"听说楼上的以前离过婚，是不是受了刺激不愿意找对象了？她妈特着急吧？"每次这位"热心"的邻居发问时，一起乘坐电梯的人总是感到很尴尬，一声不响似乎不礼貌，接话茬似乎更不合适，唯有勉强笑笑以示回应。

礼仪知识

中国有句老话："远亲不如近邻"。邻里交往是最频繁的社会交往，低头不见抬头见嘛。注意与邻里之间的友谊，建立一种顺畅和谐的邻里关系，可以使我们生活的质量更高。

一、邻里交往规则

邻里关系具有多面性和琐碎性的特点，因此我们在与邻里交往时，一定要从细微之处做起。

（一）互相问好，互相帮助

对邻居要以礼相待，平易近人。见面后要主动打招呼，点头示意或寒暄几句，不要旁若无人，径直而过。平时对邻居不要苛求，谈得来的就多交往，谈不来的也要维持一种有距离的友好态度。指桑骂槐是没有教养的坏习惯。对于邻居提出的不合理要求和做法，采取"有礼、有节"的态度，合理地、妥善地解决处理。不为区区小事而斤斤计较，多体谅别人家的难处，发生矛盾时要保持冷静，说理要和气，不要发怒。对方有了困难要主动帮忙解决，邻里有了喜事，要帮忙并祝贺。邻里生病要主动探望。对邻居的老人和小孩，要给以尊重和照顾，特别是孤寡老人。这样，一旦我们有了困难，邻里也会鼎力相助。

（二）善于沟通和交流

常言道："只要有人群的地方就会有矛盾的产生"。因此，若想避免许多的误会，就要保持邻里之间的关系，加强邻里之间的交往，了解对方的好恶。但善于交往并不是串门越多越好。现在人们生活节奏越来越快，交往中要注意不要打扰对方正常的生活，否则会适得其反。

（三）互谅互让，注意细节

从小处做起。早出晚归要保持安静，不要大声喧哗和说笑；使用音响设备要掌握适宜的音量；尊重邻居的生活习惯；教育好孩子，不要不分场合任意吵闹等。邻里之间要互谅互让，多站在对方角度上考虑问题，做到严于律己，宽以待人。不要在公共场合堆放物品，不从楼上乱扔杂物。

二、邻里交往禁忌

一忌以邻为壑。有些人心眼小、私心重，精于算计，不肯吃亏，甚至明里暗里做些损人利己的事。这是最要不得的，其结果只能是在邻居中孤立自己。做人还是大气一些为好。

二忌"各扫门前雪"。以为邻居间避免矛盾的办法就是少掺和，管好自家就算了，甚至发展到"老死不相往来"。其实，邻里之间自顾自的做法绝对不是上策，谁能保证自己永远不发生需要别人帮助的事情？

三忌说长道短，拨弄是非。邻居交往，所谈多是家常琐事，稍不注意就会扯到长短是非上来，这是邻里团结的一大威胁。挖苦、嘲讽、诋毁邻居，甚至有意挑拨邻里关系，对邻居的困境幸灾乐祸，这绝对不是应取的态度。

　　四忌无端猜疑。一家人尚且免不了有思想上的分歧，何况邻里间要做到完全消除戒备，没有任何疑心，这恐怕也是不现实的。但无端猜疑最容易产生误会，给邻里关系造成不利影响，却是要警惕的。

　　五忌"常有理"。发生矛盾时，只要不是原则性的问题，就应多做自我批评，一味指责别人是很不明智的。如果在孩子们发生矛盾时偏袒自己的孩子，不管有理没理都不让人，表面上是爱护孩子，其实是害了孩子，助长了孩子的蛮横心理，而且恶化了邻里关系。

技能训练
JiNenXunLian

　　（1）马上就要期末考试了，可丽丽家楼上刚搬来几个年轻男女，每天晚上都会传出唱歌声、欢笑声，使丽丽不能安心学习。如果你是丽丽，该做何处理？

　　（2）你刚走到楼下，邻居从楼上倒污水或扔脏物，飞流直下三千尺，弄脏了你的衣服，你会怎么办？

　　（3）你家准备装修房子，怎样避免邻里纠纷？

　　（4）爸爸妈妈与邻居发生了口角，你会怎么办？你觉得以后再与该邻居见面应如何对待？还会像以前那样吗？

　　（5）高层建筑都有电梯，但在电梯里经常会遇到这样的问题：一些住户在上电梯之后，着急回家，根本不愿等后来的邻居；有的住户上电梯后，发现二十几层的按钮竟然都被一一按亮，造成电梯层层都停，可电梯外面却空无一人。这时你会怎么办？

作业

一、品头论足

　　1. 有两家邻居，比邻多年互不相识。有一天，其中一家3岁的小孩出门碰上邻居，见面就叫"阿姨好"，对方愣了一下，也随口跟着说"小朋友好"，并与大人打招呼。小孩只要见了邻居家的人，都会叔叔、阿姨叫个不停，两家大人终于开始熟识起来，见面也亲切自然多了。

　　2. 今天是端午节，小强的妈妈煮熟了粽子，让小强给邻居张大妈送几个。而小强认为这个礼物太一般了，不愿意去，还认为妈妈老土，送东西都不时尚。

二、礼仪活动

　　1. 假如你是本号楼的楼管，请起草一份《邻里文明公约》，字数为100～200，形式不限，浅显易懂为上。

2. 针对这份《邻里文明公约》，你将通过何种方式让邻里知晓。

一、苹果与鲜花

前几天，楼上张大爷生病住院，爸爸、妈妈和我打算一同探望。我准备去超市买些苹果作为礼物，不料却遭到了爸爸的反对。原来张大爷是上海人，在上海的方言里，"苹果"的发音和"病故"的发音非常相近，因此，上海人忌讳送苹果给病人。于是，我们给张大爷选购了一束发出淡淡香味的鲜花。爷爷见了可高兴了，激动地直说"远亲不如近邻"呀！

二、做客八戒

（1）戒做失约之客。准时赴会，即是对主人的尊重和礼貌，也是自身良好教养的标志。

（2）戒做不速之客。事先应电话预约，不打乱对方的生活规律。

（3）戒做无礼之客。叩门要轻，见人要热情打招呼。

（4）戒做带病之客。尤其是一些传染病患者，更不应去别人家做客。

（5）戒做肮脏之客。应注意仪表整洁，进门前应擦拭鞋底，必要时更换拖鞋；不乱弹烟灰，不乱扔瓜果皮屑。

（6）戒做暧昧之客。做客时态度一定要明朗，要讲明来意。

（7）戒做无聊之客。切不可无事到别人家里去消磨时光。做客要掌握好时间，在最适宜、双方都愉快时自动离开。

（8）戒做喧宾夺主之客。不可乱翻、乱动、乱用人家的东西。对于主人的物品，尽管自己喜爱也不可贸然提出要求或暗示自己的要求。

第七章

校 园 礼 仪

知识点

➢ 师生交往的礼仪。

➢ 同学交往的礼仪。

➢ 异性交往的礼仪。

➢ 校园仪式礼仪。

能力点

➢ 正确运用礼貌礼仪规范，和老师建立良好的关系。

➢ 和同学友好相处，正确处理同学矛盾。

➢ 能大方地和异性同学进行正常的交往。

➢ 能遵守庆典礼仪规范，言行得体。

第一节　师生交往的礼仪

　　宋朝的时候，有一位有学问的人，名叫杨时。杨时在青少年时代就非常用功。后来中了进士，他不愿做官，继续访师求教，先后拜大学问家程颢、程颐兄弟为老师。在他拜程颐为老师的时候已经四十岁了，但对老师还是那么谦虚、恭敬。

　　有一天，天空浓云密布，眼看一场大雪就要到来。午饭后，杨时为了向老师请教一个问题，约了同学游酢一起去程颐家里。不巧，程颐正在睡午觉。他们不愿打扰老师的午睡，便一声不响地立在门外等着。

　　天上飘起了鹅毛大雪，凛冽的寒气，冻得他们浑身发抖。他们仍旧站在门外等着。

　　过了好长时间，程颐才醒过来。知道杨时和游酢在门外雪地里已经等了好久，便赶快叫他们进去。这时候，门外的雪，已经积得有一尺多厚了。后来，"程门立雪"这一成语用来形容尊敬师长。

　　正是靠这种好学的精神，杨时成为宋朝著名的哲学家、教育家，官至右谏议大夫、国子祭酒，大家尊称他为"龟山先生"。

礼仪知识

　　中等教育阶段，大多数学生开始步入成年，这时是人生观和世界观形成的重要时期。校园里的人际关系是一种较为简单、单纯的关系，是我们走进社会大课堂之前的演练和预适应期。一个连师生关系、同学关系都处理不好的人，将来很难建立良好的社会关系，也难以取得事业的成功。因此，我们能认真地学习和实践校园礼仪规则，并严格地按照礼仪要求自觉地去做，这对于自己的一生，都将具有重要的意义。

一、反思与老师的关系

　　尊师重道是中国的传统美德，民间甚至有"天地君亲师"、"一日为师，终生为父"的俗话。孔子去世后，他的学生在坟墓旁结庐守陵；宋朝名将岳飞的老师周同死后，岳飞每逢初一、十五，必到老师墓前哭祭一番，并用老师赠送的三百斤硬弓连发三箭才肯回去；"程门立雪"的故事更是千古流传的佳话。古人尚能感念师恩，今天的我们为什么不能和老师搞好关系呢？让我们首先来分析一下师生关系不佳的原因。

（1）我没有得到老师的重视。

（2）我对该门课程不感兴趣，成绩也不好，虽然老师没有责备我，但自认为老师肯定不会喜欢学习不好的学生，于是对老师缺乏感情。

（3）因违反纪律等原因受老师批评过多，或过于严厉。

（4）现代社会人情淡漠，师生关系也不例外，师生关系好不好无所谓。

（5）老师冤枉过我，却又不肯承认自己的失误，我对此耿耿于怀。

（6）其他。

想想看，在你的一生中，至少有十多年是要和老师共同度过的，更何况，这十多年乃是你由懵懂无知到长大成人的关键阶段。如果你每天面对的是你不喜欢的人，那将是何等的痛苦，而这种痛苦，许多是本可以避免的无谓之苦。你自己是由于上述的哪种原因而不能走近老师呢？让我们来做一个换位思考，设身处地地站在老师的角度来理解老师的处境和心态吧。

二、与老师的心灵零距离——走近真实的老师

有人说老师是蜡烛，燃烧自己，照亮别人；是春蚕，鞠躬尽瘁，死而后已。老师说，不，这未免太悲壮。

有人说老师是人类灵魂的工程师，是太阳底下最光辉的职业。老师说，不，老师其实很平常。

有人说老师是园丁，精心培育满园芬芳。老师说，不，这尽管有几分相像，但与园丁的单向培育不同，老师要与学生共同成长。

那么，老师究竟是什么？其实，老师就是老师。老师在许多人眼中被符号化了，老师应该是公平、客观的，无所不知的、不能犯错误……很少有人会想到老师也是普普通通的人，有精神压力，会失落、会沮丧、会生气、会犯错误。老师有不少烦心事，备课、上课、批改作业、听课、教研活动、上公开课、辅导自习、考试命题、阅卷、监考、开会、写论文、评先进、评职称以及应付各种各样的检查考核……国家中小学心理教育课题组曾对 14 个地区的 168 所学校的 2292 名教师进行了抽样调查，结果显示：32.18% 的教师属于"轻度心理障碍"，16.56% 属于"中度心理障碍"，2.49% 已经构成心理疾病。

三、日常行为礼仪

小毛驴和小猴子生活在同一个主人家里。一天，小猴子玩得兴起，爬到主人家的房顶，上蹦下跳的，主人高兴地直夸小猴子机灵。为了得到主人夸奖，小毛驴也爬到房顶蹦蹦跳跳，费了好大劲，却把主人的屋顶给踩坏了。主人大声把它呵斥下来，还打了它一顿。小毛驴感到很委屈：为什么小猴子上房能得到夸奖，而我上房却要挨打呢？

小毛驴的问题，出在只是看到别人做什么，自己也就跟着做什么，而没有认清自己应该做什么，不应该做什么。

（一）课堂礼仪

尊重是人际交往礼仪的最基本的原则，师生之间也不例外。老师应该尊重学生的人格，学生更应该对老师有礼貌。遵守课堂纪律是学生最基本的礼貌。上课时不遵守纪律是对老师极大的不尊重，也是对其他同学的不尊重。也许你会说我不是有意地不尊重老师，而在任何一个老师看来，不遵守课堂纪律都是极不礼貌的。观察一下，你或你身边有无这类现象：

（1）无理由迟到，甚至迟到了还推门就进，或找借口开脱。

（2）在老师讲课时交头接耳，窃窃私语。

（3）在课堂上吃零食、看课外书。

（4）在课堂上伏案大睡。

（5）上课时不关闭手机，甚至旁若无人地接电话、发短信、听音乐。

（6）大声喧哗，坐立不安地摇晃桌椅，或制造其他噪声。

（7）夏天穿背心、拖鞋，赤膊上阵；冬天戴帽子上课等。

（8）故意做出滑稽的举止引人发笑。

（9）不服管理，拒不承认错误，顶撞老师，发泄不满情绪。

（二）课外礼仪

1. 师生相遇，主动热情

要主动热情地问好，不可视而不见。冷漠是沟通的天敌，沉默是陌生的代名词；灿烂的笑容是世上最美好的名片，温暖的话语能拉近心灵的距离。另外还应主动给老师提供方便，如在公共汽车上让座；在楼道或进出门、上下楼梯时请老师先行；节日、老师的生日或老师生病时，送上一句问候或祝福的话。这些看似平常的细节，都能给老师莫大的安慰和满足。

2. 小节不小，分寸不可少

"小节"虽小，意义却大。礼貌经常表现为一举一动、一言一行等小节，但它正是一个人的文化修养和内涵的反映。良师往往会成为益友，但即使是益友，也要注意交往的分寸。

3. 师生相处，主动帮助

当老师擦黑板的时候、扫地的时候、抱着一摞作业本的时候……作为学生站在一边旁观，熟视无睹，又怎能建立和谐融洽的师生关系呢？

4. 人而有过，主动认错

人非圣贤，孰能无过？过而改之，善莫大焉。在社会交往中，人们常因一招之错而使关系僵化，老师则不会对主动认错的学生不依不饶。当然，过错方也要

为自己的失误承担必要的责任。敢于承认自己的错误是有责任心的重要体现，在一定程度上也是一个人成熟的标志。

5. 师生谈话，讲究礼貌

（1）和老师谈话时，学生应主动请老师坐下。若老师不坐，学生应该和老师一起站着谈话。若老师让学生坐，则学生可以和老师坐着谈话。站姿或坐姿要端正，身体微微前倾，表示对老师讲话的专注。

（2）和老师谈话时，学生无论是站着还是坐着，都应双目注视着老师，保持目光接触，不要东张西望，心不在焉。

（3）不中途打断老师，让老师把话说完。如果对老师的话感到不理解，或有不同看法时，学生不必隐瞒，应谦虚而诚恳地向老师请教，直到弄明白为止。

6. 老师也有过，委婉提意见

心理学的研究发现，人们会对没有缺点的人敬而远之。其实，世上根本不存在没有缺点的人。老师也不是完美的，也会有犯错误的时候，如观点不正确，或误解了某个同学，甚至有的老师"架子"比较大，或是太严厉，这都是可能的。发现老师的不足要持理解态度，向老师提意见语气要委婉，时机要适当。如果老师冤枉了你，当面和老师顶撞起来吗？不行，这样不但无助于问题的解决，还会恶化师生的关系。暂且忍一忍，等大家都心平气和时再说。不管怎么说，老师是长者，做学生的应该把他们置于长者的位置，照顾老师的自尊心和面子。

技能训练
JiNenXunLian

课 堂 讨 论

（1）当发生下述情况时：①当老师不重视我时；②当我与老师意见不一致时；③当老师因不明真相而错怪我时；④当老师当众批评我时；⑤当老师当众表扬我时；⑥当老师指派我去干活时。

（2）"昨天的班会课上，李老师正在一脸严肃地宣读学校新颁布的规章制度，教室里不时传出几声议论和怪笑。我觉得李老师有些说法真的老掉牙了，禁不住也跟着笑出了声。没想到李老师突然发火，让我站起来，还当着全班男女同学的面批评了我。我真不明白，为什么全班那么多同学都笑了，她不说，偏偏就让我站起来呢？再说笑两声也不是什么大错。我很不服气，与李老师顶撞起来。结果，李老师命我去办公室反省，还让我写了一份"深刻检查"。我很气愤，唉，为什么倒霉的事都让我赶上了呢？比如上次我忘了擦黑板，也被她狠批了一顿。其实，忘了擦黑板的又不止我一个。昨天晚上，我在家写"检查"，一边写一边生气，越想越气。倒不单单是为这件事，我总觉得我这个人命不好，喝口凉水都塞牙，是个倒霉人"。

这是学生林林在向心理咨询老师求救时说的话，请从老师和林林两个人的角度做心理分析：李老师为什么偏偏在林林笑的时候发火？林林的想法、情绪和行为有无失当之处？林林应该怎么想？怎么做？

（3）有一位年轻老师讲课语速很快，声音又很小，坐在后排的同学早有抱怨。还有一次，他做的题目与正确答案有偏差。但他的课后辅导做得很认真。你作为**课代表**，如何向老师和同学表达自己的观点，消除误会和不良影响？

（4）李老师年轻漂亮，衣饰时髦靓丽，教课也很风趣幽默，经常是同学们课堂和课下议论的焦点。但是课堂纪律有些令人担忧，而且她总是下课就走，没有更多的时间与大家交流。假如你是一位普通学生，如何向她表达自己的想法？

（5）在联欢会上，老师和同学们欢聚一堂。大家在一起表演节目、讲笑话、演小品、朗读诗歌、做游戏，十分开心。此时，一位同学拍着某位年轻老师的肩膀，正说着什么"哥们儿"如何如何。

（6）某日，你和5位同学在校内卫生区大扫除。上课铃响了，你们想起这节课是期中考试，老师课前曾三令五申不许迟到。于是大家慌忙向教室跑去，其他4人跑得比较快，踩着铃声跑进教室。你由于收拾卫生工具跑在最后，铃声结束后才进教室。老师非常生气，严厉地批评了你。你总想申明理由，可老师反而更生气，让你在教室外反思。看着考试正在进行，你又着急又委屈，你该怎么办？

作业

1. 列举每位老师的20大优点，并说给他们听。

2. 利用教师节等机会，召开一次师生联欢会，增进师生之间的了解和友谊。

3. 让我们利用下面这份调查表，从中选择一些问题，也可以自己设计提问，采访一下你最喜欢和最不喜欢的老师，走近老师的内心。

尊敬的老师：

请您抽空回答同学们的问题，谢谢！

1. 您喜欢教师这个职业吗？您如何形容这个职业？

2. 工作中最让您快乐的事是什么？最让您烦恼的事是什么？

3. 您心目中的好学生是什么样子的？

4. 同学们说，天下的老师都不喜欢差生，是这样吗？

5. 如果学生达不到您的期望，您会如何看待这个学生？

6. 在与学生的接触中，您觉得最难处理的事情是什么？

7. 您希望在学生的心目中是一个怎样的人？

8. 您觉得最理想的师生关系应该是怎样的？

9. 您目前最想做的事情是什么？

---

10. 您的兴趣爱好是什么?

11. 您最喜欢看的书,喜欢听的音乐是什么?

12. 您最遗憾的事情的什么?

13. 您最得意的事情是什么?

14. 对您影响最大的人是谁?

15. 回顾您的成长经历,您最想与同学们分享的成长体会是什么?

16. 您最大的弱点是什么?

17. 其他。

通过采访,你是否觉得真实的老师与你印象中的老师有很大的不同呢? 你对"老师"产生了什么新的看法?

知识链接

一、相信学生

教育学家曾做过一个著名的实验。两位水平相当的老师分别给随机抽取的两组学生教授完全相同的课程。所不同的是,其中一位老师被告知他所教的学生天资聪慧、思维敏捷,他们能解决任何棘手的问题;另一位老师却被告知他的学生天资一般,我们只是期待一般的结果出现。一年之后,所谓"聪明"组的学生比"一般"组的学生的学习成绩整体领先。实验证明,你对你的行为对象的期待不同,那么,你的行为对象就会无形中朝着你所期待的方向前进。

二、毛主席向老师敬酒

1959 年 6 月 25 日,毛泽东主席回到阔别 32 年的故乡韶山,特意邀请自己在私塾读书时的老师毛宇居一起用饭。席间,毛主席热情地向老师敬酒。毛宇居不胜荣幸,感动地说:"主席敬酒,岂敢,岂敢!"毛主席却笑盈盈地回答:"敬老尊贤,应该,应该!"

第二节　同学交往的礼仪

秦飒和刘飞是非常要好的朋友,而且因为一起在校住宿,两人在金钱和生活上不分彼此,互相帮助,学习上共同进步,可谓情同手足。但是有一回,刘飞在秦飒回家期间,收到一封寄给秦飒的印刷品信件,他认为无关紧要就拆开一睹为快，没有想到，秦飒回来很不高兴，两人的友谊似乎从此生分了许多。

礼仪知识

同学之间的交往，光有友爱的良好愿望是远远不够的。只有遵循交友原则，注意礼仪礼貌，才能使"友谊地久天长"。

一、尊重别人，注意礼貌

受到尊重是人人都有的一种心理需要，同学也是一样。

给同学留有个人隐私的空间。同窗好友应坦诚相见，无话不谈，但这并不等于要把自己的一切公布于众。只要不违背社会的道德和法律，不侵犯他人的权利，每个同学自己的隐私都应该受到其他人的尊重。凡是同学不愿谈的，就不要去打听，不要追问。那种到处刺探别人的隐私，甚至把别人心灵上的创伤当作新闻来传播，以供自己取乐的人，是违背现代文明社会的道德规范的。不可私自翻看同学的日记和信件，更不可把内容公开。这样做不仅是不道德、不礼貌的行为，而且还是一种违法行为，是应该坚决杜绝的。

给同学起绰号和嘲笑同学的生理缺陷，是一种低级、庸俗、无聊的行为。有的绰号并无贬义，如把学习成绩好、刻苦努力、认真钻研的同学称之为"博士"。但更多的绰号是带讽刺和侮辱性的，如根据人的生理缺陷命名的绰号，一旦传开，会给当事同学造成心理上的伤害。生理上有缺陷的同学，一般都较为内向，内心充满苦恼与忧伤。他们在学习上、生活上会遇到更多的困难，更需要的是别人的关心、帮助和鼓励，而绝不是奚落、嘲笑和歧视。

二、热情待人，相互帮助

我们经常看到，有的同学人缘很好，很多同学都愿意与他交往；而有的同学却很少有人愿意理他。这与每位同学在交往过程中是否注意礼仪有很大的关系。热情待人，相互帮助，这是与同学相处的一个基本原则。很难想象，一个为人冷淡、口是心非、不关心别人的人会赢得友谊。俗话说得好：与人方便，与己方便。关心别人的人常常会得到别人更多的关心。当同学有求于你或有困难时，应主动帮助。早出晚归时要顾及同寝室其他的同学。对于同学遭遇的不幸、偶尔的失败、学习上暂时的落后等，不应嘲笑、冷落、歧视，而应该给予热情的帮助。

古训有"人亲财不亲"的说法，意思是即使再亲密的朋友，在钱财上也不能过于随便。生活中有太多例子都表明，"花钱不分你我，用物不分彼此"的交往，时间久了，必将会导致人与人之间的疏远，甚至是反感。因此，从小就应养成不轻易向别人借钱、借物的习惯。在学校里学习，自己要备齐学习、生活的必需品。如必须借用同学的东西时要讲礼貌，并说明原因，待同学允许后再使用。用时要爱惜，用完要及时归还，归还东西时还要表示感谢。

三、严于律己，宽以待人

严于律己，宽以待人，这是中华民族的传统美德之一，也是人际交往中的礼仪原则。其道理同学们都是知道的，但有的同学在日常生活中却常忘记这一点。有的同学对别人的缺点缺乏宽容心，总喜欢在背后议论是非，发表一些不负责任的言论，而对自己的不足之处却视而不见，满不在乎，容不得别人的半点批评；有的同学喜欢以自我为中心，自以为是，把自己的观点强加于人；有的同学得理不饶人，为了一点小事而与同学争得面红耳赤，一定要分个高低胜负，甚至发展到恶语相向、大打出手。这些行为与学生的身份是格格不入的。

四、语言文明

说话时态度要诚恳、谦虚，不因朝夕相处而忽视礼貌，养成讲问候语、致谢语、道歉语的习惯；若同学说得欠妥或说错了，应在不伤害同学自尊心的情况下，恳切、委婉地指出。谈话内容要真诚实在，要实事求是地谈出自己对事情的看法。不胡乱说恭维别人的话，不说使别人感到伤心、羞愧的事，不说不文明的污言秽语。提倡使用普通话。

技能训练
JiNenXunLian

课堂讨论

（1）你的一位同学家中非常富裕，其他同学见到他名牌加身、出手阔绰，非常羡慕，有的同学乐于巴结逢迎，有的同学不屑一顾。

（2）你的同桌是你的好朋友，但是他上课总喜欢将手机设置成振动后发短信，打游戏。老师批评过他多次，但他总是阳奉阴违。你感觉他这种行为也影响到了你的上课效率，也深为苦恼。

（3）你的一个好朋友非常外向开朗，只是他特别喜欢给同学起绰号。因为他热情直爽，乐于助人，大家对此也就习以为常，接受了他的缺点。但是他最近又热衷于给女生起绰号，引起了女生的反感和抵制，班级气氛非常紧张。你准备调节一下双方关系，将如何去做呢？

（4）你的钱放在书桌里不见了，你很生气，然后告诉了你最要好的几位同学，请他们帮你分析一下。大家认为郝一方的嫌疑最大，你打算如何处理这件事？

（5）你同宿舍的同学在假日外出，没有想到，他的亲戚来学校找他。同宿舍其他人都不在，你一会儿还要出门，你如何接待？

（6）你和同学们约好假日去春游踏青，但是有几位同学却迟到了，不仅延误了一个小时的行程，而且影响了大家的情绪。一些同学发出很多怨言，气氛急剧恶化。作为组织者之一，你如何协调同学关系，改进行程，避免这样的事情再次发生？

作业

一、列举优点

列举你同桌的二十大优点，并说给同学们听。

二、就餐礼仪改良活动

（一）任务描述

你校启用了新餐厅，但是各种状况却不尽如人意，比如买饭不排队，浪费粮食，随手乱扔垃圾，卫生糟糕，就餐时有人大声喧哗、放声谈笑等。虽然有人提出异议，但大家并未普遍重视。请你利用自己团支书的身份，谋划改变餐厅的现状。

（二）任务分析

1. 学生文明就餐礼仪急需加强教育。
2. 加强勤俭节约教育。
3. 加强餐厅管理制度化建设，以及制度执行的人性化。

（三）任务方案

1. 以班级名义起草校内文明就餐倡议书。
2. 值周同学的监督检查，以礼貌的方式使倡议内容落到实处。
3. 针对餐厅的服务设施不足的问题呼吁解决。例如：增设垃圾桶等。

知识链接

一、适当的距离产生美

我们都喜欢用"亲密无间"这个词来形容很要好的朋友。其实，真的到了亲密无间的程度往往会适得其反。朋友之间保持一定的距离是必要的，距离的大小可视亲疏程度的不同而定。有些人一旦和别人熟悉了，就丢掉了分寸感，进入了所谓不分彼此的境界。物极必反，一到这种地步，友情就会走向反面。原因在哪里呢？就在于当到了"不把他当外人"的时候，自然会把一些看起来是小节，实际上却很重要的礼仪问题放到无关紧要的地位，如说话的态度和方式等，这样就势必增加了误会或摩擦的可能性。

曾有人以豪猪作比喻。豪猪浑身长满了刺，在天冷时为了避寒，都想互相利用彼此的体温，于是就尽可能地靠近，但是不能太近，因为它们身上都有刺。结果，豪猪们就在谁也刺不到谁的前提下尽可能地靠在了一起。人与人之间的交往也应保持一种"豪猪般的距离"。

其实，人与人的交往何妨拉开一段距离。由于有了距离，所以就有了主体与客体的存在。视线通透了，看对方也长远些，而且主体和客体的位置常常可以互换。朋友交往，不必短期全线出击，炙热烫人；也不必因利益稍有冲突，霎时势成虎牛。只须闲时常记起对方，给一个电话，听听对方的声音，相约去看一场电影，打打网球；星期日茶聚，海阔天空，握杯清谈——淡淡然，时间会流成溪流。

交友之道，宛如观荷。亭亭如盖，盈盈欲开，最宜远观，不可亵玩。而香随风送，无语沁人，臻于妙境。太过近前，反见残枝败叶，腐水困积，不免败兴。

每个人都有自己的空间，都有一方荷塘。我观彼荷，彼观我荷，自悦悦人，享受悠然阔绰。

二、求助的礼貌

要想向他人学习，寻求他人的帮助是必不可少的途径。向人求助也是要有礼貌的。要意识到，向别人请教，是对人家的一个打扰。对方可以应答，也完全有理由拒绝。因此，若准备求助于某人，应先询问对方是否有时间，再说明自己的来意，征得同意后，再提出问题；若对方拒绝，也不要心生埋怨。得到帮助后，无论是不是解决了自己的问题，都要表示感谢。得到别人的帮助，却因对方的帮助不完善而埋怨，若这样，估计很难再得到别人的帮助了。

第三节　异性交往的礼仪

心理老师您好，我是芊芊，是初三的女生。超和我家住在同一个小区，我们有时一起上学放学，有了烦心事我也愿意跟他说一说，我们是很要好的朋友。说真的，我们很单纯，最亲密的时候也就算是他用自行车带我回家了。忽然有一天，超像掉了魂，或者说像吃错了药，竟说他喜欢我，想让我做他的女朋友。从此他每天接送我上、下学。第一次有异性向我表白，我既紧张又害怕，不知该怎么办。想起班主任老师的话："爱情是有的，但它不属于今天；你想拥有爱情吗？那就耐心等待明天。"于是我对他说，我愿意永远做他的好朋友、好兄弟。超有些失落，好像和我有些疏远，我心里说不清是什么滋味。

前不久，班里有位叫云的男生突然向我表示，说他暗恋我已经半年了！我当时就晕了——因为他是我们的"班草"（最帅的男生），而我离"班花"可是有十万八千里呀！云怎么会 like 我呢？可是能做他的女朋友真是太有面子了，于是我接受了他。

我沉浸在和云在一起的快乐中。云很会哄人，给我讲笑话，一起去吃麦当劳，去游乐园。前几天，云托人给我送来一封信，我还以为是约我去玩，谁想到那竟是一封分手信。云说了很多理由，我觉得很难过。一切怎么变得那样快呢？云的离去使我伤心，超对我若即若离，我觉得对不起他。我开始想念和超在一起做朋友的日子，那时多么轻松、开心呀！（资料来源：吴若梅．2006．青春的颤音．北京：石油工业出版社）

礼仪知识

男女同学在校内共同学习、朝夕相处，彼此应该互相尊重、互相帮助、以礼相待。男同学应彬彬有礼、温文尔雅，女同学应端庄大方、善解人意。

一、健康的男女交往是美丽的花朵

走过无忧无虑的童年，走过懵懵懂懂的少年，我们走进了花季雨季。青春的我们风华正茂、意气风发、激情飞扬、清纯向上，有许多美好的梦想，同时也有了许多"酸酸甜甜"的烦恼。其中的"烦恼"之一，就是青春期性心理和性生理的萌动。

其实，完全没有必要如临大敌。告别了少年时的异性相斥期，青春期的异性相吸是十分自然的、也是十分正常的。相反，如果你反感、厌恶异性，倒是一件十分令人忧虑的事情。男女同学间友好相处是学校里一道靓丽的风景线。它有利于我们的身心健康，使我们顺利地走向成熟，走向成年的幸福殿堂。若干年后，"同桌的你"、"同学的你"都可能是一份甜蜜的回忆。

但要保持住异性同学间这种健康的友谊和交往，充分享受花季的甘甜和芬芳，却并非易事。芊芊和超曾有过一段非常纯洁而美好的友情，但一切都随着超的"爱情"表白而结束了。超想让芊芊做他的女朋友，结果，"恋人"没做成，就连朋友也没得做了。隐隐的"甜蜜"变成了淡淡的"酸涩"。

如何让青春的美丽不变色，青春的甜蜜不变味呢？我们应该把握住男女同学交往的基本原则：

（一）在友情的界限内交往

人生的不同阶段有不同的特点和任务。任何美好的事物如果脱离了它应该发生的阶段，就会出问题。老成持重是好的，但如果发生在儿童身上则未必是好事；女孩子的天真和撒娇是可爱的，但在老年人则未必适宜。同样的道理，爱情是人生最美好的情感之一，但它不属于中学生。因为爱情的内涵，除了两情相悦之外，还有诸多的责任和义务，如彼此的忠诚专一、养家糊口的经济基础、生儿育女的心智能力，以及性关系等。这些要素都是中等学校的学生所不完全具备的。只有两情相悦这一条似乎具备，但由于他们常常把青春期异性之间的好奇、渴望、好感、崇拜、喜爱等感受当作"爱情"，今天暗恋这个，明天又喜欢那个。所以，这种"爱情"很难做到专一。这不是说少男少女都是朝秦暮楚的花心大萝卜，而是青春期多变的心理所致。云对芊芊的"情变"即是如此。

因此，中等学校学生要有意识地把男女同学交往的界限控制在"友情"的界限之内。即使这种"友情"有时会发展成"爱情"的萌芽，那也应该将它们珍藏在心底，待到毕业后时机成熟时，它自然会长出灿烂的爱情之花。假如你想提前拥有明天的爱情，结果往往会欲速则不达，得到的恰恰是烦恼，"爱情"也会远你而去。爱情本是美好的，但在你没有能力履行爱的责任时，却有着"生命不能承受之重"。

（二）在集体中交往

如何防止"友情"早熟，变成青涩沉重的"爱情"呢？答案是广泛交友，包括异性朋友。把眼光放得开阔些和长远些，你会发现，每一个有个性、有优点的人都有可爱之处。从狭隘的小圈子里走出来，敞开心胸，把异性朋友和其他朋友一样，在集体活动中坦荡交往、友好相处，你会发现更多理解你、欣赏你、喜欢你的异性朋友，那时你会明白，喜欢不一定用恋人的形式来表达。

异性朋友交往的范围应广而不滥，交往的关系应近而不昵，交往的情感应喜而不痴。要注意男女有别，注意方式、方法和分寸，保持适当的礼仪。通过群体交往，可以满足少男少女渴望与异性交往的心理需要，使受到压抑的性心理得以合理释放，还可以学会与异性交往的艺术，这对我们的心理健康、对未来融洽的人际关系和家庭关系等，都具有非常积极的意义。

（三）在公共场合中交往

男女生交往中的许多超出友情界限的行为，往往是在没有准备的情况下意外地发生的。因此，男女交往要做到不单独到偏僻荒远的地方，不在私密的空间长谈。总之，不去你不能掌握主动权的地方，坚决而果断地拒绝对方过分的要求。

二、早恋是一枚青涩的苦果

恋爱并没有错，错就错在一个"早"字。著名教育学家陶行知曾这样教导他的学生："每个人无论男女，到了一定的年龄都是要谈恋爱的，要过家庭生活。但是，像这棵树上的杏子，是熟的好吃，还是生的好吃？要是没成熟就摘下来，好吃么？人也像果子，要长成熟，有了学问，会做工作，又有了养育子女的能力，好比果子熟了，那时就可以得到真正的幸福了。"中等学校学生的恋爱难以持久，很容易移情别恋，分分合合，争吵不断，引发偏激行为，如恶性报复、伤感忧郁、离家出走，甚至自杀等。如果沉溺其中，还会造成一系列的后果。

那么，少男少女交往的"度"在那里呢？异性友情和爱情有许多相同之处，如都具有比较接近的思想观念、道德情操、兴趣爱好，都具有互相吸引的特点。但"喜欢（like）"和"爱（love）"不是一回事。

（1）爱情一般以缔结婚姻、组建家庭为目的，友情则不是。一个已婚者、独身主义者，或根本不愿和你共度一生的人，都无权对你说"我爱你"。

（2）爱情具有排他性。一旦男女双方形成恋爱关系，绝对不允许有第三者介入。而友情则是多元的，双方都可以拥有其他异性朋友。

（3）爱情具有专一性。爱情是一对一的，双方要忠诚对方，任何一方朝秦暮楚都是不道德的。

（4）爱情是有责任的情感。除朋友间应有的互相关心、互相帮助之外，爱情还有互相扶持、共同支持家庭经济，共同承担家务，以及教育子女、赡养老人的责任，这些都是一般异性友情所不备的。

（5）爱情包含性意向成分，而一般异性友情则不应有过分亲昵的行为。

三、待到禁果成熟时

随着生活水平的提高，现代青少年性成熟的年龄平均提前了两岁，而平均结婚年龄则推迟了 5 年以上。这种日益扩大的反差，大大增加了青少年婚前性行为的概率。性行为对青少年意味着什么？婚前性行为的后果究竟有哪些？

（一）生理的伤害

1. 堕胎

少女是婚前性行为的最大受害者，最常见的生理伤害就是少女怀孕堕胎，它对少女的身体伤害极大。有些堕胎后遗症可能会影响女孩一生的健康和幸福指数。一个有责任感的男人，不会轻易向少女提出性要求，更不会以此相要挟。

2. 性传播疾病

常见的性传播疾病有淋病、梅毒、艾滋病等。如果治疗不当，往往迁延难愈，危害自己和爱人的身体健康，有的还会危及生命。

（二）心理的伤害

1. 负面情绪

伴随着偷吃禁果而产生的恐惧感、焦虑感、负罪感等，使原本阳光的青春变得灰暗，使原本平和的心情变得沉重。更有甚者会破罐破摔，在人生的歧途上越走越远。

2. 心理障碍

人往往对容易得到的东西不加珍惜。"爱的奉献"的结果，有时反而会被认为是"轻浮"，新鲜和刺激之后尾随而至的幽灵是"厌倦"，从而使你失去这份所谓的"爱"。这种"赔了夫人又折兵"式的双重伤害，对涉世未深的心灵是一种巨大的打击，严重危害心理健康。

（三）人生的伤害

人生是漫长的，但紧要处只有几步。青春期恰恰是漫长人生路上紧要的几步之一。不知有多少迷途的少男少女因为婚前性行为所造成的沉重心理负担而无心向学，成绩江河日下，由此改变了自己一生的人生轨迹。婚前性行为的对象有时不是自己未来的爱人，这一点也会成为有害将来婚姻幸福的隐患。

洁身自好，可以保证你求学的自由、追求事业发展的自由、选择更适合自己的人生伴侣的自由、获得心灵安逸的自由……

等待是一种甜蜜的煎熬，美好的事情多半如此。在等待中长大成人，最终会获得属于你的幸福。

技能训练
JiNenXunLian

自由选择伙伴，就以下问题进行讨论：

（1）某男生在晚8时约请一位女生一起外出去探望朋友，假如你是那位女生，你如何应答？

（2）某女生收到一位男生的求爱信，但却不喜欢他，她该以什么方式拒绝呢？

（3）拥有自己心灵的私密空间，是青年人成长的需要，不是什么见不得人的事情。反之，如果一个人没有隐私意识，他步入社会后是要付出代价的。你同意吗？

（4）当异性熟人在私密场合对你动手动脚时，正确的做法应是怎样的？

（5）临近暑假结束，广播电台"青春热线"栏目，正有7名怀孕的少女在焦急地等待心理专家的指导，初三女孩婉婉就是其中的一个。前不久，她和男友相约去爬山，在一处偏僻的地方，男友向她提出了性要求。婉婉认为，自己很爱他，既然爱就应该奉献，于是，她半推半就地献出了自己的贞操。本以为男友从此会更加珍惜自己，但事与愿违，事后男友反而认为她太轻浮了，怎么能这么随随便便呢？男友从此疏远了她。她付出了贞操，得到的却是眼泪。婉婉痛不欲生。难道几天前的海誓山盟都是假的？我还能相信爱情吗？至于婉婉的成绩，当然可想而知了。

（6）你感兴趣或感到困惑的其他问题。

作业

1. 在适当的时候，组织一些交谊舞会、集体舞等男女同学交往活动，培养男女同学健康交往的态度和习惯。

2. 阅读几种爱情小说，如《伤逝》（鲁迅）、《简·爱》（夏洛蒂）等。

知识链接

美国心理学家林冬博士曾对 1 000 名志愿接受研究者进行调查，结果发现所有的人都可以从与异性朋友的互吐衷肠中，获得解除内心抑郁的功效。

对于男性，女性中的绝大多数都是最佳聆听者，她们较善解人意，理解和体贴男士的处境和苦处，使得男性免除了在同性面前怕丢面子的顾虑，畅所欲言，倾吐心事。男朋友同样会对女性的困难和感受显示出极大的同情和深入的理解，这是她们在同性间不易获得的反应。

第四节　校园仪式礼仪

在学校运动会的颁奖典礼上，某班同学取得团体第一名的好成绩。在庄严的运动员进行曲的伴奏下，班长跑上主席台，单手接过校领导手中的奖状，兴奋地转身向台下挥舞，但台下的掌声却不热烈。

礼仪知识

学校中有多种形式的典礼和集会，主要包括开学典礼、毕业典礼、校庆典礼、升旗仪式、表彰仪式、成人仪式、团员宣誓仪式、纪念仪式等，大多是庄重严肃的活动。对于组织者来说，仪式事务繁杂、责任重大、影响面广，因此要讲究礼仪；对于同学们而言，每一次参加典礼和集会都是我们感受校园文化、记录成长经历、唤醒生命感动的机会，也要遵守礼仪规范。

一、开学典礼

开学典礼一般在开学后的第一周召开，其基本程序一般为：

（1）宣布典礼开始。全体肃立，升国旗，唱国歌。

（2）校长致辞。

（3）表彰仪式。

（4）老师代表发言。

（5）学生代表发言。

（6）来宾致辞。

（7）宣布开学典礼闭幕。

在开学典礼上，作为学生要以饱满的精神状态、规范的仪容仪表，展现新学期同学们的精神风貌，特别是在迎新生的开学典礼上。

二、校庆典礼

（1）宣布典礼开始。全体肃立，唱国歌。

（2）校长致辞。

（3）祝贺单位代表致贺词。

（4）教师代表发言。

（5）学生代表发言。

（6）校友代表发言。

（7）来宾代表发言。

（8）宣布校庆典礼闭幕。

（9）文艺节目表演。

在校庆典礼上，作为学生，一定要着正装，遵守校园举止礼仪规范，表现出在校学生的良好风貌；作为典礼志愿者，一定要注意接待校友和领导来宾的具体礼仪规范，做到服务周到、热情，尊重每一位到访的客人。

三、升旗仪式

国旗是一个国家的标志和象征，用以在正式场所悬挂。目前，世界上大多数国家都拥有正式颁布的国旗。在正式活动中，人们往往通过升挂本国国旗，来表达自己的民族自尊心、自豪感以及对祖国的热爱。

为了维护国旗的崇高地位，各国对升挂本国或外国的国旗大都各有一套通行的做法，并且逐渐形成了一些有关国旗使用的惯例，这就是所谓国旗礼仪。《中华人民共和国国旗法》规定"中华人民共和国国旗是中华人民共和国的象征和标志。每个公民和组织，都应当尊重和爱护国旗。"每位公民在面对或者使用国旗时，必须对国旗礼仪严格地加以遵守。

（一）升挂礼仪

《中华人民共和国国旗法》规定"升挂国旗时，可以举行升旗仪式。"升旗手要对有关程序与环节一清二楚，并认真遵守相应的操作规范。

（1）全场肃立。

（2）宣布仪式正式开始。

（3）出旗。出旗，是指国旗正式出场。出旗应由专人负责，其负责操作者通常由1名旗手和双数的护旗手组成。通常为旗手居中，护旗手在其身后分列两侧随行，大家一起齐步走向旗杆。

（4）正式升挂国旗。升旗者可以是旗手，也可由事先正式指定的代表担任。

（5）升国旗，唱国歌。升旗时，唱国歌，讲究旗升乐起，旗停乐止。

（二）临场礼仪

出席升旗仪式时，所有公民均应有意识地对个人的言行举止严加约束。

1. 肃立致敬

我国国旗法规定"举行升旗仪式时，在国旗升起的过程中，参加者应当面向国旗肃立致敬。"因此，当国旗升降之时，任何在场者均应停止走动、交谈，并且停下手中的一切事情，然后面向国旗立正，并向其行注目礼。戴帽者应脱下自己的帽子，除身着制服者以外。

2. 神态庄严

参加升旗仪式时，每一名公民均应以自己庄重、严肃的态度与表情，来认真表达对国旗的敬意。此时此刻，绝对不应当态度漠然，或者嘻皮笑脸。

3. 保持安静

在升旗仪式上，所有公民应自觉保持绝对安静。不许交头接耳，打打闹闹，不许接打移动电话，或者令自己的手机鸣叫不止。

四、成人仪式

按照我国宪法和法律的有关规定，年满16岁的公民将领取身份证；年满18岁则步入成年，将依法享受选举权和被选举权，承担一个公民的全部义务。18岁是人一生中具有重大意义的转折点，有教育学家曾称之为人的"第二次诞生"。为此，许多学校要为学生举行成人仪式。在举行仪式前，18岁的青年应掌握18岁成人的"应知应会"，知道成人誓词的含义；知道公民的基本权利和义务；知道成人仪式的基本内容。

（一）成人意识的培养

16岁开始进入成人预备期，就要树立成人意识。成人意识主要包括法律意识、生存意识、道德意识、人格意识、责任意识、社交和家庭意识、创造意识等内容。

（二）成人仪式的一般程序

（1）升国旗，唱国歌。

（2）党的祝愿（校领导）。

（3）前辈的祝福（老领导、老师）。

（4）父母的期望（配音乐）。

（5）成人的心声（18周岁中学生代表）。

（6）宣读成人誓词（面对国旗，左手持宪法，右手握拳举起）。

（7）授成人纪念册（宪法）、成人证。

（8）开展"我为社会尽责任"志愿者服务。

仪式的地点可以是当地重要场馆、烈士陵园、历史遗址等地。举行的时间可根据实际，安排在5月或10月。参加成人仪式必须着正装，学生要求穿着整洁的校服，提前到会场，在指定位置就坐，等待家长、来宾的到来。成人仪式庄严、肃穆。要认真聆听长辈的祝福、期望。宣读成人誓词时，同学们态度严肃，声音洪亮，边读边体味着其中的含义。老师赠送纪念册和成人证时，迎向授赠老师鞠躬后，双手接过。仪式结束后，同学们第一次以成人的身份参加"我为社会尽责任"志愿者服务活动。成人仪式后，同学们不仅意识到自己已经是成年人了，更意识到自己肩上的担子重了，要对社会和家庭负责任了。

五、领奖人礼仪规范

在颁奖仪式上，领奖者上台领奖时应衣着整齐、步履轻松、大方得体。走路稳重，从规定的台口上台；站在台上双手自然下垂，站姿端正；接受奖品奖状时应双手捧接，并向授奖领导鞠躬道谢。不能用单手接受奖品，拿了回头就走，更不可趾高气扬，得意忘形，那是很浅薄和无礼的。领奖后转过身来，将奖品高举过头向大家展示后，双手拿好捧在胸前。神态要自然大方，向台下的同学们鞠躬致谢，还应与左右其他获奖者握手，互相祝贺，然后按引导员的提示离开领奖台，回到指定位置。如果对领取的奖状、证书有疑问，应在会后向组织者请求解决，不可当场提出。

技能训练
JiNengXunLian

分小组讨论：

（1）某班同学正在值周劳动，很多同学看到升国旗仪式已经开始，并在操场上听到了国歌声，但是仍在抓紧时间不停地打扫卫生。结果事后非但没有受到表演，反而遭到老师的批评。

（2）在学校操场举行的一次大会中，会议临近结束，某班的几位同学就悄悄从后面溜走，美其名曰"为了安全撤退"，结果被老师留下来，成了全校最后回家的同学。他们心里很不服气，你来劝劝他，谈谈你对这件事的看法。

（3）在观看体育比赛时，为表达自己火热的爱国心，王舒不停地吹小喇叭，为中国队员加油，结果却遭到工作人员的劝止。

（4）学校请来青少年法律教育志愿工作者作讲座，但他说话有方言口音，有些听不太清楚。听到会场里传来笑声，接着此起彼伏的窃窃私语声越来越大，演讲者不好意思起来，草草结束演讲。

作业

一、模拟训练

1. 为了调动同学们的积极性，某学校的开学典礼准备采取招标形式，由一个班级组织承办。如果你所在班级希望参与这次竞标活动，请在你们班成立若干个竞标小组，分别为这次开学典礼筹划方案，并从若干个方案中评选出一个最佳方案，参与学校的招标活动。你的设想是怎样的？需要多少人参与组织？如何分工？需要多长时间进行准备？请写出你的方案。

2. 通过互联网或其他方式，查阅搜集校庆典仪文化，为自己的学校策划一个校庆庆典仪式，并为学校邀请各位校友回到母校参加纪念活动，代拟一份题为《告我校校友》的邀请函。

二、在"一二·九"运动 73 周年之际，学校拟隆重举行纪念活动

1. 如果你是活动的组织者，请你确定一个活动主题，策划纪念仪式方案，并给各班班长草拟一份纪念活动通知。在班级交流。

2. 如果你是这次纪念活动的主持人，请你写一份主持词。并在班级交流。

三、成人礼仪式设计

作为一位"90后"的新生代，你明年即将 18 岁了，请设计举行一场有意义的成人礼。

1. 设计成人仪式方案。

2. 撰写仪式所需的系列发言稿。

3. 没有职业生涯规划设计的同学，一定要补上这一课哟。把自己从现在开始想做的事写下来，争取用一生的时间去实现它。

4. 做一件有意义的事来纪念，比如献一次血等。

一、国旗的含义

中华人民共和国国旗为五星红旗。旗面为红色，长方形，左上方有黄色五角星五颗。一星较大，居左；四星较小，环拱于大星之右。四颗小星各有一个尖正对大星的中心点。红色象征革命。黄色象征着在大地上显出光明。五颗星及其相互关系象征中国共产党领导下的革命人民大团结。

二、国歌的来历

《义勇军进行曲》这首歌是1935年由田汉作词、聂耳作曲创作的，原为电影《风云儿女》的主题歌。义勇军是中国人民为了抗击侵略者自愿组织起来的军队。九一八事变后，在东北华北一带，都曾有这样的抗日武装。歌曲以雄壮激昂的旋律、坚定勇敢的进行节奏，塑造出万众一心、勇往直前的义勇军形象。《义勇军进行曲》反映了中国人民抗日救国的坚强意志和必胜的信念。在民族危机深重的年代，这首歌激发着人民群众的革命热情和战斗意志，并给广大爱国人民以巨大的鼓舞。

三、十八岁成人仪式宣誓誓词

我是中华人民共和国公民，在十八岁成年之际，面对国旗、庄严宣誓：我立志成为有理想、有道德、有文化、有纪律的社会主义公民。遵守宪法和法律，热爱社会主义祖国，拥护中国共产党的领导。正确行使公民权利，积极履行公民义务，自觉遵守社会公德。服务他人，奉献社会；崇尚科学，追求真知；完善人格，强健体魄，为中华民族的富强、民主和文明，艰苦创业，奋斗终生！

四、成人仪式活动花絮

（1）婴儿的第一声啼哭录音。

（2）告别玩具的象征式。

（3）优秀毕业生的成长记录音像资料。

（4）校长、家长代表、各班团支部书记共同点燃18岁生日蜡烛。

（5）诗朗诵：《献给老师的歌》、《献给父亲和母亲》。

（6）歌曲：《懂你》、《真心英雄》等。

（7）现场采访，请学生谈感言。

（8）签字行动：在"青春、成长、责任"的横幅上签字。

第八章

谋 职 礼 仪

知识点

➢ 职业生涯设计。

➢ 面试的准备。

➢ 面试的程序及技巧。

➢ 同事相处的基本法则。

能力点

➢ 掌握职业生涯规划的方法。

➢ 正确制作个人求职简历。

➢ 掌握面试前、面试中、面试后的礼仪。

第一节　职业生涯设计

　　李娇是某职业学校 2004 届酒店管理专业的毕业生。对入学教育和毕业实习教育，她根本就没有往心里去，认为老师太唠叨了。李娇被推荐到一家五星级酒店见习，她想终于可以过自由自在、无拘无束的生活了。她第三天由于贪睡迟到 2 分钟，被主管训了一顿；第四天由于忘记戴领结，又被主管训了一顿；第五天由于心情不好，对客人态度生硬被投诉……总之，她因为一些鸡毛蒜皮的"小事"挨了多次批评。到月底发工资时，她发现自己工资单上的数额是-10 元。她找到主管申诉，主管拿出清单：迟到一次扣 10 元，服务不规范两次扣 40 元，客人投诉一次100 元……李娇看着这些账单，泪水不禁流下来。

礼仪知识

　　有的同学会想，谋职是两三年以后的事情，现在就考虑是否为时尚早呢？但在想这个问题之前，请先想一想，两三年之后再来考虑此事，是否为时已晚呢？美国哈佛大学的一项社会调查资料表明，在各方面条件都相当的人群中，有明确长远目标的 3%的人大多成了社会精英；有明确短期目标的 10%的人大多成了社会中上层；目标不太明确的 60%的人能有一份稳定的工作，但没什么大成就；而没有奋斗目标的 27%的人，最终都生活在社会的最底层，生活过得很不如意。没有目标的人，最突出的表现就是懈怠、散漫，缺乏礼仪。李娇属于哪一种人呢？

　　踏进职业学校的大门，我们就来到了人生的又一个岔道口。两三年的学校时光将一晃而过，看到高年级的学兄学姐们各奔前程的时候，你心中除了有一份期待以外，是否也会有一些莫名的迷茫和忧虑呢？是时候了，为自己的职业生涯做一些设计和准备，这就是职业生涯规划。

一、职业生涯设计的基本问题

　　所谓职业生涯规划，也叫职业生涯设计，指的是一个人制定职业目标，确定实现目标的手段的过程。它主要涉及三个问题，即职业定位、职业发展目标和职业发展路径。那么，我们应该怎样设计自己的职业生涯呢？职业生涯设计分为以下六大步骤。

（一）自我认知

充分地认识自身条件，以此作为设定职业生涯目标、路线的起点。所谓自身条件，主要包括知识结构、专业技能、社会能力、价值观、兴趣、性格等。

（二）职业认知

在众多的职业中，挑选出若干个你感兴趣的职业，重点了解它们的性质、任职条件等情况。你可以通过各种间接的文字资料了解，也有必要亲身体验。

（三）识别相关组织、行业环境

你确定的职业，肯定有许许多多相关的组织存在，这就需要你识别这些相关行业和组织的环境，尤其是它们的行业文化和组织文化的特点。

（四）择业

经过上述三个步骤，你要根据自己的情况，以及个人与职业的匹配分析，明确了解适合自己的若干个组织，你可能要用各种方式向若干个组织伸出橄榄枝。

（五）确立职业发展目标和职业发展策略

选择职业之后，目标就成为追求职业成就的内在推动力。职业发展目标要具有可行性和阶梯性，"跳一跳够得着"。3年做大老板，5年成为全国首富……这样的目标是没有什么实际意义的。目标一旦确立，就要排除不必要的犹豫，制定切合实际的职业发展策略，一心一意致力于目标的实现。

（六）职业评估

职业生涯规划不是一次性地完成的。实际参加工作以后，还要定期评估择业和职业发展计划的实施情况。评估的信息可作为重要的反馈，作为下一步调整职业生涯设计的主要参考依据。

在市场竞争激烈且人才济济的时代，进行职业生涯的设计，不仅能帮助个人寻找到一个满意的职业，更重要的是有助于塑造个人的竞争优势，最终实现自己的人生目标。

二、我过去的生涯选择

人生就是一连串选择的结果。只不过有些选择无关紧要，如午饭吃什么、晚上几点睡觉、双休日去哪里玩等。但生涯选择就不同了，它决定了你的人生走向和轨迹。换句话说，就是决定了你的下半辈子怎么过的问题。

（1）我初中毕业的时候，有几种选择？最后选择这所学校的理由是什么？

（2）我决定选择这个专业的理由是什么？它与我的性格、兴趣、能力、价值观是否相符？

（3）我对这些决定是否满意？哪些因素对我作出决定影响最大？

（4）进入这所学校以后，我有没有对自己的专业内涵和就业范围做过调查，或向老师咨询过？

（5）如果时光能够倒流至初三，我将作出怎样的选择？

技能训练
JiNenXunLian

我的职业在哪里——自我认知和职业认知

（一）任务描述

很多人在提到职业选择时，喜欢用"我想做什么"、"我想从事什么职业"来表达自己的择业意愿，而很少从"我能做什么"的角度来审视一下自己，衡量一下自身素质条件同职业要求之间的匹配关系，然后再提出自己的择业意愿。现在我们就补上职业匹配这一课。

（二）任务分析

有的人找不到满意的工作，有的人为得不到提升而苦恼，有的人得到提升后却无从施展才华，有的人坐在收入丰厚的位置上仍然不快乐，有的人挣不到什么钱却乐在其中。这是为什么呢？问题的关键在于就业者自身的特质是否适合自己理想中的职业。职业指导专家指出：要想知道去哪儿，必须先知道"你是谁"，包括你的职业能力、性格特征、兴趣爱好、职业取向等。

（三）任务方案之一——职业自我认知必须回答的问题

（1）我的长处是什么？

（2）我最喜欢的工作是什么？

（3）我做得还算可以的工作是什么？

（4）目前为止，我做得最成功的是什么工作？

（5）为了完成那个工作，哪些能力或技术曾经帮了我的大忙？

（6）我最不喜欢从事的工作是什么？

（7）目前为止，我的三大失败是什么？

（8）在失败中，哪一种最为严重？

（9）我为什么会出现那样的失败？

（10）我应该用什么方法防止那种失败？

（11）我目前面临的困难是什么？

（12）这些困难中的三大困难是什么？

（四）任务方案之二——职业兴趣与职业岗位的适配

职业兴趣与职业岗位的适配如表 8.1 所示。

表 8.1　职业兴趣与职业岗位的适配

职业兴趣类型	职业兴趣特征	职业岗位举例
操作型 （现实型）	愿与事物、机械、工具打交道，不喜欢与人打交道	制图、工程技术、建筑、机械制造与维修、园林绿化、手工制作、计算机编程等
事务型 （传统型）	愿意干具体、有规律的工作，有从事资料、数据工作的耐心和能力，希望能很快看到自己的劳动成果	图书管理、档案管理、秘书、会计、统计、办公室工作等
社会型	自信，愿意与人接触、交往，对销售、传递信息的活动感兴趣	记者、教师、销售员、行政管理、社会活动家、律师、咨询人员、医生、护士、社会慈善事业工作者等
管理型 （企业型）	喜欢研究人的行为，对人的心理状态和行为举止充满兴趣，喜欢谈论人的问题，做事理智，愿做领导和组织工作，希望得到众人的尊重和获得地位	辅导员、行政管理人员、企业家、商人、心理学家、政治家等
研究型	喜欢抽象的、概念的、创造性的工作，喜欢从事科学技术事业，对观察、分析、判断、推理、测试的活动感兴趣，能够独立地解决问题，善于通过实验验证新的发现	数学、生物、化学、工程、科研工作、地质学工作等
艺术型	喜欢无拘无束、自由自在、自我个性的、富有情感和艺术美感的、发挥想象力和创造力的活动。不喜欢重复性工作	广告、发艺、时装、装饰装潢、摄影师、音乐、舞蹈、演员等

（五）任务方案之三——职业选定

社会给了我们哪些机会？我们正面对自由择业的大潮，任何人都梦想着拥有一份好工作，可是好工作不是凭空而来的。国家就业体制改革的目标是以市场选择为根本取向，以自由就业为主导模式，以素质能力为竞争之本。摆在我们面前的生涯选项有哪些呢（图 8.1）？

由图 8.1 可见，每一个选择之后，都有一个进一步的选择。选择不是孤立的、一劳永逸的，而是一个连续的过程。每一次的选择都会受到上一次选择的影响，也必然会影响到下一次的选择。每一次选择都很重要。请在图 8.1 中用彩笔画出你的生涯轨迹图（未及之处请根据自己的情况补充）。

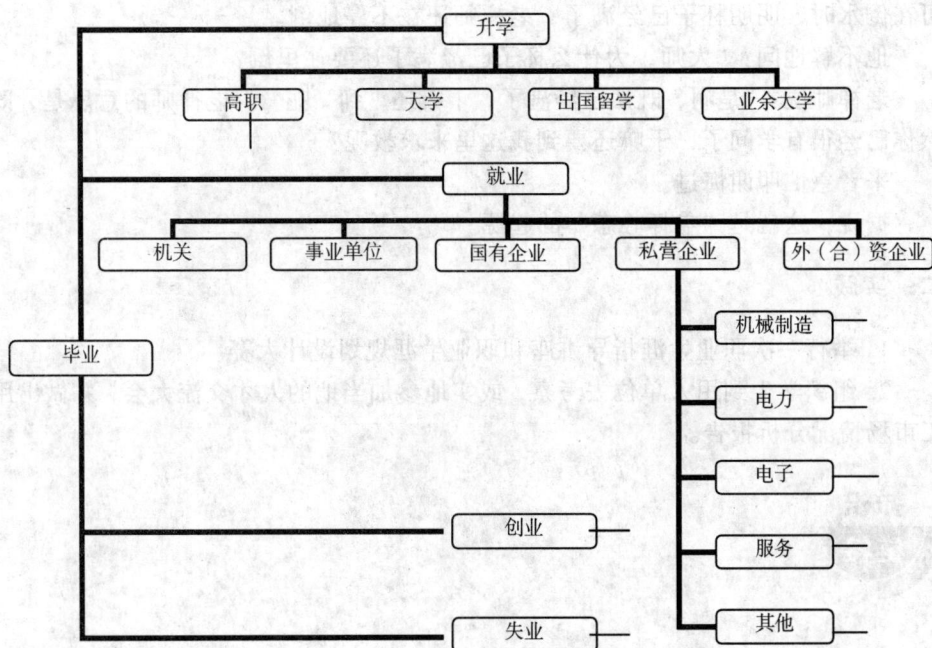

图 8.1　生涯轨迹图

（六）任务方案之四——职业目标定位

职业选定以后，就要对职业发展目标梯次有一个明确的定位，对职业发展的策略和思路有一个设想，并为它的实现制定一个大致的时间表。

作业

一、品头论足

1. 金融家罗基尔·基奇曾经说过："一个年轻人，如果既无阅历又无背景，只有自己可以依靠，那么，他最好的起步方法是：首先，获得一份工作；第二，珍惜你的第一份工作；第三，培养勤奋、忠诚、敬业的习惯；第四，认真学习和观察，获取真经；第五，努力成为不可或缺、举足轻重的人；第六，成为一个谦虚、有修养的人。"

2. 现代作家林语堂有一段话颇具禅理：人生在世，幼时以为什么都不懂，大学时以为什么都懂，毕业后才知道什么都不懂，中年又以为什么都懂，到晚年才觉悟一切都不懂。你觉得这段话有道理吗？你又是怎样认为呢？

3. 古时候，一位佛学造诣很高的人总为自己的学识沾沾自喜，以至于待人接物态度傲慢。某日，他到某个寺庙拜访一位德高望重的老禅师。老禅师接待了他，可在倒水时，明明杯子已经满了，老禅师还在不停地倒。

他不解地问："大师，为什么杯子已经满了还要往里倒？"

老禅师说："是啊，既然已经满了，干嘛还'到'呢？"老禅师的意思是，既然你已经很有学问了，干嘛还要到我这里来求教呢？

来者急忙叩谢悔过。

据说，这就是"空杯心态"的起源。

二、实践

1. 举行一次职业生涯指导讲座和职业生涯规划设计大赛。

2. 组织学生到用人单位去考察，或实地参加当地的人才交流大会，并做出用工市场情况分析报告。

知识
链接

一、职业生涯的阶段

从初登社会舞台到最终退出职场，几乎每个人都要在职场打拼近 40 年的光景。美国学者利文森在 1987 年就提出了"六阶段说"。

（1）拔根期：16 岁至 22 岁。此时，多数人学习深造，为就业做准备；或争取独立寻找工作，实现经济上的自我支持。

（2）成年期：22 岁至 29 岁。做好工作，处理好人际关系，开始注意积累职业发展的资源。

（3）过渡期：29 岁至 32 岁。大多数人在这个阶段，职业进展不顺利，忧虑较多，许多人变换工作以谋求新的发展机会；也有一部分人在这个阶段已经奠定了很好的事业基础，向更高的目标冲击，并制定新的一轮发展规划。

（4）安定期：32 岁至 39 岁。这一阶段，有希望实现职业抱负的人将专心致志地投入工作；但有一部分人意识到年轻时的抱负无法实现，或者意识到了自己真正的价值观和职业偏好，会希望通过改变职业方向获得职业生涯的新进展。

（5）潜伏的中年危机期：39 岁至 43 岁。这一时期工作变动的可能性降低，大部分人有些消沉，或产生职业恐慌，因为改变职业方向的机会已经不多了。

（6）成熟期：43 岁至 59 岁。一部分人对职业生涯感到满意，希望安定下来，满足于现状；一部分人可能有职业抱负，但水平远不及中年，更多的是按部就班地往前走。

利文森理论的基本原理是，随着人年龄的变化，生理、心理也相应变化，不同年龄阶段所要解决的问题和所承担的任务不一样，于是就构成了不同阶段的人生主题。如果你想弹奏出自己的华彩乐章，不妨让我们从现在起认识职业生涯规划吧！

二、2008年第一季度部分城市劳动力市场职业供求状况

2008年第一季度，中国劳动力市场信息网监测中心对全国104个城市的劳动力市场职业供求信息进行了统计分析，结果显示：

从总量结构看，第三产业的用人需求依然占主体地位。本季度第一、二、三产业需求人数所占比重依次为2%、39.4%和58.6%。80.8%的企业用人需求集中在制造业、批发和零售业、住宿和餐饮业、服务业、租赁和商务服务业、建筑业等六大行业。其中，制造业和建筑业的用人需求分别占第二产业全部用人需求的82.5%和11.5%，二者合计达94%。机械冷加工人员、电子器件制造人员、推销展销人员等职业的用人需求较大，而机动车驾驶人员、营业人员、收银员、秘书、打字员等职业的用人需求相对较小。

从用人单位看，企业用人所占比重达97%，机关、事业单位的用人需求比重仅占0.6%，其他单位用人需求比重为2.4%。

在企业用人需求中，内资企业占74.3%，其中以私营企业、有限责任公司和股份有限公司的用人需求较大，比重分别为27%、20.4%和10.6%；国有、集体企业的用人需求比重仅为6.7%；港、澳、台商投资企业为7.6%；外商投资企业为8.8%；个体经营为9.3%。

从用人单位对求职者文化程度的要求来看，要求初中及以下文化程度求职者占总需求的26.8%，要求高中文化程度的占39%。在对高中文化程度求职者的需求总量中，对职高、技校、中专文化程度求职者的需求占59.6%。

从供求状况对比看，高技能人才依然供不应求，中、高级技工需求缺口大。其中技师、高级技师和高级技能人员的求人倍率较大，分别为2.25、1.84、1.78。
（资料来源：中国劳动保障网）

第二节　面试的准备

2007年4月9日　星期一　多云

（肖保根，江西省某高校中文系毕业生的求职日记）今天是我的第一次求职，应聘的岗位是一家报社的编辑。我深知好的开头是成功的一半，为了吸引考官的"眼球"，我在简历的制作上下了很大的工夫：请美术系的老乡设计了精美的封面，洋洋万言详细叙述了自己的生活与学习情况，并别出心裁地将大学期间发表的作品作了简历的附件……拿着精美且沉甸甸像是一本书的简历，心里觉得特别塌实。加上自己又是中文系本科毕业，专业对口使我对这次应聘充满了信心。投出简历后，我就回家等面试通知。几天后，一同去投简历的老乡收到了面试通知，而我这边却音信全无。忍不住给招聘单位打电话去询问，没想到招聘人员告知，那

些空洞无物、5 张纸以上——尤其是将简历制成一本"书"的求职者，都不可能接到面试通知。（资料来源：肖保根．2007．求职路上有坚持就有收获．中国教育报．第 8 版．9 月 5 日）

礼仪知识

无论你主动地到用人单位去求职，还是被动地按照用人单位的条件去应聘；无论是参加人才招聘会，还是由职业中介机构撮合，抑或是经亲友、同乡介绍，个人简历往往是敲开职场大门的第一块敲门砖。接下来，面试往往成为能否被录用的决定性环节。

一、制作个人简历

（一）求职简历的禁忌

1. 不要简历不简

"简"，首先表现在内容上。简历的作用就是获得面试的机会，因此具有突出的岗位针对性。世界上没有万能的简历，只有合适的简历，没有一位老板会对你的生平经历感兴趣。"简"，表现在形式上就是提倡"一张纸主义"，可用条文式，但一般多用表格式。如果一页纸写不下你的"经历"，那不是因为纸太小，而是因为你的废话太多。太厚的简历往往会被直接"枪毙"。

2. 不要在简历中说谎

一是一，二是二，文凭学历、工作经历等，都不能添油加醋。针对性的优点要充分而不过分。纸是包不住火的。

3. 不要出现"脸面"的错误

检查你的简历上是否有错别字、病句，或不应有的污迹。不要试图在打印纸上省钱，要使用优质纸张。不要缩排字号，看上去密密麻麻。

4. 不要不分对象盲目出手，广种薄收

不可以准备一份简历，然后给每一家招聘公司都邮寄一套。在申请职位之前，先判断一下自己是否合乎他们的要求，否则就没有必要浪费你的打印纸和邮递费了。不要事无巨细地罗列所有的工作经历，应将重点放在最相关的工作经验的说明上，因为能说明你比其他竞争者更适合这个岗位，这才是雇主最关心的。

5. 不要使用任何借口

原先职场失利的原因无需在简历中说明，更不要以各种客观理由来推卸责任。

6. 不要夹带多余的资料

除非招聘公司有特别的说明，否则最好不要附带成绩单、推荐信或获奖证书等附加资料。如果你被通知面试，再带上这些资料也不迟。

7. 不要涉及薪金要求

工作是我们的谋生手段，工资是可以讨论的，但明智的做法不是在简历中，而应在面试之时。如果雇主从简历中发现你的工资要求过高，他可能毫不犹豫地把你的简历扔进废纸篓。

（二）简历的要素

1. 个人情况——你是谁？

（1）基本信息。将姓名、性别、年龄、政治面貌、住址、电话（手机）号码、电子邮箱等写在首部。某些窗口行业还要写上身高、体重等指标。一张近照也是必要的。

（2）教育背景。注明你上过的初中以上学校的名称，最高学历还要针对应聘岗位，说明学业情况，包括成就或荣誉等。

2. 求职意向——你想做什么？

明确你能够胜任的工作岗位，但注意不要列举过多。无所不能意味着没有什么专长，干什么都行暗示了干什么都不太精。

3. 经历业绩——凭什么认为你能胜任？

除了你的教育背景以外，最重要的就是工作经验和业绩了。要说明你历任的单位、职位及任职时间，尤其应该突出你的技能和业绩。设计的秘诀：一是针对性强，重点突出；二是条理性强，简洁清晰。

（三）简历的版式

1. 纸质

选用优质纸张，也可以选择简历专用的米黄色钢古纸。一般是 A4 型，白纸黑字即可。

2. 字体字号

建议用宋体或仿宋体，以黑体做标题。一般用五号字或小四号字。

3. 打印

建议用电脑喷墨打印或激光打印。当然，如果你精于书法，手写可能会使你与众不同。

二、了解面试

在今后一个很长的时期内，中国的职场都将是一个典型的买方市场。应聘者似乎是处于任人挑选的劣势地位，但面试的过程本质上是一个双向选择的过程。它既是你把自己放在未来的雇主面前，让他认识你、了解你、评估你，同时也是你了解、认识、评估这家机构和未来老板的机会。因此，我们首先要对面试有一个正确的认识。

（一）主试官的面试目标

将心比心，换位思考，站在主试人的角度想一想，或许可以帮助你更清晰地理解面试。

（1）创造一个融洽的会谈气氛，使应试者能够正常展现自己的实际水平。

（2）让应试者更加清楚地了解企业或机构的发展状况、应聘岗位信息和单位的人力资源政策。

（3）了解应试者的专业知识、岗位技能和非智力素质。

（4）决定应试者是否通过本次面试。

（二）应试者的面试目标

（1）创造一个融洽的会谈气氛，尽量展现自己的实际水平。

（2）有充裕的时间向面试官说明自己具有的条件。

（3）被理解、被尊重，并得到公平对待。

（4）充分了解自己关心的问题。

（5）决定是否愿意来该企业或机构工作。

（三）面试的优缺点

1. 面试的优点

（1）面对面地接触，可以最直接地了解和认识。

（2）通过应试者的临场反应，面试官可借以评估应试者洞察环境、应付环境、解决问题的能力。

（3）考验出应试者的口才和语言能力。

（4）评估出应试者的推理和辩证能力。

2．面试的弊端

（1）第一印象容易左右面试官的选择，使其未能客观地选出最合适的应试者。

（2）面试时间短，面试考官未必能深入了解应试者。

（3）面试官的主观、直觉、个人偏好与利益，有时也会不自觉地严重妨碍面试结果，从而使面试缺乏公平性。

（4）外表、仪态和个性等外在的因素，时常会不自觉地被偏重，特别是面试官与应试者为异性时，更易"以貌取人"，忽略才干与学历等重要的条件。

（5）口齿伶俐的人特别容易占便宜，那些少说话多做事，或深藏不露的人会吃亏。

（6）如果面试官是外国人时，往往会夸大外语能力的重要性，而忽略了其他重要的专业素质。

（四）面试的方式

1．单独面试

单独面试是对应聘者——进行面试。它的优点在于能够提供一个面对面的机会，让双方比较深入地了解，彼此可以就某些细节和个人问题进行直接的意见交换。

2．小组面试

如果一个职业有许多人来应聘，为了节省时间，可以让多个应试者结成小组讨论或集体解决问题，面试官按照个人的表现来决定录用候选人，之后再进行单独面试。

三、准备面试

（一）物质准备

物质准备包括公文包、笔、求职记录本、多份打印好的简历、证明材料、个人身份证、学历证书、奖励证书等，所有准备好的文件都应该平整地放在一个牛皮纸的信封里。

（二）服饰准备

面试时，合乎自身形象的着装会给人以干净利落、有专业气质的印象，男生应显得干练大方，女生应显得庄重自然。

1. **男生面试服饰**

面试是较正式的场合，应着西装。男生应在平时就准备好一至两套得体的西装，在档次上应符合学生身份，不要盲目攀比，因为用人单位看到求职者的衣着太过讲究，往往就会对求职者的敬业精神有所怀疑。

2. **女生面试服饰**

（1）套装。每位女生应准备一至两套较正规的套服，以备去不同单位面试之需。每个人可根据自己的喜好来选择，但原则是必须与准上班族的身份相符，颜色鲜艳的服饰会使人显得活泼、有朝气，素色稳重的套装会使人显得大方干练。女生一定不要在服饰上给人错误的信号，过于花枝招展、性感暴露的打扮会惹来许多不必要的麻烦，于求职本身毫无益处。

（2）化妆。参加面试的女生可以适当地化点淡妆，包括口红、眉毛等，但不能浓妆艳抹，过于妖娆、过于前卫，不符合学生的形象与身份。

（3）皮鞋。鞋跟不宜过高，夏日最好不要穿露出脚趾的凉鞋，更不宜将脚趾甲涂抹成彩色。丝袜以肉色为雅致。

（4）皮包。女生的皮包要能背的，可以只拿公文包而不背皮包，但不能把文件全部塞在皮包里而不带公文包。

男女生都不应在面试时穿 T 恤、牛仔裤、运动鞋，一副随随便便的样子。

技能训练
JiNenXunLian

根据你自己的生涯选项和个人职业素质情况，为自己设计一份规范的个人简历。

作业

一、品头论足

1. 不良的就业观念和心态使就业难的问题无法得到根本改善。下面是 4 种就业态度，他们在你择业时会给你造成什么问题？请你就此发表自己的见解。

第一种：攀比心理。

第二种：自负或自卑心理。

第三种：依赖心理。

第四种："大事做不来，小事不愿做"心理。

2. 有一个叫布里丹的外国人，见他的驴子饿得咕咕叫，就牵着驴子到野外找草吃。看到左边的草很茂盛，他便带着驴子到了左边，又觉得右边的草颜色更绿，他就带着驴子跑到右边，但又觉得远处的草品种更好，他便牵着驴子到了远处。布里丹带着他的驴子一会儿远一会儿近，一会儿左一会儿右，始终拿不定主意。结果驴子被饿死在途中。是什么心理在左右布里丹？你存在这种心理吗？请大胆发表自己的观点。

二、他山之石

聘请优秀毕业生代表，到学校作就业创业典型事迹报告。

知识链接

一、求职者应注重法律法规

（1）鉴于求职者及用人单位违约率均有所增加的状况，签订就业协议时，要按照国家有关劳动法规，写明违约责任。这对用人单位和求职者的合法权益维护都有好处，在发生争议时也好协商解决。

（2）与用人单位签订劳动合同时，必须遵守《中华人民共和国劳动法》中的有关规定。劳动合同的订立和变更，应当遵循平等、自愿、协商一致的原则。劳动合同应具备以下条款才具有法律效力：①劳动合同期限；②工作内容；③劳动保护和劳动条件；④劳动报酬；⑤劳动纪律；⑥劳动合同终止条件；⑦违犯劳动合同的责任。由于我国劳动力总体供大于求，有些用人单位就利用求职者的迫切心理收取押金之类的费用。《中华人民共和国劳动法》第二十四条明确规定，用人单位在与劳动者订立劳动合同时，不得以任何形式向劳动者收取定金、保证金、抵押金。求职者必须树立和强化防骗意识，必要时可以到当地的劳动保障部门、工商部门或公安部门投诉，争取挽回经济损失。

（3）在求职过程中遇到各种问题时，一定要通过合法的程序解决。如果求职者在就业时，自身权益受到损失或与用人单位发生争议、纠纷时，有权通过法律程序申请调解、协商解决；协调不成的，可以向劳动仲裁委员会申请仲裁；对仲裁不服的，可以向人民法院起诉，以获得法律保护。

（4）现阶段，我国的就业市场上就业岗位"僧多粥少"，使我们就业成本增加，而市场发育不健全，道德失范、诚信缺失、蒙骗欺诈活动蔓延，加大了我们的就业风险，求职者求职心切，又给了一些人以可乘之机，致使我们付出不合理的金钱、精力和精神代价。所以，我们要增强就业风险意识，提高防范和规避招聘陷阱的本领。常见的求职陷阱有：打着用人单位或职业中介机构的幌子，或骗取保证金、押金、培训费，或无偿、廉价"试工"，或让求职者充当劳而无获的推销员，或在试用期快满的时候借口把你辞退掉……选择职业的底线是不能把违法的活动当作职业去从事，如走私、制造销售盗版文化制品、伪造假文凭票证、传销、组织赌博、色情、暴力等。

二、创业

创业是更高层次的就业。党的"十七大"报告明确提出"实施扩大就业的发展战略，促进以创业带动就业。"

（一）创业的定义

创业，有广义与狭义之分。广义的创业是指创新立业；狭义的创业是指创办新企业。中职、高职学生创业，主要是指创办新企业。当然，创业需要具备一定能力，如适应环境的能力、市场调查能力、风险控制能力、协调组织能力、工商法学知识等。

在瞬息万变的新经济时代，竞争的加剧和知识更新速度的加快，使得创业选择的成本不断增高，市场竞争的残酷性要求我们的选择正确率要高，创业发展的路径要正确，职业目标定位要适度，而职业生涯规划能在这方面助你一臂之力，它能帮助你进行系统的自我分析，不断定位职业取向，使你避免人职不相匹配的弯路。职业生涯管理的意义在于：把握了方向，走对了道路，掌握了时机，学会了方法，节约了时间，珍惜了生命，提高了人生效率。

（二）创业教育的几种模式

把创业教育融入职业教育中，必须根据职业教育的特点和职业学校学生的实际，设计和选择实用的创业教育模型。

（1）知识创业模型。这对于计算机专业、机电一体化专业的学生来说，是得天独厚的创业模型。数控操作、汽车维修、CAD制图、网页制作等，这些都是学生今后创业的技术资本。

（2）打工创业模型。打工生涯是一种很有成效的"培训"，是造就创业素质和积累创业资本的"没有围墙的学校"。关键看你是不是一个有志者和有心人。

（3）个体创业模型。对于商贸、维修专业的毕业生，在实习阶段就可以利用学到的知识和本领，自己租房开店营业。可以挂靠学校校办企业营业，也可以独立营业。

（4）服务创业模型。对于酒店管理、市场营销等专业的学生，通过经营承包校内商店或经销商的业务，以自己优质价廉的服务，锻炼自己在市场竞争中的经营管理能力。

（5）合作创业模型。不同专业的毕业生利用自己各自的特长合股创业。这对于培养学生的团队精神作用很大，使他们知道在市场竞争中的重要性。

我国职业专家程社明曾经说："正确的角色定位需要理智，及时的角色转换需要智慧。"拿出你的智慧，给自己定位吧。如果你发现过去的位置是不合适的，就需要运用你的智慧进行及时转换，择业也好，创业也罢，最大限度地体现你的人生价值。

第三节 面试的程序及技巧

李先生到一家大型跨国公司应聘。为了能比较有把握，他事先做了充分的准备。面对主试官，他从容镇定，非常自信地侃侃而谈。可是，不巧主试官临时有会议，本来以为李先生很快就会结束，没想到他说个不停。出于礼貌主试官不能打断他，于是就不停地看表以暗示李先生，可是李先生根本没有意识到，还是自顾自地讲个不停。没办法，主试官最后只能板起脸来告诉他："你先回去等通知吧！"

礼仪知识

无论你是否愿意，也无论你是否做好了准备，我们已经置身于一场史无前例的求职浪潮中。俗话说"安居乐业"，真的是无居不安、无业难乐啊。所有人都渴望一份安身立命、养家糊口之"业"，而在这之前，必须通过一扇大门——面试！

一、面试的基本礼仪

面试是求职的关键环节。面试持续的时间一般不过几分钟到十几分钟之间，与其说它是考评你的能力，不如说是考评你的礼仪素养。

（一）严格守时

一旦和用人单位约好面试时间后，一定要提前 5～10 分钟到达面试地点。这样可给对方以信任感，同时也可调整一下自己的心态，进行一些简单的仪表准备，以免仓促上阵，手忙脚乱。为此一定要牢记面试的时间、地点，有条件时最好能事前去一趟，以免因一时找不到地方或途中延误而迟到。迟到是求职大忌，甚至可能丧失面试的机会。

（二）举止大方

初入面试场合难免有点紧张，这是正常的，关键是要不失礼节。如应先敲门，得到允许后再进去，开关门动作要轻。见面时要主动向招聘者问好致意，称呼应当得体。在主试人没有请你坐下时，切勿急于落座。主试人请你坐下时，应道声

"谢谢"。

在整个面试过程中，要保持良好的体态，保持举止文雅大方，谈吐谦虚谨慎，态度积极热情。谈话时，眼睛要适时地注意对方，不要东张西望，显得漫不经心；也不要眼皮低垂，显得缺乏自信。如果用人单位有两位以上主试人时，回答谁的问题，你的目光就应注视谁，并应适时地环顾其他主试人，以表示对他们的尊重。切忌大大咧咧，左顾右盼，满不在乎。离去时应询问"还有什么要问的吗"，得到允许后应微笑起立，轻轻将座椅恢复原位，道谢并说"再见"。

交谈中，应随时注意对方的反应。比如，听者心不在焉，可能表示他对自己这段话没有兴趣，你得设法转移话题；侧耳倾听，可能说明由于自己音量过小使对方难以听清；皱眉、摆头可能表示自己言语有不当之处。根据对方的这些反应，就要适时地调整自己的语言、语调、语气、音量、修辞，包括陈述内容。

（三）得体应答

善答者必先善于聆听，认真聆听是最基本的礼貌。主试人的每一句话都是重要的，不会听，也就无法回答好主试人的问题。聆听就是要对对方说的话表示出兴趣，要自然流露出敬意，这才是一个有教养、懂礼仪的人的表现。为此，可以身体微微前倾，并在适当的时候点头、会意地微笑，或提出相关的问题。要记住主试人讲话的内容重点，并了解主试人的希望所在，而不要仅仅注重主试人的长相和语调。

回答问题，口齿要清晰，声音要适度，答话要简练、完整，一般不宜使用感叹语气或祈使句，更不可使用反问句。不要打断用人单位的问话或抢问抢答，否则会给人急躁、鲁莽的印象。问话完毕，听不懂时可要求重复。当不能回答某一问题时，应如实告诉用人单位，含糊其辞和答非所问会导致面试失败。对重复的问题也要有耐心，不要表现出不耐烦。与用人单位争辩某个问题也是不明智的举动，冷静地保持不卑不亢的风度是有益的。

（四）面试举止禁忌

面试时，求职者的某些不拘小节的不良习惯，往往会破坏自己的形象，导致求职失败。

手：这个部位最易出毛病。如双手不知所在，下意识地总是不安稳，忙个不停，做些玩弄领带、挖鼻、抚弄头发、掰关节、玩弄主试人递过来的名片等动作。

脚：翘起腿，或神经质般不住晃动、前伸等，不仅人为地制造紧张气氛，而且显得心神不宁，相当不礼貌。

身：哈着腰，弓着背，站没站相，坐没坐相，考官如何对你有信心？

眼：或惊慌失措，或躲躲闪闪，该正视时却目光游移不定，予人缺乏自信或者怯懦委琐的印象，使考官轻视。当然，若死盯着考官的话，又难免给人压迫感，也是失礼的。

脸：或呆滞死板，或冷漠无生气，或讨好谄媚等，如此表情怎能令人尊重？一张活泼动人的脸来自一个阳光的心态，这很重要。

二、面试的基本程序

面试的主要过程是在连续的提问对话中完成的。只有在搞清对方提问意图的基础上，应答才可能得体。正式的面试一般可分为五个阶段。非正式的面试往往只有其中的一个或几个环节。

（一）引入话题

这个阶段多以社交话题为主，主要意在帮助应试者消除紧张戒备心理，建立和谐、宽松、友善的气氛。非正式的面试一般没有此阶段。最常见的问题是：

（1）公司所在位置难不难找？

（2）你父亲（母亲）从事什么工作？

（3）你打算继续升学还是准备就业？

应付这类问题要简洁有礼，切忌因面试官的态度友善而放松、随便。这是你留给面试官的第一印象。

（二）个人情况

这个阶段围绕应试者的履历情况提出问题，给应试者一个树立自己形象的机会，意在了解应试者的兴趣、志向、心理特点、工作经验、不良习惯等。同时，主试人开始对应试者进行实质性的评价。最常见的问题是：

（1）能介绍一下你自己吗？

（2）可否简要介绍一下你的家庭成员？

（3）你认为你有什么优点？

（4）你最大的缺点是什么？

（5）你曾经经历过的地方，哪些最令你难忘？

（6）你通常有什么业余活动？

这些问题看似简单，但却是你给人的初步印象。如果不明白对方问话的目的，就可能会做出有损于自己形象的回答。

（三）职业素质

这是面试的实质性阶段。主试人通过广泛的话题，从不同侧面了解应试人员的工作动机、敬业精神、工作能力、综合素质等。应试者要尽量表示出对申请职位的兴趣和诚意，对工作性质、工作内容的认知等。这个阶段对面试成败非常重要，需要事先做些调查研究。最常见的问题是：

（1）你为什么要到本公司来应聘？

（2）你认为什么样的人才适合担任这项工作？他应该具备哪些条件？你觉得

你能胜任这个岗位吗？

（3）你对这个行业有什么看法？

（4）我们公司应致力于发展什么系列产品？你是否认为这些产品在市场上仍有竞争力？

（5）照你看，我们单位最大的劲敌是谁？

（6）如果工作岗位与你的专业不对口，你怎样想？

（7）你有哪些工作实践经验？

（8）你对5年以后的发展有什么期望？

（四）社会素质

意在考察你的合作能力和处理人际关系的能力。

微软中国研发部的总经理张湘辉博士说："就招聘员工而言，最重要的标准就是他必须要有极强的沟通和合作精神。就以编程为例。微软在开发 WindowsXP 时，就有500名工程师同心协力地奋斗达2年之久，共编有5 000万行编码。大家想想看，这么浩大的研发工程，需要不同类型、不同性格的人员共同奋斗。如果缺乏沟通合作精神，这简直是难以想象的事情。"

（1）你怎样评价你的学校和老师？

（2）你怎样对待那些不喜欢你的同学？

（3）如果你的同事对你很冷淡，而你又不得不与他们合作，你会怎么办？

（4）你希望有一个什么样的上司？

（5）如果你的上司经常批评你，你会怎么办？

（6）你与上司的意见不一致时，你一般会怎么办？

（五）应变能力

这一阶段是面试的最高潮。主试人会提出更加尖锐、更为敏感的问题，来评价应试者是否合适。这一阶段的问题涉及范围广，难以预测，不同的主试人会有不同的评价方法。但能进入这一环节，表明主试人对你前期的表现是基本认可的。

（1）你的同学大多已经走上工作岗位，你为什么还没有找到工作？

（2）你怎么看待跳槽现象？

（3）如果我们不聘用你，你有什么想法？

（4）你对工资待遇有什么要求？

三、应答技巧

（一）先理后据

一般情况下，回答问题要结论在先，议论在后，即先将自己的中心意思表达清晰，然后再做叙述和论证。否则，长篇大论，会让人不得要领。面试时间有限，神经有些紧张，多余的话太多，容易走题，反倒会将主题冲淡或漏掉。

（二）繁简适"度"

用人单位提问总是想了解一些具体的情况，切不可简单地仅以"是"和"否"应付。应针对所提问题的不同，有的需要解释原因，有的需要说明程度。否则，不会给主试者留下具体的印象，你将很快被遗忘掉。

（三）确认无误再作答

面试中，如果对用人单位提出的问题一时摸不到边际，或难以理解对方问题的含义，以致不知从何答起时，可将问题复述一遍，并先谈自己对这一问题的理解，请教对方以确认内容。对不太明确的问题，一定要搞清楚，这样才会有的放矢，不致答非所问。

（四）有特色才能脱颖而出

中国的职场是世界上竞争最激烈的职场之一。用人单位有时需要接待大批的应试者，相同的问题问若干遍，类似的回答也要听若干遍。因此，主试人也会有乏味、枯燥之感。只有具有独到的个人见解和个性特色的回答，才会引起对方的兴趣和注意。

（五）知之为知之，不知为不知

遇到自己不知、不懂、不会的问题时，牵强附会、不懂装懂的做法最不足取。诚恳坦率地承认自己的不足之处，有时反倒会赢得主试者的信任和好感。

技能训练
JiNenXunLian

分组讨论：

（1）一位从新加坡回国的工程师去某家公司求职。由于在新加坡的时间比较长，操着一口新加坡腔，在每句话的后面都习惯性地加上一个"啦"字。半个小时下来，考官被他"啦"得晕头转向，临别时，也回敬了他一句："请回去等消息啦！"你认为这位工程师会被这家公司录取吗？

（2）主试人问："关于工资，你的期望值是多少？"应试者反问："你们打算出多少？"如果是你，会这样反问主试人吗？为什么？

（3）新闻：《打不还手骂不还口——四川 120 名乘务人员获"委屈奖"》

"说实话，我们没有哪个愿意站在这个领奖台上领取这个奖，我们希望司乘人员携手，一起共建和谐车厢，让我们的车上变成欢乐的海洋。"10 日，当绵阳市62 路公交车驾驶员李勇等 16 名乘务人员领到领导发给的 300 元奖金和"委屈奖"

证书时，李勇满含热泪，说出了获奖者的心声。乘务人员按规定行车、售票，却经常受到极个别不明事理乘客的殴打辱骂，他们受了委屈仍坚持优质服务，用诚意去感动对方。从 2004 年到目前，绵阳市已经有 120 名乘务人员因受到各种委屈而获奖。（资料来源：廖兴友．2008．四川在线-华西都市报．1-15）

作业

一、职场 AB 剧

在教师的指导下，排演职场 AB 剧，即围绕一个主题，或由一个基本情境出发，设想并演绎其多种可能的结果。主题可从面试时主试人所提出的问题中挑选。

二、模拟面试训练

（一）任务描述

通过模拟面试训练，可以加速对求职理论和技巧的掌握，并在实践训练中发现自己和别人在求职、面试中存在的问题，同时有助于提高组织能力和交往能力。主试官可由职业指导教师或礼仪教师担任，也可聘请企业人员，或者请其他班级组织能力较强的学生。

（二）任务分析

1. 了解求职技巧的重要性，并在实践中学习。
2. 发现自己和他人在求职方面的长处和不足，互相取长补短。
3. 了解面试的方式和程序，做到心中有数。
4. 锻炼组织、交际、合作的能力。

（三）任务方案

1. 时间地点：最好在下午，以 2 课时为佳。地点最好选择会议室。教室也可，但要按面试的实际场景加以布置，给人以逼真的感觉。要给没有机会参与其中的同学留出观摩的空间。
2. 组织形式：采取小组面试形式。每 5 个学生为一组，每组面试时间要控制。事先通知，并要求按真实的面试对待。
3. 课前准备：
（1）人员。主试人员、记录员、观摩者。
（2）物质准备。场地及设备、记录表、奖品。
4. 面试程序：
（1）按学生到达的时间顺序编号，每 5 人为一组。记录过早或迟到的学生名字。记录学生服饰情况。

（2）每组同学进入考场，按编号针对应聘岗位作 2 分钟的自我介绍。

（3）主试人员提问。

（4）请应聘人员问问题。

（5）一组学生面试完毕，另一组学生入场。面试完毕的学生在室外等候结果，场外教师继续观察。

（6）所有学生面试完毕，一起进行讲评，并向学生发放他们自己的面试表现记录表（表8.2）。

（7）学生自由讨论。

表 8.2　面试表现记录表

班级：_____　　　　　　　　　　　　姓名：_____

项目	内容	评分理由	得分
基础技能（30分）	仪表服饰		
	礼节礼貌		
	表现力、理解力		
	态　度		
	合作性		
	语言表达能力		
必答问题（30分）			
随机问题（30分）			
场外表现（10分）			
点　评			

知识链接

一、面试的心理战

面试是一个双向的互动过程，主试人与应试者的影响是相互的。如果主试人态度友善、带鼓励性，应试者往往较容易应付从容，表现得自然而有信心；如果主试人具有侵略性，或者表现出轻视，应试者便可能出现紧张、焦虑从而失去信心。大体上讲，有以下几种情况值得应试者注意：

（1）主试官表现出侵略态度。他们会提出比较尖锐的问题，或有意令应试者尴尬，借此考验应试者的应对能力。在这种情况下，应试者应保持风度和礼貌，千万不要以为主试官是在故意为难你，要有礼貌地跟他讨论问题的核心。

（2）主试官态度散漫。面试时，主试官会装出漫不经心、态度散漫的样子，特别是那些经验丰富的考官更会设置这样的圈套。遇到这种情况，应试者应提醒自己这是在面试，全过程都要保持警惕，以一贯的态度来应付他们的那些问题。

（3）主试官过分轻松友善。当遇到主试官亲切、轻松、友善时，更多没有经验的应试者会落入他们的"陷阱"。这种情况下，应试者要特别留意保持谦虚谨慎、有礼有节的态度，给对方以稳定的印象。

（4）应试者力争主动。应试者一般扮演被动的角色，话题由主试官控制。应试者如果能够于被动中带点主动，引导主试官提出对自己有利的问题，尽量从中表现自己的优点，一定会增加自己被选中的可能。

（5）被问及薪酬时，应试者应在事先了解本行业的薪水状况的前提下，可按照市场同类职位的薪金提一个范围。同时注意察颜观色，评估自己被录取的概率。如果主试官没有录用你的意思，而你斤斤计较，大谈薪水是不明智的；如果主试官明显表示对你很感兴趣而你故作清高，会令人感到你缺乏诚意，反而弄巧成拙，也是不理智的。

二、面试礼仪现场实录

公司名称：××生物科技企业集团

考评面试官：人力资源总监王小姐(简称Q)

应征部门：企划部

应聘职位：营销企划职员

应征者简介：

姓名：李东（简称A）　　　　性别：男

年龄：22岁　　　　　　　　婚姻：未婚

工作经历：无　　　　　　　专业：××大学市场营销专业

Q：从你的简历和求职信来看，你各方面的条件都不错，能不能谈一下你在大学求学期间有没有什么相关的社会活动经验？

A：我学的是××大学市场营销专业，与社会接触比较多，我平时也比较喜欢参加学校团体活动和社会实践活动，在二年级的时候就是班级的××干部，连续两个暑假参加了加拿大安美森公司主持的国际商务论坛，在该公司做过兼职的市场助理，做一些相关的联络工作……

Q：为什么想到我们公司工作呢？

A：我在××地方看到贵公司的招聘广告，对贵公司刊登的职位信息做了一些研究，觉得我所学的专业与贵公司的职位要求相符，我还在贵公司的网站上看到贵公司将在三年内大幅度扩大营销队伍的新闻……

Q：如果你获得这个工作机会的话，你可不可以想象5年后的自己？你有没有考虑过自己的职业生涯规划？

A：虽然这个社会有很多不可预测的事情，但我还是认为自己在这5年里会随着公司一起成长，我在生物技术领域的知识一定会紧紧跟随公司的最新进展，而我在营销策划方面一定会在较高层次上取得较大的进步……

Q：你觉得你有足够的能力来完成这份工作吗？

A：有。即使存在某些经验不完善的地方，但我相信，当我逐渐熟悉公司的运作计划和操作环节后，我一定能……

Q：你所期望的待遇可能超过了我们公司的预期，我们无法满足你的要求，你能接受吗？

A：我所提出的期望待遇与国内这个行业的职位薪酬标准相比是属于中等偏上的，当然具体的待遇标准还要由贵公司评估我的表现及资历来最后确定。我愿意在双方达成一个共识的基础上，在一定时期内按贵公司新进入公司的员工待遇标准工作……

Q：你有没有什么要问的？

A：有。请允许我询问关于……方面公司的策略是什么？

Q：李先生，由于时间的关系，我们今天的面试就到此为止了。由于还有一部分候选人要进行这一轮面试，所以我们要在对所有候选人进行全面比较衡量后，才决定合适的人选。有进一步的消息，我们会及时通知你的。谢谢你。

A：十分感谢王总抽出宝贵的时间和我面谈，我从中受益匪浅。希望下次有机会再当面请教。再见。（与王总握手道别，并将椅子放回原处后离开。经过前台时，和引导他进入人事部的钱小姐说："谢谢你，再见。"）

第四节　同事相处的基本法则

同学们常说，我找工作既不担心实力、也不害怕没有机遇，最怕的就是人际关系。这种担忧带有普遍性。其实这个社会不像你想象得那么美好，但也绝不像有人说的那么险恶。只要你本着真诚、勤奋、友善、礼貌的原则，相信可以开拓较为良好的人际局面。

（一）对人尊重些

对你的同事、上级和下级表现出尊重，尊重他人的隐私，尊重他人的习惯。对同事应一视同仁，不以职位高低论尊卑，不厚此薄彼、有亲有疏。不要开上司的玩笑，特别是在有别人在场的情况下，更应格外注意。你一定要记住这句话：上司永远是上司。也不要拿同事的缺点或不足开玩笑。

（二）作风正派些

无论你的公司如何宽松，也别过分从中取利。工作中出现问题或差错时，不互相推诿，是自己的责任要主动承担。任何时候都不可贬低别人而抬高自己，造成同事间不团结。

（三）性格开朗些

如果你不够开朗，那么从现在起，就不要时刻绷着脸，你应该先学会对每个人微笑。同事之间有摩擦是难免的，我们应以"对事不对人"的原则，及时有效地调解这种关系。意见有分歧完全可以讨论，但不要争吵，应该学会用无可辩驳的事实、从容镇定的声音来表白自己的观点。对别人的不周之处，应宽宏有度，不斤斤计较，更不要耿耿于怀。

（四）礼仪周到些

（1）俗话说："一句话说得让人跳，一句话说得让人笑"。同样的目的，由于表达方式不同，造成的后果也大不一样。和同事相处，要不卑不亢，谦恭有礼。同事每次相遇要互相打招呼问好。同事需要帮助时，要主动予以帮助。适当赞美，不搬弄是非。学会分享。

（2）分清哪是公共区域，哪是个人空间。办公室是工作的地方，不是互诉心事的场所。心理学家调查研究发现，只有 1%的人能够严守秘密。所以，当你的生活出现个人危机，如失恋、婚变之类，最好还是不要在办公室里随便找人倾诉。要保持你的工位整洁、美观大方，避免陈列过多的私人物品。

（3）谈话声音和距离要控制，两个人都能够听到就可以了，避免打扰他人工作。旁边两人私下谈话，有可能的话还是暂且回避一下的好。

（4）尽量避免在办公区域用餐。实在不能避免的情况下，应尽量节省时间，注意就餐完毕之后迅速通风，以保持工作区域的空气流通。

（5）无论是谁的朋友踏进你办公室的门，就是你们的客人，而你就是当然的主人。做主人的，三言两语把客人推掉，或不认识就不加理睬，都有失主人的风度。

（五）工作勤奋些

即将踏入社会的职场新人，往往抱有不切实际的幻想，期望着拥有一份挑战与乐趣并存、轻松而薪酬丰厚的职业。而事实上，初涉职场的年轻人由于缺少经验，缺少对单位的理念文化的了解，很难委以重任。当期望与现实发生矛盾时，往往失去信心和热情，容易采取敷衍了事的工作态度，其结果可想而知。挣钱不是工作的唯一目的，但只有勤奋工作、工作出色的人，才有可能在不久的将来挣到更多的钱。

第九章

涉 外 礼 仪

知识点

- ➢ 了解涉外礼仪的基本规则。
- ➢ 掌握涉外接待的基本礼仪规范。
- ➢ 了解主要国家的主要礼仪禁忌。

能力点

- ➢ 能够正确安排礼宾次序、悬挂国旗。
- ➢ 能够恰当布置会谈环境，安排座位，搞好接待准备工作。
- ➢ 根据各国风俗习惯特点，形成一定的礼宾能力。

第一节 涉外礼仪的基本规则

20 世纪 60 年代的一天，周总理在中南海勤政厅招待外宾，客人对中国菜肴风味之独特，味道之鲜美大为赞叹。这时上来一道汤菜，汤里的冬笋、蘑菇、荸荠等雕成各种图案，都是美妙的工艺品。然而，冬笋是按民族图案"卐"字形刻成的，在汤里一翻，恰巧成了法西斯的标志"卐"。外宾见此，不禁大吃一惊，当即向周恩来请教。周总理先是一怔，旋即态度自若地对翻译说："这不是法西斯的标志，这是我国传统的一种图案，是'万'字，象征着'福寿绵长'，是对客人的良好祝愿！"接着他又风趣地说："就算是法西斯标志也没有关系嘛！我们一起消灭法西斯，把它吃掉！"这样一个意外的外交尴尬局面，经周总理反意正解，得到了巧妙化解。

礼仪知识

涉外礼仪是指在涉外活动中的各种礼节规范，以及对外国客人表示尊重、友好的各种惯用形式。

现代社会，科学技术的高度发达使地球变成了一个大村落。国际交往早已不限于国家政府间，而是扩大到民间。常有国际友人聚首一堂，或举行活动，或洽谈生意，或旅游观光，都要遵循一定的礼仪规范。每一位学生都应该对涉外礼仪常识有一些基本了解，以便在今后的对外交流中更好地树立良好的个人形象和国家形象。

一、涉外交往的原则

（一）主权平等

《联合国宪章》把"主权平等"列为现代国际关系的基本准则之首。它含有两个方面的意义：一方面，每个国家都享有平等主权，不受他人侵犯；另一方面，每个国家都有尊重别国主权的义务，不得借口行使自己的主权而侵犯他国的主权。主权平等常常体现在以下方面：

（1）国家的尊严受到尊重；大小国家一律平等；国家元首、国旗、国徽不受侮辱。

（2）国家的外交代表，按照国际公约的规定，享有外交特权和豁免权。

（3）不能以任何方式强制他国接受自己的意志；不以任何借口干涉别国的内部事务。

（4）在相互交往中，实行大体上的"对等"、"对口"和"平衡"。

（5）在国际组织中和在国际会议上，每一个参加国都有同等的"代表权"，每一个国家所投的票在法律上具有同等效力。

（6）每个国家都有使用本国文字的权利。

（二）相互尊重

在涉外交往中，每个人都必须时时刻刻注意维护个人尊严和国家尊严，还必须尊重对方。言行应当不卑不亢，从容得体，坦率友好。既不应该妄自菲薄、低三下四，也不应该自大狂傲、放肆嚣张。涉及自我评价时，虽然不应该自我标榜、一味地抬高自己，但是也绝对没有必要自我贬低，自轻自贱，过度的谦虚往往被认为是虚伪。一旦涉及自己正在忙什么、干什么的时候，无论如何都不要不假思索地脱口而出："瞎忙"、"混日子"、"什么正经事都没有干"，否则会被对方认为自己是不务正业之人。

（三）求同存异

对于中外礼仪与习俗的差异性，重要的是要了解并予以尊重，而不是要评判高下、鉴定优劣。任何国家和个人都无权充当国际裁判，都有义务遵守国际通行的礼仪惯例。

（四）入乡随俗

一个法国朋友在称赞一位中国姑娘漂亮时，那位中国姑娘表现得十分谦虚，连忙说："哪里，哪里！"没想到这一说却令对方诧异不已。因为这句话在法国朋友听起来，以为对方是在问"哪里漂亮"，便立即答到："你的眼睛很漂亮"。可姑娘依然谦虚如故："哪里，哪里！"法国朋友无奈，又答道"你的鼻子也漂亮"……如此尴尬的原因是什么？

世界上各个国家、各个民族、各个地区在其历史发展的具体进程中，形成了各自不同的宗教、语言、文化、风俗和习惯，这是不以人的主观意志为转移的，也是任何人都难以强求统一的，必须了解并尊重。交往中还要注意语言的潜台词，不要误解。例如，阿拉伯人说"是"，意思可能是"也许"；他们说"也许"，意思可能是"不"。你很少听到阿拉伯人直接说"不"，因为他们认为这是不礼貌的。日本人也一样，他们对你所提的一切问题，回答可能都是"是"，但有些"是"的意思并不是"是"。

（五）信守约定

某年，国内的一家企业前往日本寻找合作伙伴。通过多方的努力，终于寻觅到了自己的"意中人"——一家具有国际声望的日本大公司。经过长时间的讨价还价，双方决定草签一个有关双边合作的协议。到了正式草签协议的那天，由于种种原因，中方人员抵达签字地点的时间比双方约定的时间晚了一刻钟。当他们气喘吁吁地跑进签字厅时，但见日方人员早已衣冠楚楚地排列成一行，正在恭候他们的到来。不过，还没容他们做出任何有关自己迟到的解释，日方人员便整整齐齐、规规矩矩地向他们鞠了一个大躬，随后便集体退出了签字厅。

坚守信用，严守时间，恪守承诺，不仅适用于个人之间，也适用于国家之间。它包含以下含义：第一，许诺必须谨慎。第二，一旦作出约定，务必要认真地加以遵守。第三，万一由于难以抗拒的因素，致使自己单方面失约，需要尽早向有关各方进行通报，如实解释，郑重其事地向对方致以歉意，并且主动地负担按照规定和惯例应当承担的某些损失。

二、涉外交往的国际惯例

（一）热情坦率

在参与国际交往时，热情友好是必要的，但重要的是要把握好热情友好的具体分寸，否则就会事与愿违，过犹不及。不要随便采用某些意在显示热情的动作，也不要采用不文明、不礼貌的动作。

（二）理性节制

"勺子总会碰锅沿。"国际交往中，摩擦甚至冲突在所难免。此时最需要的就是理性，弄清根源、明确目的、考虑后果、讲究方式。最忌讳冲动鲁莽、意气用事、失去理智、不计后果。

（三）举止一致

我们不是礼仪专家，在面对自己一时难以应付、举棋不定，或者不知所措的情况时，最明智的做法是"不为先"，首先静观一下其他人的举止，并与之采取一致的行动。不要急于采取行动，冒昧行事。

（四）尊重隐私

一般必须自觉地避免主动涉及个人隐私方面的问题，即"个人隐私八不问"。其一是收入支出，其二是年龄大小，其三是恋爱婚姻，其四是身体健康，其五是家庭住址，其六是个人经历，其七是信仰政见，其八是所忙何事。

（五）女士优先

在一切社交场合，每一名成年男子都有义务尊重妇女、照顾妇女、体谅妇女、关心妇女、保护妇女，并且还要想方设法、尽心竭力地去为妇女排忧解难。倘若因为男士的不慎，而使妇女陷于尴尬、困难的处境，便意味着男士的失职。

（六）爱护环境

"爱护环境"的问题，不仅仅是基本的社会公德，更是一种国际礼节。其一，不可毁损自然环境；其二，不可虐待动物；其三，不可损坏公物；其四，不可乱堆乱挂私人物品；其五，不可乱扔乱丢废弃物品；其六，不可随地吐痰；其七，不可随意吸烟；其八，不可任意制造噪声。

（七）以右为尊

大到政治磋商、商务往来、文化交流，小到私人接触、社交应酬，但凡有必要确定主次并排列时，一般的规则是"以右为尊"。

技能训练
JiNenXunLian

谈谈你的看法：

（1）中国人彼此相见常会问候："身体好吗？"如果已知对方曾经一度身体欠安，还会问："病好了没有？"如果双方关系密切的话，还会询问："吃了些什么药？""怎么治疗的？"有时还会向对方推荐名医或偏方。如果你面对的是一位外国朋友，你还会这么问吗？

（2）我们在听演说时，演讲者总是首先这样称呼："女士们，先生们"，从没有人称呼"先生们，女士们"，为什么会这样呢？

（3）近年来，中国的国际地位虽然有了很大的提升，但歧视，甚至诋毁、歪曲、诬蔑、欺侮中国的现象仍有发生。对此，中国人应该因为义愤填膺而以牙还牙吗？

（4）在国外有这样一种说法，一位真正绅士，应当永远"记住女士的生日，忘却女士的年龄。"你怎么看待？

（5）有一位从事外事工作的小姐，曾经接待过一位82岁高龄的美国加利福尼亚州老太太，她是来华旅游并参加短期汉语学习班的。见面时这位小姐对老太太说："您这么大年纪了，还到外国旅游、学习，可真不容易呀！"这话要换了同样高龄的中国老太太听了，准会眉开眼笑，高兴一番。可是，那位美国老太太一听，脸色即刻晴转多云，冷冷地应了一句"噢，是吗？你认为老人出国旅游是奇怪的事情吗？"弄得姑娘十分尴尬。姑娘的本意是表示礼貌尊重，效果却事与愿违。

作业

一、涉外接待设计

（一）任务描述

某国一所职业技术学院的教师代表团来访你所在的学校，就选拔你校优秀学生到该学院深造的事宜进行磋商。请帮助学校策划一个完整的接待方案，并完成方案中所涉及的各项具体任务。

（二）任务分析

1. 完成此任务，需要掌握涉外礼仪的规则、接待的相关礼仪知识，并根据代表团的国别，掌握来访国的风土人情等知识。

2. 恰当安排迎送、接待、仪式、会谈等事项。

3. 尤其注意接待规格、仪式礼仪、礼宾次序、国旗悬挂等细节，避免违反禁忌。

（三）任务方案

1. 分组做好方案设计前的准备工作：每 3～6 人为一组，每组设定一个国家为接待对象，通过查阅资料、与老师同学交流研讨等形式，掌握涉外礼仪的规则、接待外宾的相关礼仪知识及来访国的礼俗及禁忌等知识。

2. 接待方案设计：

（1）基本情况。包括外宾国别、来访人数、身份级别、来访目的、个人背景、陪同人员等。

（2）接待计划。包括接待规格、程序、细节、突发事件等。

（3）仪式程序。包括迎送仪式、会谈仪式等相关礼仪内容。

二、涉外礼仪文书

有一位名叫薛洁的上海女学生到日本东京学习，勤奋上进，成绩优异，日本房东老太太加藤枝子十分喜欢她。有一次，薛洁到仙台去实习，日本老太太十分想念她，给她去了一封信。信中夸薛洁又文静又懂礼貌，像个日本姑娘，不像中国人。表示希望薛洁返回东京后，仍做她的房客。薛洁读信后，对老太太既感激，又因她称自己像日本姑娘不像中国人而感到有些不快。请你以薛洁的名义给老太太写一封简短的回信。注意格式正确，语言得体，600 字左右。

（1）世界上通用英语的国家和地区：埃及、阿拉伯联合酋长国、阿曼、爱尔兰、巴林、埃塞俄比亚、澳大利亚、巴基斯坦、巴布亚新几内亚、利比亚、加拿大、斐济、卡塔尔、加纳、马来西亚、孟加拉、美国、尼日利亚、尼泊尔、苏丹、沙特阿拉伯、斯里兰卡、汤加、坦桑尼亚、乌干达、中国香港、文莱、新加坡、新西兰、英国、印度、也门、伊拉克、约旦、赞比亚。

（2）世界国土面积、人口总数十大国家

世界国土面积、人口总数十大国家如表9.1所示。

表9.1　世界国土面积、人口总数十大国家

序号	国土面积十大国家		人口总数十大国家	
	国家	国土面积/万平方千米	国家	人口/亿人
1	俄罗斯	1710	中国	13
2	加拿大	997.61	印度	9.98
3	中国	960	美国	2.76
4	美国	937.26	印度尼西亚	2.09
5	巴西	851.19	巴西	1.68
6	澳大利亚	768.23	巴基斯坦	1.52
7	印度	297.47	俄罗斯	1.45
8	阿根廷	277.68	孟加拉国	1.27
9	哈萨克斯坦	271.73	日本	1.27
10	苏丹	250.58	尼日利亚	1.09

（3）周恩来总理曾说过："外交无小事。"1962年，柬埔寨西哈努克亲王来华访问离京时，周总理率众到机场为西哈努克亲王和夫人送行。亲王的飞机刚刚起飞升空，中国方面参加欢送的几位部长就离开队伍，走向自己的汽车。周总理笔直地站在原地未动，他严肃地对站在身边的杨成武同志说："成武，把他们请回来，飞机还要在机场上空盘旋一周才走！"后来，周总理对这些部长进行了严厉的批评。按照礼仪规范，国家元首的座机起飞后，必须绕场一周，以示对所到国的答谢，东道国送行人员不应该在此之前离开。当天下午，周总理就把外交部礼宾司的有关人员找去，要求他们立即在《礼宾工作条例》里加上一条：到机场送外宾，必须等飞机起飞绕场一周，双翼摆动三次表示谢意后，送行者才可离开。

第二节　涉外接待的基本礼仪规范

　　刘亦和于丹在同一所旅游学院读书。在她们共同参与筹划和举办的"首届旅游文化节"系列活动中，有一项是邀请阿拉伯埃及共和国驻华使馆文化参赞到学校来，作关于"埃及旅游与文化"的讲座。由于参与活动的人员级别比较高，所以在布置会场时，要求悬挂中国与埃及两国国旗。这下可难坏了同学们。大家知道国际惯例是"以右为上"，即为了表示尊重，要把客方的国旗挂在右侧。但所谓左右是以什么为基准呢？刘亦认为应该以面向国旗为准，而于丹却认为应该以国旗本身为基准。"外事无小事"，于是他们请教了礼仪老师，最终证明于丹的说法是对的。原来在正式场合悬挂国旗也是有讲究的。这次交流活动得以顺利举行，同学们的组织与管理工作得到了埃及共和国驻华使馆文化参赞的赞扬。（资料来源：潘彦维．2007．公关礼仪．北京：北京师范大学出版社）

礼仪知识

一、礼宾次序礼仪

　　礼宾次序就是依照国际惯例，对参与国际交往的国家、团体和个人的位次所排列的次序。目前各国的做法并不完全一致，我国一般有以下几种排列方法。

　　（一）按外宾身份与职务高低顺序排列

　　在官方活动中，通常采用这种方法安排礼宾次序，如按国家元首、副元首、政府总理（首相）、副总理（副首相）、部长、副部长等顺序排列。如果外宾的身份、职务相仿，在一般情况下，则应以声望、资历和年龄为礼宾次序。

　　（二）按参加国国名的字母顺序排列

　　在国际会议或国际体育比赛中，一般都采取这种方法，即按英文或拉丁文字母顺序进行排列。

　　（三）按时间顺序排列

　　按派遣国通知代表团组成的日期来排列的方法，适用于各国代表团的身份、规格大体相等的情况。有时，还可以按照各国代表团到达活动地点的时间先后，来排列礼宾次序。

总之，礼宾次序一定意义上体现了东道国对各国来宾的礼貌和尊重程度，是一个极为敏感的问题。安排礼宾次序一定要坚持不分大国小国、强国弱国、富国穷国，一律平等地受到尊重，在涉外接待时必须反复推敲。

二、涉外迎送礼仪

迎送宾客不仅是涉外接待中的头一个环节，而且往往是至关重要的一个环节。在迎送外宾的时候，除了要继承和发扬我国礼待外宾的优良传统外，还要借鉴国际通行的礼宾惯例。

（一）迎接外宾

迎接外宾，不论是对个人或是团体，均应事先确定接待规格，按照国际惯例，安排与外宾个人或外国团体负责人身份相当的我方人士，负责迎候工作。只有与我方关系极为密切者，才允许破格接待。

迎候人员应准确掌握外宾抵达时间，提前到达机场、码头或车站的站台迎候，以示对来宾的尊重。在迎接外宾的整个过程中，迎候人员应始终面带微笑，以表示欢迎之意。重要的外事活动，通常还要安排隆重的欢迎仪式。

（二）欢送外宾

送别外宾也应考虑周全，大体上要依照迎候的规格来确定送别的规格。主要迎送人应参加送别活动，送行人员可前往外宾驻地，陪同外宾一同前往机场、码头或车站，也可直接前往机场、码头或车站恭候外宾，必要时可在贵宾室与外宾稍叙友谊，或举行专门的欢送仪式。

在外宾临上飞机、轮船或火车之前，送行人员应按一定顺序同外宾一一握手话别。飞机起飞或轮船、火车开动之后，送行人员应向外宾挥手致意。直至飞机、轮船或火车在视野里消失，送行人员方可离去。不去机场、码头或车站送行，或客人抵达后才匆忙赶到，都是失礼的。外宾一登上交通工具，送行人员立即就离去，也是不应当的。尽管只是几分钟的小事情，却很可能因小失大。

（三）国旗悬挂

国旗是一个主权国家的标志，它代表着一国的地位和尊严。每当举行重大的国事活动，或者我国运动员取得了优异成绩时，看着国旗徐徐升起、高高飘扬，一种由衷的欣喜和自豪会在我们的心中久久激荡。

悬挂国旗视不同的场合有不同的规范。在室外的旗杆或建筑物上挂旗，一般是日出升旗，日落降旗，司职人员表情应庄严、肃穆。升旗的时候，护旗人要托起国旗的一角，国旗触地是极不严肃的。在重要的场合，例如一国政府所在地，升旗需有专职人员严格按升旗规范行事。重要的时刻，譬如外宾来访、国际体育比赛、国庆庆典等，升旗时需以国歌伴奏。

悬挂双方国旗的惯例是以右为上（以国旗为基准），所以应客在右，主在左。汽车上挂旗，以驾驶员为基准划分左右。

举行国际会议、展览会、体育比赛，应悬挂所有参加国的国旗，即使没有建立外交关系的国家也不例外。悬挂的次序是从左至右，以英文国名的第一个字母为序。

国旗不能够倒悬。一些国旗因字母和图案原因不能竖挂，如需竖挂则另外制旗。

各国国旗的颜色、图案、长宽比例，均由本国宪法明文规定。国旗图案不能在商品广告、产品宣传等非正规场合乱用。另外，撕扯、践踏、焚烧国旗的行为都是不允许的。

悬挂国旗，有并挂、竖挂、交叉挂几种。如果并排悬挂两面国旗时，其规格、尺寸应大致相等。

（四）国歌演奏

国歌如同国旗一样，是一个国家的象征。它一般只在正规迎送场合和仪式上演奏。在演奏国歌的时候，在场的人要起立，姿态端庄，表情严肃，任何人不可嬉笑、喧哗，不应在场内随意走动。

技能训练
JiNenXunLian

就下列观点或案例各抒己见：

（1）近年来，圣诞节、情人节、母亲节等西方节日在国内，特别是在年轻人中渐成时尚，而中国的传统节日却无人问津。有学者担忧我们正在逐渐变成一个西洋文化主导的社会，于是号召"唤醒国人，抵御西方文化扩张。"

（2）泰国一项庞大的建筑工程面向美国公司招标。经过筛选，最后剩下4家候选公司。泰国派遣代表团到美国去与各家公司商谈。代表团到达芝加哥时，首家美国工程公司由于忙乱中出了差错，又没有仔细复核飞机到达时间，未去机场迎接泰国客人。泰国人尽管不熟悉芝加哥，但还是自己找到了芝加哥商业中心的一家旅馆。他们打电话给那位急促不安的美国经理，在听了他们的道歉后，泰国人同意在第二天11时在经理办公室会面。这次，美国经理按时到达办公室外等候，可直到下午三四点钟才接到客人的电话说："我们一直在旅馆等候，始终没有人前来接待我们。我们对这样的接待实在不习惯。我们已订了下午的飞机，赴下一个目的地。再见吧！"

请你谈谈他们的外事接待习惯分别是什么？

（3）据说，清朝李鸿章有一次访问美国时，在当地一家著名饭店宴请美国官员。备下的酒菜十分丰盛，而李鸿章却依照中国的惯例对来宾说："粗茶淡饭，薄酒一杯，不成敬意，多多包涵。"来宾望着桌上丰盛的酒菜，对他说的话大惑不解。

这倒不要紧，美国饭店的老板可大为不满了，这岂不是影响饭店的声誉？因此，非要李鸿章说出饭菜粗在哪里？酒薄在哪里？

请你说一说在涉外交往中如何看待谦虚与坦率的问题。

（4）日本人在其《和气生财》一书中曾记述了这样一件事：日本的饭店和旅馆有一个招待客人的惯例，即待客人办完住宿手续走进房间时，服务员立刻拿来热毛巾、茶和日本点心，以表示旅馆对客人服务的热情周到。这项特殊的服务一直受到日本顾客的赞赏，但却在美国人那里遭了白眼。一次，一对美国夫妇入住后也同样享受到了上述服务，可他们对此并不领情：所上的茶水与点心并非是他们亲自点的，侵犯了顾客的选择权。而且茶也不热，点心又是"太甜了"。这对美国夫妇认为，在他们进晚餐之前上不对口味的点心，是"破坏了美味的晚餐"，"这样做好像是在损害自己的生意"。结果使得旅馆老板的一片好心，不但未被接受，反而还落得个"不可思议"，费力不讨好。

请分析因人施礼，入乡随俗的重要性。

（5）一天，凤凰卫视的著名主持人吴晓莉接到紧急通知，要立即到泰国王宫进行采访。因为机会难得，她十分兴奋，即刻赶赴泰国王宫。可等她到了目的地，才发现自己是穿着凉鞋，没穿袜子。怎么办？情急之下，全体摄制组成员一起努力，想尽办法，最后找到两块布把两只脚包起来，才使这次采访得以顺利进行。

作业

一、实习

1. 你公司老总准备到新加坡考察，请你为他准备一份关于该国民间礼俗与禁忌的材料。

2. 针对即将赴英国、日本、美国、韩国、澳大利亚等国出国留学的学子，利用查阅相关图书、上网、请教老师等手段，搜集目的国家的生活礼俗，了解其宗教、生活等习惯。

3. 请留学归来的留学生，或到国外生活过的亲朋好友来校，开一次国外礼俗风情讲座。

二、涉外接待方案设计训练

（一）任务描述

假如你的学校将采用家庭接待的方式接待一批来自美国的留学生，你也报了名。一个名叫尼克的男孩将在学校学习一个月，安排住宿在你家，请你以礼相待这位朋友。

（二）任务分析

以尊重友好的态度平等相待；了解对方的生活习惯和思维方式；得体交流，合理安排各项活动。

（三）任务方案

1. 互相学习语言的计划。
2. 生活琐事的安排。
3. 风土人情介绍。
4. 业余活动安排。

知识链接

一、世界三大宗教

佛教、基督教、伊斯兰教，并称为世界三大宗教。

佛教起源于公元前 5～前 6 世纪的印度，创始人释迦牟尼。佛教可分为大乘、小乘、密宗三大教派。目前有 3.4 亿教徒，广泛分布在日本、印度、斯里兰卡、尼泊尔、泰国、缅甸、中国等亚洲国家。

基督教是世界上最大的宗教。基督教为天主教、东正教、新教及其他一些小派系的统称。在公元 1 世纪由巴勒斯坦拿撒勒人耶稣所创立。基督教奉耶稣基督为救世主，以《旧约全书》、《新约全书》为圣经，主要流行于英国、德国、美国、澳大利亚、新西兰、法国、意大利、西班牙、葡萄牙等拉丁语系的国家、北欧诸国。耶稣由于他的门徒犹大出卖而被钉在十字架上受难。因为受难之日为星期五，最后的晚餐连耶稣和 12 门徒在内一共 13 人，所以，基督教国家大都视 13 日和星期五为凶日。

伊斯兰教在我国旧称回教，也称穆罕穆德教或清真教。由穆罕穆德于公元 7 世纪时创立。信仰真主"安拉"为唯一的神，认为世间一切事物由安拉所制定。伊斯兰教徒占世界人口的七分之一。目前，主要分布在西亚、北非、东南亚和东南欧。

二、国外节日拾零

（一）圣诞节

每年 12 月 25 日的圣诞节是基督教纪念耶稣诞生的节日，盛行于欧美国家，已成为世界性节日。

圣诞节在许多国家的重要性相当于中国的春节。圣诞节活动从 12 月 24 日的平安夜开始，直到次年的 1 月 6 日，而且每个家庭都用圣诞树装点居室。"圣诞树"是将松、柏、杉等常青树上挂满五颜六色的彩灯、剪纸的星星和各种小礼物等，呈现出欢乐的节日气氛。圣诞节人们最爱吃的传统食品有火鸡、水果饼、葡萄干布丁等。而头戴皮帽、身着红袍、胡须长白、驾着雪橇的圣诞老人，在圣诞夜从烟囱进到各家各户，把糖果、玩具等礼物悄悄装进孩子们的新长统袜，是最受孩子们欢迎的一项传统活动。

（二）复活节

相传，基督耶稣被钉死在十字架后，第三天便复活了。于是为了纪念耶稣复活，就把每年 3 月的第一个星期日定为复活节。在欧美许多国家，过复活节时都要准备各种各样的传统肉食品，其中羊羔为耶稣献身的象征，兔子是新生命的象征。

（三）情人节

每年 2 月 14 日，是风靡欧美国家的浪漫节日——情人节。情人节源于古罗马，最早是为了纪念一位叫瓦伦丁的基督教殉难者，故又称"瓦伦丁节"。节日里恋人们互送礼物和鲜花，还有象征爱情的瓦伦丁节贺卡。

（四）愚人节

每年 4 月 1 日是许多西方国家一个奇特的节日——愚人节。这一天，人们可以随意开玩笑，以各种恶作剧来开心取笑。被骗者称为"四月的鱼"，意思是说像鱼一样容易上钩。

（五）狂欢节

狂欢节是许多国家的节日，最著名的是巴西，素有"狂欢之乡"的美称。每年 2 月中下旬春暖花开时举行，要持续三五天时间。庆祝活动中最引人注目是"桑巴舞"、旅行演出，以及人们通宵达旦的化装舞会。

（六）母亲节和父亲节

每年 5 月的第二个星期日是母亲节。这一节日，最初是美国人民用来表达对母亲的敬爱和感激之情的。它是由一位叫安娜·嘉维斯的孤儿创立的。现在，世界上已有许多国家公认这个节日。通常在这一天，许多人通过各种方式来表达对母亲的爱。

每年六月的第三个星期日为父亲节，人们要佩戴鲜花表达敬意。若父亲健在，应当佩戴红玫瑰；若父亲已去世，应当佩戴白玫瑰。各国礼俗也不尽相同。

附录 普通话水平测试知识

普通话水平测试不是普通话系统知识的考试，不是文化水平的考核，也不是口才的评估，而是对应试人运用普通话所达到的规范程度、熟练程度的检测和评定。

一、测试的名称、性质、方式

本测试定名为"普通话水平测试"(PUTONGHUA SHUIPING CESHI，PSC)。普通话水平测试以口试方式进行。

二、测试内容和范围

普通话水平测试的内容包括普通话语音、词汇和语法。

普通话水平测试的范围是国家测试机构编制的《普通话水平测试用普通话词语表》、《普通话水平测试用普通话与方言词语对照表》、《普通话水平测试用普通话与方言常见语法差异对照表》、《普通话水平测试用朗读作品》、《普通话水平测试用话题》。

三、试卷构成和评分

试卷包括 5 个组成部分，满分为 100 分。

（1）读单音节字词（100 个音节，不含轻声、儿化音节），限时 3.5 分钟，共 10 分。测查应试人声母、韵母、声调读音的标准程度。

评分标准：语音错误，每个音节扣 0.1 分；语音缺陷，每个音节扣 0.05 分；超时 1 分钟以内，扣 0.5 分；超时 1 分钟以上(含 1 分钟)，扣 1 分。

（2）读多音节词语（100 个音节），限时 2.5 分钟，共 20 分。测查应试人声母、韵母、声调和变调、轻声、儿化读音的标准程度。

评分标准：语音错误，每个音节扣 0.2 分；语音缺陷，每个音节扣 0.1 分；超时 1 分钟以内，扣 0.5 分；超时 1 分钟以上(含 1 分钟)，扣 1 分。

（3）选择判断，限时 3 分钟，共 10 分。词语判断（10 组）；量词、名词搭配（10 组）；语序或表达形式判断（5 组）。

各省、自治区、直辖市语言文字工作部门可以根据测试对象或本地区的实际情况，决定是否免测"选择判断"测试项。如免测此项，"命题说话"测试项的分值由 30 分调整为 40 分。

（4）朗读短文（1 篇，400 个音节），限时 4 分钟，共 30 分。测查应试人使用普通话朗读书面作品的水平。在测查声母、韵母、声调读音标准程度的同时，重点测查连读音变、停连、语调以及流畅程度。评分标准：

①每错 1 个音节，扣 0.1 分；漏读或增读 1 个音节，扣 0.1 分。

②声母或韵母的系统性语音缺陷，视程度扣 0.5 分、1 分。

③语调偏误，视程度扣 0.5 分、1 分、2 分。

④停连不当，视程度扣 0.5 分、1 分、2 分。

⑤朗读不流畅（包括回读），视程度扣 0.5 分、1 分、2 分。

⑥超时扣 1 分。

（5）命题说话。限时 3 分钟，共 30 分。测查应试人在无文字凭借的情况下说普通话的水平，重点测查语音标准程度、词汇语法规范程度和自然流畅程度。

评分标准：语音标准程度，共 20 分；词汇语法规范程度，共 5 分；自然流畅程度，共 5 分；说话不足 3 分钟，酌情扣分。缺时 1 分钟以内（含 1 分钟），扣 1 分、2 分、3 分；缺时 1 分钟以上，扣 4 分、5 分、6 分；说话不满 30 秒（含 30 秒），本测试项成绩计为 0 分。

四、应试人普通话水平等级的确定

测试机构根据应试人的测试成绩确定其普通话水平等级，由省、自治区、直辖市以上语言文字工作部门颁发相应的普通话水平测试等级证书。

普通话水平划分为三个级别，每个级别内划分两个等次。其中：

97 分及其以上，为一级甲等；

92 分及其以上但不足 97 分，为一级乙等；

87 分及其以上但不足 92 分，为二级甲等；

80 分及其以上但不足 87 分，为二级乙等；

70 分及其以上但不足 80 分，为三级甲等；

60 分及其以上但不足 70 分，为三级乙等。

参 考 文 献

www.cs86.cn

陈玉. 2005. 礼仪规范教程. 北京：高等教育出版社

董凤雏. 2003. 礼仪. 北京：同心出版社

广宇. 2007. 现代礼仪全集. 北京：地震出版社

胡宁，刘湘文，刘安拉. 2007. 中职生礼仪规范教程. 北京：科学出版社

黄剑鸣. 2007. 现代商务礼仪. 北京：中国物资出版社

佳音. 2006. 礼仪跟我学. 北京：中国华侨出版社

姜晓敏. 2006. 人际沟通与礼仪. 上海：华东师范大学出版社

金正昆. 1999. 商务礼仪教程. 北京：中国人民大学出版社

金正昆. 2004. 商务礼仪. 北京：北京大学出版社

兰馨. 2005. 沟通. 北京：时事出版社

礼仪礼节网. www.303030.cn

李道魁. 2005. 现代礼仪教程. 成都：西南财经大学出版社

李萍. 2007. 面试. 北京：中国言实出版社

李萍. 2006. 求职. 北京：中国言实出版社

李兴国. 2007. 社交礼仪. 北京：高等教育出版社

陆士祯，徐莉. 2007. 青年职业生涯辅导. 北京：中国青年出版社

吕维霞，刘彦波. 2007. 商务礼仪. 北京：清华大学出版社

潘彦维. 2007. 公关礼仪. 北京：北京师范大学出版社

彭澎. 2007. 礼仪与文化. 北京：清华大学出版社

钱景舫. 2005. 生涯规划. 上海：华东师范大学出版社

田超颖. 2007. 商务社交礼仪全书. 北京：地震出版社

王蓉晖，兴盛乐. 2007. 社交礼仪与形象设计. 北京：企业管理出版社

吴若梅. 2006. 青春的颤音. 北京：石油工业出版社

谢讯. 2007. 商务礼仪. 北京：对外经济贸易大学出版社

徐克茹. 2007. 商务礼仪标准培训. 北京：中国纺织出版社

喻昌学. 2007. 职业素质与修养. 北京：科学出版社

张河清. 1998. 谈判学. 武汉：华中理工大学出版社

张路中. 2008. 职场新人最重要的90天. 北京：中国时代经济出版社

张岩松. 2004. 公关交际艺术. 北京：经济管理出版社

中国营销技能大赛组委会秘书处. 2003. 营销实务与案例分析. 北京：中国商业出版社

周理弘. 2007. 现代礼仪必备全书. 北京：中国致公出版社